中国工运通史

农林水利气象工会卷

中国农林水利气象工会 编

中国工人出版社

图书在版编目（CIP）数据

中国工运通史．农林水利气象工会卷 / 中国农林水利气象工会编．-- 北京：中国工人出版社，2025. 4.
ISBN 978-7-5008-8704-1

Ⅰ．K261.3

中国国家版本馆 CIP 数据核字第 2025JY5278 号

中国工运通史 农林水利气象工会卷

出 版 人	董 宽
项目统筹	蒋佩轩
责任编辑	邢 璐
流程编辑	李若昕
责任校对	张 彦
责任印制	栾征宇
封面设计	久品轩
出版发行	中国工人出版社
地 址	北京市东城区鼓楼外大街45号 邮编：100120
网 址	http://www.wp-china.com
电 话	（010）62005043（总编室） （010）62005039（印制管理中心）
发行热线	（010）82029051 62383056
经 销	各地书店
印 刷	北京盛通印刷股份有限公司
开 本	710毫米×1000毫米 1/16
印 张	19.5 **彩插** 3.75
字 数	280千字
版 次	2025年5月第1版 2025年5月第1次印刷
定 价	240.00元

本书如有破损、缺页、装订错误，请与本社印制管理中心联系更换

《中国工运通史 农林水利气象工会卷》

编委会

前 言

在 20 世纪 20 年代，中国产业工会组织的建立是中国工人运动中的大事，其在中国工运的历史地位和重大意义，毛泽东同志在 1956 年听取铁道部部长滕代远汇报工作时曾有精辟论述："中国工人运动还是从长辛店铁路工厂开始的。"由此可见，中国产业工运始终走在时代和中国工运前列。这也可以从中国共产党成立前后，产业工人在党的早期组织和党领导下为争取建立产业工会组织的斗争，以及推动全国工人运动发展和中华全国总工会建立等若干重要活动中体现出来。

首先，较早组建的相关产业工会组织，成为党领导的全国工人运动的先锋。中国共产党成立前后，始终把工作重心放在组织教育工人、开展工人运动上。早期的中国共产党人以长辛店为主要活动基地，从创办劳动补习学校入手，结合工人队伍的实际和诉求，通过建立工会把分散的工人群体组织起来，加强教育引导，发动工人在经济领域和政治领域提出诉求、开展斗争，创造了中国先进知识分子与工农群众联合、马列主义和工人运动相结合的有效形式，对于党早期组织积累工作经验、推动工人运动深入开展，具有重要的历史影响。如在北京共产党早期组织的代表向党的一大所提交的报告中，有近三分之一的篇幅在谈产业工人运动的情况，宣传推广了早期产业工会工作经验，为许多地区所效仿。

其次，在斗争中成立了第一个全国性产业工会，彰显了全国工人运动的重大成果。1921年7月党的一大召开，大会通过的中国共产党第一个决议明确提出，党在当前的基本任务是成立产业工会。1922年党的二大和1923年党的三大，都对成立产业工会提出了具体明确的要求。这都说明党在成立初期，始终把成立和发展产业工会组织作为工作重点。贯彻上述会议和文件精神，各产业领域的党组织加快了组建和发展产业工会组织的步伐。这些党组织在党的领导下迅即展开斗争，掀起了声势浩大的罢工斗争浪潮，具有重大意义。

最后，推动成立了中国工人阶级的全国性统一组织——中华全国总工会。1925年初，在党的领导下，全国铁路总工会和汉冶萍总工会、中华海员工业联合总会、广州工人代表会四大工会向全国工会发出公告，宣布第二次全国劳动大会在广州召开。5月1日至7日大会正式举行。这次大会的主要成果是宣告成立了中华全国总工会。从此，中国工人阶级有了自己的组织，这对统一领导全国工人运动的开展，产生了十分重大的影响，自此中国产业工人运动蓬勃开展。中华全国总工会的成立使全国产业工人从此有了自己的统一组织，形成了团结统一的巨大力量，掀开了中国产业工运的历史新篇章。

在革命战争年代，产业工会围绕党在新民主主义革命时期争取民族独立和人民解放的根本任务，团结动员广大产业工人响应党的号召，英勇无畏投身党领导的中国革命和民族解放战争，为夺取全国革命的胜利、建立新中国立下了不朽功勋。

新中国成立后，产业工会组织迎来了新的发展时期，在党和全国总工会的领导下，中国农林水利气象工会等产业工会组织迅速组建、恢复、壮大，建立起新中国农林水利气象工会组织和工会工作体系，建立起职工活动阵地和职工劳动保障制度，创造和推广了许多工会工作先进经验。加强职工思想政治教育，培育弘扬先进人物和先进精神，关心职工生产生活，激发职工以主人翁姿态积极投身新中国农林水利气象建设事业的热情。广泛开展劳动竞赛和技术革新，取得巨大成绩，在社会主义革命和建设中充分发挥了先锋作用。

在改革开放和社会主义现代化建设新时期，中国农林水利气象工会教育引导广大职工投身改革，在改革中维护职工合法权益，保持了职工队伍的稳定，保证了历次管理体制机制改革调整的顺利进行。尤其是进入21世纪后，中国农林水利气象工会始终以坚持发展和谐劳动关系为主线，建立健全利益协调、诉求表达、矛盾调处、权益保障机制，切实维护和保障职工的主人翁权益。健全完善了农林水利气象企业的职代会制度，丰富了职工民主参与企业管理的形式和渠道；普遍建立完善了平等协商和集体合同制度，积极开展劳动关系和谐企业创建活动；大力建设职工之家和职工小家，增进企业职工队伍的稳定，维护农民工合法权益；着力解决广大职工最关心最直接最现实的利益问题，不断深化送温暖工程，把党的关怀、工会的温暖送到职工心坎上。农林水利气象工会工作，团结凝聚起了广大职工的巨大力量并激励他们投身行业建设和科技创新，为我国农林水利气象事业的发展作出了巨大贡献。

进入新时代，农林水利气象各级工会用习近平新时代中国特色社会主义思想武装头脑，牢牢把握工人运动时代主题，切实加强对职工思想政治引领，铸牢团结奋斗的共同思想基础，团结带领职工为推动农林水利气象事业高质量发展发挥主力军作用；各级工会维护职工合法权益，构建和谐劳动关系，坚决维护劳动领域政治安全，着力提升职工生活品质，丰富职工文化生活，让高质量发展成果更多更公平惠及广大职工；各级工会以产业工人队伍建设改革、工会自身建设改革为重点，全力打造适应新时代新征程发展要求的工会干部队伍和职工队伍，为农林水利气象工会工作的开展和农林水利气象事业的发展提供强有力支撑。

包括中国农林水利气象工会在内的中国产业工会百年辉煌历程彰显：这个百年是党的思想理论和路线方针政策，尤其是党的工运理论和路线方针政策取得伟大胜利的百年；是产业工会组织和产业工人运动不断发展壮大并取得巨大成就的百年；是产业工会组织和广大产业职工为争取民族独立、人民解放、国家富强、人民幸福而英勇斗争、艰苦奋斗、勤勉创业、开拓创新并作出巨大贡献的百年；也是产业英雄模范辈出、产业精神赓续传承发展的百年。在百年发展中，中国产业工会建立了伟大功勋：

第一，不断加强产业工会自身建设改革，壮大工会组织，培养和锻炼工会干部，做好职工思想政治引领、素质提升和维权服务工作，努力培养和造就一支特别能吃苦、特别能战斗、严守纪律、具有较高技术技能的产业工人大军，不断发展了工人阶级的先进性和战斗力，充分发挥了党联系职工群众的桥梁纽带作用，巩固了党的阶级基础和群众基础。

第二，紧紧围绕党在各个历史时期的中心任务，团结带领广大职工立足所在产业，在革命、建设、改革时期和新时代为推动全国革命的胜利和新中国经济建设事业的发展艰苦奋斗、开拓创新、建功立业，发挥了开路先锋作用，使中国诸多产业成为代表国家走出去的响亮品牌。

第三，履职尽责、开拓创新，把党对产业工会的要求和产业职工对工会的要求结合起来，从产业工会工作实际出发，以当好职工娘家人为着眼点，以建设职工之家为目标，构建起具有产业特色的工会工作体系和工作内容，创造出一系列具有产业特色的工会工作先进经验和工作品牌，丰富了全国工会工作的经验宝库，并为工会理论创新奠定了基础。百年来，产业工会工作始终走在全国工会工作前列，充分发挥了带头和推动作用。

第四，以传承弘扬伟大建党精神为引领，培育、锻造和弘扬了产业精神，极大丰富了建党精神的深刻内涵。在百年历程中，在党的领导和产业工会组织下，产业职工立足产业，积极投身革命、建设、改革和新时代伟大事业，涌现出大批英烈模范先进人物，铸就了以“二七精神”为代表的产业精神谱系，这既是建党精神在产业职工中生动践行的伟大成果，又是对建党精神内涵的深刻拓展。

第五，不断加强与各国产业工人和工会的交流交往。在成立时，中国产业工会就明确提出要与世界工人建立密切联系，实现全世界无产阶级联合之目的。百年来，中国产业工会在与国际工会组织和产业工人的交流交往中，努力讲好中国产业和产业工人、产业工会故事，同时注意汲取各国产业工会的有益经验，为推动国际产业工人运动的健康发展贡献了力量。

目录

CONTENTS

第一章

产业工会的发展与党领导创立中华全国总工会

第二章

中国农林水利气象工会历史演变

第三章

新中国成立初期开展劳动纪律教育

第四章

开展产业政策调研，推动产业发展

第五章

提升职工队伍素质

第九章

构建和谐劳动关系

第十章

加强产业工会改革和建设

第一章
产业工会的发展与党领导创立中华全国总工会

中国共产党从诞生之日起，就把开展工人运动作为党的中心工作。1922 年 5 月 1 日，由中国共产党领导、中国劳动组合书记部发起的第一次全国劳动大会于广州召开，出席代表 173 人，代表 100 余个产业工会的 27 万名会员。大会接受中国共产党提出的“打倒帝国主义”“打倒封建军阀”的政治口号，通过《八小时工作制案》和《罢工援助案》等 10 项决议案，确立了中国共产党在工人运动中的领导地位。1924 年，第一次国共合作的实现，标志着革命统一战线的正式建立。1925 年 5 月 1 日，在广州召开的第二次全国劳动大会宣告了中华全国总工会的成立。大会通过了《中华全国总工会总章》，第一条就明确规定“本会以团结全国工人，图谋工人福利为宗旨”，成为工人运动复兴和高涨的起点。

一、产业工会的早期发展

（一）铁路工会的艰难恢复

1924 年 2 月 7 日，二七惨案一周年的日子，中国共产党在北京秘密召开了全国铁路工人第一次代表大会。京汉、京奉、胶济、正太、京浦、京绥、粤汉等铁路代表 20 多名出席会议。会上选出孙云鹏为委员长，王荷波为副委员长，张国焘为总干事，杨殷被聘为全国铁路总工会顾问。

早在 1922 年 10 月，开滦五矿罢工时，全国各铁路工会代表就曾在北京集会，产生了全国铁路总工会筹备委员会，筹备正式成立全国铁路总工会。二七惨案发生后，全国铁路总工会的筹备工作被迫中断。经过一年多的时间，在各路工会的艰苦努力下，全国铁路总工会终于筹备完成。

全国铁路总工会发表成立宣言，明确表示宗旨：一、改良生活，增高地位，谋全体铁路工人之福利；二、联络感情，实行互助，化除地域界限，排解工人相互争端；三、增高知识，促进工人阶级的自觉；四、帮助各路工人组织各路总工会，并与全国各业工人和全世界工人建立密切关系。

（二）纺织工人凝聚力量

就在全国铁路工人逐渐形成一股强大合力的时候，全国纺织工人的力量也正在凝聚。1924 年 5 月，中国共产党在上海召开了第一次中央执行委员会扩大会议。决议明确指出，纺织业工人的组织不能再缓了，这是数量众多的一种产业工人，尤其集中在上海。此时的上海，正是中国工业的最大中心，以纺织业、造船业、铁工厂、香烟工厂为最多，有三四十万名新式工人，当时却几乎没有一家真正的工会组织，除海员工会外，仅有一个南洋烟草职工会。

中央执委扩大会议后，中共中央先后派李立三、项英、杨之华等到上海，充实干部力量，开展工人运动。他们与先期来到这里的邓中夏认真研究上海工运状况，迅速开拓上海工运的新局面。

早在 1923 年春，邓中夏应于右任之聘，出任上海大学教务长。1924 年春，上海大学增设平民夜校，迈出了教育和发动工人的重要一步。共产党以上海大学为根据地，运用长辛店和安源工运的成功经验，派出大批共产党员到工人集中的地方办平民学校或工人补习夜校，组织和教育工人。随之以这些学校中涌现出的先进工人为核心，逐渐向建立工人团体过渡。

1924 年 9 月起，小沙渡“沪西工友俱乐部”、杨树浦“工人进德会”先后在上海成立。半年时间，沪西工友俱乐部在许多工厂中建立了组织，发展成员近 2000 人，成为上海工人运动在土地革命战争时期的重要策源地。当时，资本家对工人非常刻薄。工人每天要做 12 小时的工，实在疲倦不过，稍有打盹，监工不容分说抬手便打。有些厂里甚至上厕所都要领木牌，五六千人的工厂，木牌却只有两块，工人大小便偶尔多几次，或是多耽搁些时候，也会被拳脚相加。至于工资，一边是物价的高涨，一边是工厂的随意克扣，实在不够工人们养家糊口。而在一些工友俱乐部里，工人们可以免费入学识字补习，还经常能够听到项英、刘华等人演讲上课。刘华、项英等也很注意培养会员中的活动分子，分批集合骨干分子谈话、开会，耐心教育，灌输一些爱国知识和斗争经验，启发了工人的阶级觉悟。

1925 年 2 月 1 日，同兴纱厂老板没有任何理由，便一次辞歇成年男工 30 多名，代之以养成工（童工）。这件事情发生之后，愤怒的工人们向厂方提出抗议，而资本家不容分说，将粗纱间 80 余人尽数开除。别的车间工人见此情形，甚为气愤，忍无可忍之下开始反抗。

项英召集俱乐部会议，决定于 2 月 4 日实行全厂罢工。这一天，原本是同兴纱厂发放工资的日子，但是厂方借故拖延时间，更加激怒了全厂工人。上午 11 时，刘贯之暗地里潜入动力车间，关闭电闸，割断电线，用木棒敲坏发电马达。电源一断，各车间的机器停止运转，全厂电灯熄灭，各车间的负责人发出信号，宣布停班（罢工）。各车间工人们随即捣毁机器，割断纱组，纷纷离开车间，成群冲出工厂大门。下午 1 时左右，全厂的日班工人都到潭子湾空地上集合。面对集结的工友，刘华、李立三和杨之华先后发表演讲。不少工人去过俱乐部，认识这位刘先生，很有亲近感。而杨之华从妇女身份出发，很多话说到了女工心坎里，博得阵阵掌声。当天下午，同兴纱厂工会即宣布成立。

工会成立后，旋即代表工人向资本家提出六条要求，却遭到无情拒绝。于是，工会决定闹出个样子来给他们瞧瞧，先是派出联络人员到其他日本纱厂进行鼓动，又到各学校进行呼吁，争取学生的同情和支援。内外棉第三厂首先起来响应同兴纱厂的工友，也成立了自己的工会。到 2 月 18 日，罢工的日本纱厂共有 22 家，上海几乎所有日本纱厂都加入了罢工阵营，各工厂都先后成立了工会。经各工会联席会决议，成立各纱厂工会联合办事处，公推刘华担任联合办事处总干事。这个工会联合办事处，实际上就是沪西工友俱乐部原班人马。罢工工人每天在潭子湾集中，刘华、杨之华等轮流向工人群众宣传罢工的意义，号召大家团结一致、斗争到底，争取最后的胜利。从前毫无组织的工人，一旦组织起来，就显出革命性与团结性。工潮不断扩大，资方终于计穷，资本家意想不到工人有如此的能力，不得不改变了态度，表示愿意进行谈判。

资方起初还想敷衍拖延，工会则通过上海各界罢工后援会，公开提出抵制日货的口号。日本资本家认识到，这次工潮中的工人已经有组织、有纪律、有力量，同时工人得到了社会各界的同情和援助。假如不从速解决，激起上海各界甚至中国全面实行抵制日货也是很有可能的。于是，日本资本家主动要求上海总商会出面调解。经双方多次协商和斗争之后，签订一项“修正案”，达成以下条件：一、不许无故打工人；二、酌量增加工资；三、不许无故开除工人；四、废止储蓄制度，发还工人原有储蓄金。基本上答应了工人的大部分要求。这次的大罢工坚持了 35 天，宣告胜利结束。

一波初平，一波又起，1925 年 4 月，青岛日商大康纱厂也发生了工人大罢工。斗争 22 天后，日商接受工人提出的 14 条要求中的大部分条款，包括承认工会为正式代表工人的机关。5 月 10 日下午 3 时，工会召开全体大会纪念罢工胜利，宣布晚上复工。到会工人每人手中执小旗一面，上书“罢工胜利”“打倒资本主义”“拥护工会”。工人们高呼“工会万岁！”“工人团结万岁！”“工人胜利万岁！”“工人自由万岁！”在各地工人运动相继复兴的基础上，一件“大事”也正在悄然酝酿。

二、一封迟来的通告

1925 年 4 月 8 日，上海《民国日报》刊出《关于召开第二次全国劳动大会的通告》，落款为中华海员工业联合总会、汉冶萍总工会、全国铁路总工会、广州工人代表会。

自从第一次全国劳动大会召开以来，整整三年过去了。召开一次劳大的时候，正是中国工人运动第一次高潮，大会影响所及，震撼中外。中国劳动组合书记部本拟次年也就是 1923 年五一召开第二次全国劳动大会并成立全国总工会，不料二七惨案发生，许多工会骨干牺牲在反动派的屠刀之下，工人运动不得不转入低潮。直至孙中山改组国民党，确立“联俄联共，扶助农工”的政策，实现国共合作，加之第二次直奉战争后，直系军阀下台，工人运动进入复兴时期，上海纱厂罢工、胶济铁路工人罢工、北京印刷工人罢工、武汉人力车夫罢工和烟草工人罢工此起彼伏，第二次高潮势头萌动，召开第二次全国劳动大会的时机成熟，呼之欲出。

此前的 1925 年 1 月，中国共产党在上海召开了第四次全国代表大会。大会对革命形势、社会各阶级在革命中的地位和作用、无产阶级在革命中的领导权和工农联盟等问题，作了比较深刻的分析和论述。大会通过了关于职工运动等多项决议案，分析了全国工运所处的形势，详细制订了进一步开展工人运动的计划。决议案指出，工人阶级当前最重要的任务，就是发展“自己独立的职工运动，同时参加民族革命以取得其领导地位”。为此，各种产业工人“尤其要力求其完全在我们共产党指导之下，成为纯阶级性的独立组织”。中国工人阶级不仅要参加民族革命运动，而且必须进行党领导的职工运动，把职工运动与民族革命运动结合起来，把政治斗争与经济斗争结合起来。

为加强对工人运动的领导，中共中央和各地方党组织的工农部内设立职工运动委员会，同时向各重要产业地区派巡视员。党的四大这些决定，对全国正在复兴并即将进入高潮的工人运动发挥了重要指导作用，为即将成立的中华全国总工会在思想和政治上作了准备。

这次大会与上次不同，在共产党领导下，已有了团结有力的工会组织。所以决定不用中国劳动组合书记部的名义，而以中华海员工业联合总会、汉冶萍总工会、全国铁路总工会、广州工人代表会四家全国最大的工会组织联合发出通告，召集第二次全国劳动大会。大会虽由四家工人团体发起，但实际上一直在中共党团领导下进行。国共合作以来，革命形势高涨，工农运动迅速发展。陈独秀致信中共旅莫支部，“急需派得力同志能负责指导独当一面者回国工作”。中共中央与共产国际商定，派遣罗亦农等19位同志分三批陆续回国。1925年3月12日，罗亦农、王若飞等七人从莫斯科启程回到国内。回国伊始，罗亦农即前往广州，参加第二次全国劳动大会，作为中共党团成员之一，自始至终参与对大会指导。

三、全国总工会诞生

1925年5月1日至7日，在中国共产党领导下，由中华海员工业联合总会、汉冶萍总工会、全国铁路总工会、广州工人代表会发起，第二次全国劳动大会在广州召开。

当时的《广州民国日报》连续报道了会议盛况，节录如下：会场门首悬以生花砌成红底白字大横额曰“农工大联合”，场内一演说台，高可两丈，占面积约半亩，左为全国工人代表席位，右为全省农民代表席位。台前悬红底白字大横批“五一大示威”，台之正中高插铜质镰斧模型的大赤旗，其四围满插旗帜，书“我们目前的要求：集会、结社、言论、出版、罢工自由权”“我们目前的要求：八小时工作，最低限度的工资”“检阅我们的力量向敌人进攻”“民国革命万岁”“中华民族万岁”等标语。会议开幕，唱国际歌，全体起立高呼“农工兵大联合万岁！”“民族解放万岁！”“全世界无产阶级联合万岁！”

在这次会议上，邓少山（邓培）宣布了开会理由，谭平山、赤色职工国际代表奥士脱洛弗斯基、廖仲恺以及俄国人加伦将军都发表了演说。据《广州民国日报》报道，演说完毕后，全体出发巡行。由会场左出越秀北路，经惠爱东路、转西行至永汉路，南行出南堤，西行至西濠口，折北行至太平路之西瓜园散队。领队者手托大赤旗，其余工农手执赤旗，兵士枪插赤旗。全国工团代表、省农民代表为头一队，沿途均高呼“八小时工作”“打倒帝国主义”“打倒军阀”“工农兵联合万岁”“全世界无产阶级联合万岁”等口号。声震全市，观者途为之塞，水上大小轮船及各工会门首，均停摆燃炮，相为呼应，市面乃现壮伟激昂气象。

然而，大会并非一帆风顺。张德惠、杨德甫、谌小岑等国民党右派和工贼拼凑了一个“全国工团联合会”，企图控制全国工会运动，他们四处活动，企图阻止各地工会派代表参加劳动大会，甚至盗用海员工会、铁路总工会、湖北工团联合会等名义，通知各劳工团体，要他们切勿委派代表去广州参加劳动大会。他们说，该会是受布尔什维克影响的中国劳动组合书记部召开的，有被急进派操纵之嫌疑，“不能令其代表全中国之无产阶级”。与会各代表听后非常愤慨，尤其是被他们冒名的各个工团更为愤恨，纷纷发出声明，与之进行斗争。

第二次全国劳动大会最重要的历史价值，就是宣告中华全国总工会的成立。大会通过了《中华全国总工会总章》，第一条就明确规定“本会以团结全国工人，图谋工人福利为宗旨”。大会决定全国总工会总部设在广州，同时加入赤色职工国际。全国总工会第一届执行委员会由 25 人组成，林伟民为委员长，刘少奇、邓培、郑绎生为副委员长，邓中夏为秘书长兼宣传部部长，李启汉为组织部部长，孙云鹏为经济部部长。当总工会的章程通过和执行委员会选出时，“全国总工会万岁”“工人阶级大团结万岁”之声不绝于耳。

大会根据 1925 年 1 月党的四大《对于职工运动之决议案》精神，作出了 30 多项决议案，其中主要有《工人阶级与政治斗争的决议案》《经济斗争决议案》《组织问题决议案》《工农联合决议案》《中华全国总工会总章》《加入赤色职工国际决议案》等。大会提出许多重要方针政策和策略原则，在工人运动任务、工会组织原则、工农联盟、加入赤色职工国际、组织全国总工会等问题上都作出明确规定，为中国工会运动和工人运动的发展和再次走向高潮指明了方向。

全国总工会的诞生，标志着全国工人阶级在中国共产党的领导下，正式实现了全国工会在政治上和组织上的团结与统一，揭开了中国工人运动新的篇章。为全国工人阶级和工会组织在即将到来的大革命高潮中发挥先锋和骨干作用，作了重要的准备。对此，罗亦农兴奋地欢呼：“结果既然如此，将来的成绩一定很乐观。中国的工人运动从此另开一新纪元，缩短军阀帝国主义资本家的寿命。”

第二次全国劳动大会是中国工会和工人运动史上的又一次里程碑式的大会，自此，全国总工会成为动员和团结全国工人的旗帜，引领革命工会和工人运动奋勇向前。

四、广泛组织动员工人加入工会

瑞金是江西南部的一个小县城。20 世纪 30 年代前期，中国共产党领导的中华苏维埃共和国的首都就设在这里，故有“红都”之称。瑞金城外，有一个叫作枣子牌的地方，起伏的山峦之间，坐落着一片民房，门前塘水清澈，四周田畴交错，一派田园风光。全国总工会苏区中央执行局就在这里办公。

1933 年 1 月，刘少奇跋山涉水来到瑞金，住进枣子牌，担任了全国总工会苏区中央执行局委员长。陈云是这个机构的中共党团书记。同年 4 月，刘少奇被任命为中华苏维埃共和国劳动人民委员部副部长。

由全国总工会与全国总工会苏区执行局合并成立的全国总工会苏区中央执行局，下设秘书处、组织部、宣传部、青工部、女工部、福利部、社会救济部、文化教育部、国家企业部等部门。每部工作人员不多，如国家企业部，部长加干事共三人，都是年轻小伙子。其他部门也大致如此。干部既年轻，又没有从事工会工作的经验，刘少奇就手把手地教，言传身教，并经常在执行局创办的《苏区工人》上发表文章，从理论和实践两个方面对工会工作加以指导。

刘少奇是经过福建汀州到瑞金的。他对汀州工运中存在的“左”的问题有着深刻印象。1932 年春，中央苏区搞了一次教条主义的工会组织整顿，把没有脱离土地的乡村手艺工人和分得土地的雇农、搬运工人统统排斥在工会组织外，苏区本来就没有多少真正意义的产业工人，如果要搞清一色，那只好停止工人运动。1933 年 2 月 6 日，刘少奇主持召开中华苏维埃国家机关全体职工会议，准备建立国家机关工会。他在会上报告了组建这个工会的意义及其组织系统。2 月 17 日、27 日，刘少奇分别主持召开了中国店员手艺工人工会筹备会、苏区苦力运输工人工会筹备会。4 月上旬，刘少奇主持召开了中国农业工人第一次代表大会，他在报告中要求各地广泛吸收各种农业工人加入工会，同时在白区也要建立农业工人工会。5 月 1 日，他主持召开中国店员手艺工人第一次代表大会。9 月上旬，又主持召开了中国苦力运输工人第一次代表大会，正式宣布手艺工人、雇农、苦力、短工也是工人阶级队伍的一部分，过去把他们拒之工会门外，并将已入会的清出工会，是完全错误的。通过这些工作和各地工会工作者的努力，据 1934 年 3 月全国总工会向赤色职工国际报告，除鄂豫皖和川陕苏区未统计外，全国苏区工会会员已达到 25 万人。

1931 年 12 月，中华苏维埃共和国临时中央政府颁布了《中华苏维埃共和国劳动法》，这对于确立劳动者的主体地位，保护工人的利益，具有重要的意义。但是，它的一些条文，是根据大都市、大生产的条件，照抄、照搬苏联的政策法规而制定的。在会员成分、劳动时间、工资待遇、改善劳动条件、提高职工福利等方面，所作出的种种脱离苏区实际的规定，既不利于生产、生活，也不利于苏区的稳定。例如，1933 年 5 月 1 日，中共苏区中央局机关刊物《斗争》第 10 期发表张闻天的《五一节与〈劳动法〉执行的检阅》，文中说赣东北横峰县 16 岁青年陈克思，同雇主订立的劳动合同规定，每日工作 6 小时，不挑 40 斤以上的担子，工钱从 8 元增加到 16 元，而他的“老板”却是贫农；另外有个 15 岁的牧童吴树德，每日工作 4 小时，工资由 4 元增加到 10

元，挑担子不得超过30斤，而“老板”又是贫农；汀州恩格斯路恒丰烟店共有资本毛洋4000角，刨烟工人李振光从头年11月8日起至次年4月20日止领工资1458毛，而这个工人并没有在店内做过一天工，他大约是在苏维埃政府或其他地方做事或开会去了。因为根据《劳动法》有关劳动合同的明文规定，成年工人每天工作8小时，青工6小时，童工4小时。若多做时间，工资加倍，星期日不做工，不得克扣工资。工人有病要师傅诊治，药费、工资由师傅发给；工人去当红军，要师傅发3个月平均工资；工人参加机关工作，要师傅发给1个月平均工资；开除工人须经过劳动部及工会同意，并发给3个月平均工资。这些不切实际的做法或者要求缩短工时、增加工资、增加福利、改善劳动条件的规定，都与《劳动法》的“左”的指导思想相关。只有修订《劳动法》，才能从政策方面清除“左”的源头。

刘少奇在作了一番细致调查研究，与陈云等工会领导人反复交换意见后，建议临时中央和中央政府对《劳动法》作必要的修改。1933年3月下旬，中央召开有关会议，决定修改《劳动法》，并成立了专门机构。同年10月，修改后的《劳动法》颁布，一些不适合苏区实际情况和暂时无法执行的条文被修改。

工人运动中出现“左”的问题，带有普遍性。不只是在瑞金、汀州，刘少奇在安源、广州、武汉就经历过。形势越好，这个问题越容易发生。这说明除了领导机关指导失误的原因，还有它自己产生的土壤。

20世纪20年代中期，刘少奇在武汉工作的时候，就已经在思考这个问题。他得出一个结论，认为工人运动中常出现“左”的倾向，除了政治、经济的原因，还与流氓组织在工人中长期存在有一定关系。工人一旦得到解放就随心所欲地采取些不考虑将来与前途的行动。工会干部没有估计到这些，常常不能控制工人，而为这种潮流所屈服或者冲倒。要解决这个问题，就需要对工人加以教育和引导。

为此，1933 年 6 月，刘少奇写了《在两条战线斗争中来改订合同》《在改订合同中应注意的几个问题》《停止“强迫介绍”与救济失业工人》等文章，陆续在《苏区工人》上发表。刘少奇指出：“我们要纠正工人中那些过高的要求、狭隘的习惯和行会的偏见，同时要反对牺牲工人阶级利益的右倾机会主义，最大限度地来保护增进工人群众的利益。”他批评了那些使企业非倒闭不可的要求，蛮不讲理地要雇主雇用工会强迫介绍去的工人，过早消灭私人资本，以及在订立合同时逮捕资本家等做法。他推荐运输工会制定的《关于江西木船工人的要求纲领》，认为它虽然也存在不够精当之处，但没有照抄《劳动法》，称得上是根据工人与企业的实际情况创造性运用《劳动法》的典型。他要求各地像这个工会那样，根据工人的切身要求、本地的生活程度、雇主的营业情形，以及本产业的特殊劳动条件等，创造性地运用《劳动法》。他还要求各地订立集体合同时，应根据具体情况办事。

刘少奇还认为，应当允许群众的觉悟有一个发展过程，如果不是直接妨害红军的行动与苏维埃政权的巩固，对于群众某些过高的要求，经过说服无效，可以作出暂时的让步，以便有更多的时间、更多的力量去说服他们。群众接受了失败的教训，对工会的正确领导自然就会更加信服。

贯彻《劳动法》也好，发展工人运动也好，都离不开正确对待私人资本。1933 年 9 月 28 日，刘少奇在代表全国总工会苏区中央执行局写给湘鄂赣省总工会的信中指出：苏维埃在目前阶段，应该尽可能地利用私人资本，发展苏区生产，活跃苏区经济。只要资本家遵守苏维埃的法律，不从事反革命活动，就应该允许私人资本有营业自由，某些工厂、作坊、矿山，应尽可能地出租或出卖给私人经营。

由于进苏区以前，刘少奇就戴上了“右倾”的帽子，所以对于那些司空见惯的“左”的东西，开始他并没有立即反对。时过不久，又公开批“左”，这与张闻天的态度有一定关系。1937 年 2 月，刘少奇在天津给张闻天写信，谈及在中央苏区纠“左”的往事时，写道：“最后在苏区汀州又遇到这个问题，在我已经见惯了。但历史上都说工人这样做是‘对的’。所以我不打先锋来反对工人，看来你们比我以前还要反对得激烈一些，我暗中感觉奇怪。我故意不提出办法，想看看你们是否提出好的办法，但你们提出的办法，比我以前提的更激烈一些。”刘少奇在张闻天对苏区工运“左”的错误的批评中，既得到了支持，又受到了鼓舞。他抛开顾虑，公开向工运中的“左”倾错误宣战。

中央苏区建立了一批以军工企业为主的苏维埃国有企业。兵工方面有机械厂、弹药手榴弹厂；军需方面有被服总厂，鞋袜等分厂；另有卫生材料厂；其他的还有印刷厂等。大大小小一共 20 多家，二三千人。这些工厂的工会工作，由全国总工会苏区中央执行局国家企业部领导。苏区中还有一批合作社企业，连同各县建立的铸铁、造纸、制糖、烧石灰、熬硝盐等生产合作社，总共 100 多家，从业工人 3 万余人。

在苏维埃制度下，国有企业和合作社企业的工人、职员，社会地位和工作性质发生了根本转变，他们不为地主、资本家劳动，而为工人阶级自己、为建设和保卫红色政权而劳动。这个转变是史无前例的。但是，人们对这个转变的意义并不是一下子就认识到了，有的人仍然想少做些工，不求做好，私拿公家的东西，随便损坏公家的东西，不守厂规等，以旧的观点、旧的态度对待工厂、对待工作。

事实上，主人翁思想不可能自发地产生，其中也存在一个教育和引导的问题。针对这种情况，刘少奇发表了《用新的态度对待新的劳动》。他指出：在苏维埃政权下，苏维埃的工厂与合作社企业，是工农大众所共有的财产。它不是为着剥削工人、生产利润去供养一部分寄生虫，而是为着供给战争，为着供给工农大众的需要，为着创造人类最大的幸福而生产。因此，国家企业与合作社企业中的工人、职员，应该爱护自己的——民众的工厂企业，把自己所有的技能与天才贡献出来，为着发展和巩固苏维埃企业与合作社企业而斗争，而努力生产。

国有企业刚刚起步，工人主要来自农村，一部分来自城镇，还有少数是从俘虏兵中挑出来的。在地域上，大多来自广东、福建和江西，他们都有一些乡土地域观念。他们大多数参加革命不久，要在较短的时间内提高觉悟，树立主人翁责任感，不是一件简单的事情。刘少奇便把加强工人的思想教育，列为工会工作最重要的任务。搞好生产，还必须加强管理。当时，国有企业的干部都是从军队中调来的，习惯于用管理军队的办法，因而管理不得法，影响到效率的提高。针对这方面的问题，刘少奇发表了《论国家工厂的管理》，就建立完备的工厂制度，实行科学管理，提出具体意见。他指出：必须建立厂长负责制，由厂长负全厂生产和行政的全部责任。在不违反《劳动法》的范围内，关于工资、工作时间、生产数量以及调动、处分和开除工人、职员等，厂长全权决定并执行。不过，厂长在决定各种问题时，必须事先与党的支部书记和工会的主任商量，用这种“三人团”的方式进行管理。工厂的各科科长、各生产部门的主任，也必须规定相应的权力与责任。还应当制定完备的厂规，严格劳动纪律，组织与提高工人的劳动生产热情，科学地制订生产计划，进行经济核算，采用计件与计工相结合的劳动考核制度。

为了把管理落到实处，1933 年 6 月下旬的一天，刘少奇冒着暑热出席了军工干部大会。他首先表扬了军工生产的成绩，鼓励大家好好工作，接着，就当前存在的问题发表了意见。他说：“工厂不像军队，它不是战斗组织，而是一个劳动生产组织，比军队的民主范围要广泛些，用管理军队的方法来管理工厂是行不通的。”

接着又说："我们苏维埃政权是工人阶级领导的政权，工人要管理天下，工人是工厂的主人，应当尊重工人的民主权利，并在物质条件允许的情况下，关心工人的福利，鼓舞工人的生产情绪。"

他耐心地告诉大家应该怎样深入工人群众中去，和工人打成一片，帮助工人提高阶级觉悟。他告诉工人代表要认识新旧社会是两种不同的社会，在资本家的工厂劳动是受剥削、受压迫的，我们应当反抗；在苏维埃政权的工厂劳动，工人已经成为工厂的主人了，应当自觉地积极生产。工厂就是家。他谈到办工厂首先要认清目的是什么，指出军事工厂是直接为革命战争服务的，不仅产量、质量要提高，成本要降低，还要保证及时供应。生产应当有计划性，要有成本核算的概念，工人的工资应按技术高低来评定。他号召干部和工人密切合作，共同管理，积极生产，完成支援前线的任务。

当时主持会议的军委总供给部干部杨至成说，刘少奇的这个讲话，"讲得深入浅出，大家思想豁然开朗，无限兴奋"。经过这一番整顿，军工企业生产和管理的面貌大为改观。

军工会议以后，刘少奇又适时提出开展劳动竞赛。1934 年 7 月初，他在苏区国家企业工人代表大会上再次提出把竞赛变为一种群众运动。各厂的生产任务都交给工会组织工人讨论，干部经常到车间和工人谈心，这样，干部和工人更加团结，关系更加密切，工厂就像一个大家庭，生产才能不断上升。

1934 年 3 月，军委一位负责同志在一篇文章中提到关于供给工作的情况，反映了改进管理和开展竞赛以后，供给大大改善的事实。其中写道："春夏季的衣服，我们已经有了 80%的保障；步枪弹的生产，二月份比一月份增加 100%，三月份可增加 50%；手榴弹生产，二月份比一月份增加 100%，三月份可增加九倍；卫生方面能够自己制造药品、器材，有些自制药品比西药的效力还好些。同时，我们生产的药品能及时保证部队的需要。今年要使每个红军战士能够种上牛痘。”

在当时条件艰苦、物资匮乏的情况下，能够形成这个局面，是很不容易的。这里面既有广大工人和管理者的辛勤劳动，也包含着刘少奇为之付出的大量心血。刘少奇还把开展工运与武装工人结合起来。

1933 年 2 月，他先后主持召开中国店员手艺工人工会筹备会、苏区苦力运输工人工会筹备会，分别决定成立中国工农红军店员手艺工人师、苦力运输工人师。4 月上旬，他主持召开中国农业工人第一次代表大会，决定成立农业工人师。3 月 21 日，全国总工会苏区中央执行局召开全体委员紧急会议，号召工人行动起来，参加红军，保卫中央苏区，保卫苏维埃政权。7 月 5 日，又发出紧急通知，指示各地用一切力量完成工人师的建立，在 8 月 1 日前正式组建，誓师出发；发动群众慰劳红军和工人师，在 8 月 1 日前征集 5 万双草鞋、套鞋。8 月 1 日，工人师在瑞金宣告成立，被命名为中国工农红军中央警卫师。全师 12800 多人，分编为 3 个主力团和 1 个预备团。

第二章

中国农林水利气象工会历史演变

一、不同历史时期的工会组织

中国共产党在初创时期，工作重心放在组织城市工人进行运动上，对农民运动并没有充分的认识。1922 年 7 月召开的党的二大开始重视农民问题。1923 年 2 月 7 日发生的二七惨案使中国共产党认识到在中国仅依靠工人阶级是很难取得革命胜利的。1923 年 6 月，党的三大通过了《农民问题决议案》。1924 年进行国共合作，积极参与、指导农民运动和农会工作，并利用农会开展土地改革，不断从乡村中获得资源，发展壮大自己的力量。与国民党不同，中国共产党认为农村的一切权力归农会，只有掌握了农村政权才能解决农民、农业的问题，不是把农会作为政府之外的社会力量。毛泽东在《湖南农民运动考察报告》中对这一时期农会的使命做了生动的论述："农民的主要攻击目标是土豪劣绅，不法地主，旁及各种宗法的思想和制度，城里的贪官污吏，乡村的恶劣习惯。这个攻击的形势，简直是急风暴雨，顺之者存，违之者灭。其结果，把几千年封建地主的特权，打得个落花流水。地主的体面威风，扫地以尽。地主权力既倒，农会便成了唯一的权力机关，真正办到了人们所谓'一切权力归农会'。连两公婆吵架的小事，也要到农民协会去解决。一切事情，农会的人不到场，便不能解决。农会在乡村简直独裁一切……土豪劣绅，不法地主，则完全被剥夺了发言权，没有人敢说半个不字。”

1933 年 4 月 1 日，中国农业工人第一次代表大会在瑞金开幕，代表 244 人，历时 7 天，大会致电慰问红军，由全国总工会委员长刘少奇亲自主持大会，并起草了工会组织章程。4 日下午，毛泽东代表中央政府作报告，要求工会帮助政府做好五项工作：猛烈扩大红军，征收富农捐款，检查土地，加紧春耕、夏耕与改造各级不健全的苏维埃政府。大会选出中央执行委员 60 人，候补委员 12 人，成立中国农业工人工会中央委员会，朱地元任委员长，李文棠、张念仁任副委员长。

中国农业工人第一次代表大会的重要意义：在中国共产党与全国总工会苏区执行局领导下，在全国农业工人热烈拥护与庆祝下，中国农业工人第一次代表大会于 4 月 1 日在赤色首都——瑞金正式宣布开幕了！对目前正在发展着的反帝反国民党与土地革命和争取苏维埃胜利的斗争，有着极重大的政治意义。大会提出：（一）组织和动员自己的力量，为巩固与扩大苏维埃政权而斗争。（二）最大限度地争取农业工人经济利益与物质文化条件的改善，彻底解决土地问题，发展互助合作运动来解决雇农在耕种土地时的各种困难，并努力保护工人的一切日常生活的利益。（三）要广泛吸收各种农业工人加入工会。（四）建立白区农业工人工会的组织。（五）提高农业工人政治文化水平。

1933 年 4 月 6 日，中国农业工人第一次代表大会通过了题为《目前的政治形势与中国农业工人的任务》的决议案。决议提出，苏维埃和红军已经在广大的区域内取得了不断的胜利，帝国主义及国民党对苏维埃红军所进行的四次“围剿”已经在各个战线受到严重的失败，广大工农小资产阶级群众的反帝浪潮和武装的民族战争全面开展。在世界上，苏联社会主义建设得到了伟大的胜利，世界无产阶级的力量百倍地加强了，世界资本主义暂时稳定的局面业已终结，开始走到了革命与战争新的阶段的过渡时期。在世界和中国的日益紧张起来的政治局势下，中国工人阶级当前总的任务就是要组织和动员自己的力量，领导广大的农民，为巩固和扩大苏维埃区域而斗争，只有苏维埃政权在中国的胜利，才能保护中国劳苦群众，把他们从失业、饥饿与奴役的状况下解放出来。中国农业工人是中国工人阶级的一部分，在全国工人中占着绝大多数，他们是工人阶级在农村中的先锋队伍，因此中国农业工人工会正式宣布自己的成立，对于目前正在发展的反帝与土地革命和争取苏维埃政权的斗争具有极大的政治意义。

中国农业工人工会是彻底地、坚决地实现土地革命最可靠的保证，是城市无产阶级与乡村劳苦农民群众兄弟联合的主要组织者，是乡村苏维埃政权最重要的群众柱石。

一切农业工人的组织，必须积极参加反帝运动，吸引工人来加入反帝同盟等组织，加入义勇军，帮助在与日本帝国主义进行坚决武装斗争的民众。

中国农业工人工会的成立及其工作的彻底转变，将更加强和推动苏维埃运动在全国各地取得胜利。大会训令一切农业工人的组织，用布尔什维克的速度和革命竞赛来执行大会的一切决议。

在党的领导下，中国农业工人工会成为苏区著名“四大产业”工会（中国农业工人工会、中国店员手艺工人工会、中国纸业工人工会和中国苦力运输工人工会）之一。1937 年后的抗日民主根据地，农业工人一面参加农民协会，一面在村、乡工会中，组织农村其他雇佣工人和广大贫下中农带头参军参战，参加大生产运动，为粉碎日寇汉奸的封锁扫荡和国民党顽固派的包围压制，坚持敌后抗战，争取抗战的最后胜利，继续发挥作用。

1948 年 8 月，经李立三批准，由东北林务总局副局长杨纪高负责筹备组建东北林业总工会。由徐贯一、李克、高学先、任殿汉、李华民五人组成筹备领导小组。该会于当年 11 月在哈尔滨正式对外办公。首先开办了工会干部训练班，培训各林区及基层工会干部。

由此可见，无论是在土地革命战争时期、抗日战争时期，还是解放战争时期，农林、水利产业的工人、工会组织都是党领导下的重要革命力量，为中国革命事业作出了重要贡献。

新中国成立后，随着《中华人民共和国工会法》的颁布，明确了工会的性质、地位和职责，全国性地组建及完善了工会组织。1953 年，中国工会七大首次在章程中明确工会为“自愿结合的工人阶级群众组织”，提出“以生产为中心”的工作方针。“一五”计划期间，工会发挥了重要职能，如开展劳动竞赛、参与政策制定等。1957 年，中国工会八大提出将中心任务放在工业发展和农业支持上，并侧重社会主义建设中的民主管理及监督作用。这一阶段工会不仅促进了人民政权的巩固和国民经济的恢复，还在社会政治斗争中扮演了关键角色，成为党联系及动员工人阶级的重要组织，其政治属性显著增强。

1967 年，全国总工会停止活动，到 1973 年，有关重新建立工会的提议被提出，并逐步开始恢复工会组织的活动。1977 年，全国总工会机关建立领导小组，恢复了与各产业与地方工会的联系。然而，由于理论和实践问题的不清晰，全国工会的组织重建进程缓慢。

具体到农林水利气象等行业的工会组织，在各级党组织、政府的领导和支持下，遵照党的工运方针，不断进行改组与合并，全面履行工会的各项职能，为农垦、林业、牧业、水产（渔业）和气象事业的改革、发展和稳定，作出了重要贡献。

1952 年 12 月 24 日，成立了全国总工会农林水利工会工作委员会。1955 年 3 月 11 日，全国总工会农林水利工会工作委员会改组，成立中国农业水利工会筹备委员会和中国林业工会筹备委员会。

1958 年 2 月 15 日，正式成立了中国农业水利工会全国委员会，并通过了中国农业水利工会第一次全国代表大会决议。中国农业水利工会第一次全国代表大会完全同意何英才同志代表筹备委员会所作的《勤俭办农场，勤俭兴水利，为提前完成第二个五年计划而奋斗》的工作报告，认为报告中对过去工作成绩的估计和今后任务的提出都是正确的，一致通过这个报告。

大会认为：要大力开展对我国河流的治理，加速水利建设，扩大灌溉面积，努力争取在五年内基本实现全国水利化和提前消灭我国的普通水旱灾害，确保农业的增产，支援工业建设；要大力支援全国的农业生产合作社，帮助农业生产合作社提前实现农业发展纲要和在生产与收入方面赶上当地富裕中农的水平。

中国农业水利工会产业组织范围包括：（一）中华人民共和国农业部所属系统中的工会组织。1. 国营农场（机械农场、地方国营农场）中的工会组织；2. 机械管理局所属单位（机器拖拉机站、新农具推广、开荒）中的工会组织；3. 畜牧管理总局所属单位【国营、地方国营、公私合营畜牧场，畜牧兽医事业机构（包括兽医站、配种站、草原工作站）】中的工会组织；4. 宣传总局所属单位（农业科学研究所、农业试验站、农业技术推广站）中的工会组织；5. 垦殖企业中的工会组织；6. 农业部所属勘测队；7. 各省农业厅所属单位中的工会组织。（二）中华人民共和国水利部系统中的工会组织。1. 长江、黄河、淮河三流域中的工会组织；2. 水利部工程总局所属各机械总队、机械修配厂中的工会组织；3. 勘测设计院中的工会组织；4. 水利部直属大型水库中的工会组织；5. 各省水利厅（局）所属单位中的工会组织。（三）农业部、水利部所属修理厂（站）、加工厂中的工会组织。（四）农业部、水利部所属学校（技术学校和干部学校）、医院、托儿所、基建等单位中的工会组织。（五）直属中央领导的大型水利工程（如三门峡）中的工会组织。

经全国总工会第八届执行委员会主席团第二次会议确定，1958年4月8日，中国农林水利工会的“水利”部分划归中国电业工会，中国农业水利工会全国委员会更名为中国农业工会全国委员会。1959年6月3日，中国农业工会全国委员会同中国林业工会筹备委员会合并，建立了中国农林工会全国委员会。

1966年5月，“文化大革命”开始后，全国总工会及其所属各级工会组织遭到了严重的冲击、破坏。

1967年1月，中共中央政治局决定，封存全国总工会金库，停止全国总工会作为全国工会领导机关的活动。随之，各地工会也被工代会代替。1973年起，根据中共中央关于整顿健全工会的通知，先后恢复了各省、自治区、直辖市及其以下各级工会组织和活动。1977年11月，在全国总工会机关建立了领导小组，逐步恢复了全国总工会与各产业和地方工会的联系，并为召开中国工会第九次全国代表大会作准备。

党的十一届三中全会后，各产业工会迎来发展新时期。1978年的中国工会九大开始全面拨乱反正，工会组织通过新的章程得到了明确，工会活动主要围绕支持经济建设，推动企业民主管理和职工教育。工会工作全面恢复，中国工会工作进入了新的阶段。

1983年中国工会十大及1988年中国工会十一大加强了工会的社会政治作用，进一步提出了“维护、建设、参与、教育”为工会的社会职能，并开始实行劳动合同制度，增强基层工会的自治能力。工会工作主要集中于生产与劳动竞赛，形成了以维护职工权益、参与国家政策制定、促进国家建设、教育管理职工为主要工作内容的新阶段。

自1992年起，工会组织进入了规范化发展阶段，面临经济社会结构变化及劳动关系的新挑战，工会逐步从生产与维权的平衡转向重点突出维权。在此期间，工会通过修订《工会法》并实施

《劳动法》，明确了其在政治、经济、社会中的地位及作用。特别强调了职工权益，签订集体合同和加强工资集体协商。工会积极参与社会管理，响应国家社会管理体制的变革。工会活动的覆盖面和影响力显著提升，不仅在保护农民工权益、推动就业和培训方面作出贡献，也在民主管理与社会调节中发挥了关键作用。

具体到农林水利气象等行业的工会组织，全国总工会书记处对产业工会很重视，先后制定了加强全国产业工会建设、健全产业工会全国委员会的措施。1990 年 4 月，发出《关于加强全国产业工会建设的若干问题的意见》。同年 8 月又在《意见》的基础上，制定了《关于进一步建立健全产业工会全国委员会若干问题的暂行规定》，要求按照联合制、代表制原则建立健全产业工会全国委员会。

中国农林工会是根据中国工会十一大确定的“产业工会的组织领导体制，应与国家的经济管理体制和行政管理体制相适应，充分发挥地方工会和产业工会两个积极性，更好地代表基层工会，为基层工会服务”的原则建立起来的全国性产业工会组织。相对应的产业部门是农业部所属农业、农垦、畜牧、水产系统工会组织；林业部所属系统工会组织；中国气象局系统工会组织；国务院侨务办公室所属华侨农场工会组织；司法部劳改局所属劳改农场工会组织。共有职工 1020 万人。机构改革后，中国气象局对下实行垂直管理，农业部直管舟山、烟台、湛江等海洋渔业公司，新疆生产建设兵团属国务院计划单列，林业部直管少部分企业、事业单位，其余大多数单位管理权基本都在地方。为了同行政管理体制大体相适应，农林系统工会组织实行地方和产业工会双重领导，以地方工会领导为主的组织领导体制。本届委员会总人数为 91 人，由于有的省、自治区尚未建立农林工会，委员暂缺 4 人。实际委员人数为 87 人。农林工会全委机关内部设农业工作处、林业工作处和办公室。农业工作处负责农业（农垦）、水产、畜牧系统、国务院侨办所属的华侨农场、司法部劳改局所属的劳改农场的工会工作；林业工作处负责林业、气象系统的工会工作；办公室负责全委机关的综合（包括编辑刊物）、协调、文秘和日常行政事务等方面的工作。各处室是中国农林工会全国委员会的办事机构，主要职责是结合农业、林业、水产工作实际，贯彻执行全委会的工作部署和要求，调查研究，协助指导下级工会各项业务工作，加强同对应产业部（局）的联系，研究产业政策，为全委参政议政做好有关工作。

根据上述精神，中国农林工会于1991年初，开始筹备召开全委会的工作。考虑到中国农业水利工会开过第一次代表大会，成立了第一届全国委员会，1959年又将中国农业工会全国委员会和中国林业工会筹备委员会合并为中国农林工会全国委员会这个历史的延续性，经全国总工会书记处同意，本届全委会为中国农林工会第二届全国委员会。

1993年7月6日至10日，在全国总工会书记处的直接领导下，在农业部、林业部、中国气象局和各省、自治区、直辖市总工会的大力支持下，中国农林工会第二届全国委员会第一次全体会议在北京隆重召开。7月5日晚，中国农林工会第二届全国委员会第一次全体会议召开了预备会议，会议听取了李茂同志作的《关于中国农林工会第二届全国委员会第一次全体会议筹备情况的报告》。会议审议通过了《中国农林工会第二届全国委员会第一次全体会议表决办法》《中国农林工会第二届全国委员会第一次全体会议主席团成员名单、秘书长、副秘书长名单》和《中国农林工会第二届全国委员会第一次全体会议日程》。7月6日上午，中国农林工会第二届全国委员会第一次全体会议在北京国谊宾馆隆重开幕。全国人大常委会副委员长、中华全国总工会主席倪志福在大会开幕前亲切接见了全体委员和与会同志，并同大家合影留念。热情关心、支持并为农林工运事业作出贡献的领导同志倪志福、李沛瑶、陈俊生、高德占、刘中一、徐有芳、何康、雍文涛、康永和、顾大椿等为大会题词。李茂同志作了《团结动员广大职工，为深化改革，加快发展农林事业而努力奋斗》的工作报告。7月7日上午，会议由全国总工会组织部副部长夏晓梅受中共全国总工会党组委托，提名并介绍主席、副主席候选人的情况，中国农林工会分党组书记王一凡介绍常委候选人的情况。全体委员经过充分酝酿讨论，于7月8日上午，选举王春晖等九名同志为中国农林工会第二届全国委员会常务委员会委员，选举李茂为中国农林工会全国委员会主席，韩义敏、程路为副主席。大会期间，上海市农场局工会、黑龙江省林业工会等14个单位在会上交流了经验。这些经验从加强调查研究、发展职工家庭经济、兴办工会企事业、拓宽群众经济工作领域、探索建立适应市场经济体制的工会工作新格局等方面反映了农林系统工会工作的新水平、新成就，具有鲜明的产业特点和普遍的指导意义。7月9日上午，中国农林工会第二届全国委员会第一次全体会议举行了闭幕大会。程路副主席致闭幕词，会议审议通过了《中国农林工会第二届全国委员会第一次全体会议关于工作报告的决议》。大会以后，召开了中国农林工会第二届全国委员会第一次常务委员会会议。会议确定了中国农林工会正副主席的分工，研究确定了1993年下半年的重点工作，提出了贯彻落实会议精神的意见。

二、历次全委会的召开

1933年4月1日，在江西瑞金召开中国农业工人第一次全国代表大会，成立中国农业工会中央委员会，选举产生中央执行委员会。委员长先后由朱地元、刘儒获担任。

1952年12月24日，全国总工会常务委员会103次例会决定，成立全国总工会农林水利工会工作委员会，由康永和、宋川任正、副主任。

1954 年 12 月 30 日，全国总工会书记处第 60 次会议决定，撤销中国农林水利工会工作委员会，分别成立中国农业水利工会筹备委员会和中国林业工会筹备委员会，分别由何英才、宋川任筹委会主任。

1955 年 3 月 11 日，全国总工会农林水利工会工作委员会改组，分别成立中国农业水利工会筹备委员会、中国林业工会筹备委员会。

1958 年 1 月 28 日至 2 月 5 日，在北京召开中国农业水利工会第一次全国代表大会，正式成立中国农业水利工会全国委员会，朱德代表中共中央在全国农业水利工会第一次全国代表大会上作《抱定革命精神，勇往迈进力争上游》重要讲话。中国农业水利工会筹委会主任何英才作《勤俭办农场，勤俭兴水利，为提前完成第二个五年计划而奋斗》工作报告。这次会议，选举产生了中国农业水利工会第一届全国委员会委员、主席、副主席，成立了中国农业水利工会全国委员会，主席由何英才担任。

1958 年 2 月，经全国总工会八届执委会主席团第 2 次会议决定，将中国农业水利工会全国委员会改为中国农业工会全国委员会，主席由何英才担任。原农业水利工会的水利工会和电力工会合并。

1958 年 4 月 8 日，中国农林水利工会的“水利”部分划归中国电业工会，中国农业水利工会全国委员会更名为中国农业工会全国委员会。

1959 年 2 月，经全国总工会八届执委会主席团第 4 次（扩大）会议决定，将中国农业工会全国委员会与中国林业工会筹备委员会合并为中国农林工会全国委员会，由何英才担任主席，宋川担任副主席。

1959年6月3日，中国农业工会全国委员会同中国林业工会筹备委员会合并，建立中国农林工会全国委员会。

1959年8月13日，经中央批准：何英才任中国农林工会全国委员会主席，宋川、范继光任副主席。

1966年5月“文化大革命”开始后，中国农林工会被迫停止了活动。

1979年，中国农林工会恢复工作。

1993年7月5日，中国农林工会第二届全国委员会第一次全体会议召开了预备会议，会议听取了李茂同志作的《关于中国农林工会第二届全国委员会第一次全体会议筹备情况的报告》。会议审议通过了《中国农林工会第二届全国委员会第一次全体会议表决办法》《中国农林工会第二届全国委员会第一次全体会议主席团成员名单、秘书长、副秘书长名单》和《中国农林工会第二届全国委员会第一次全体会议日程》。7月8日上午，经过全体委员的充分酝酿讨论，选举王春晖等九名同志为中国农林工会第二届全国委员会常务委员会委员，选举李茂同志为中国农林工会全国委员会主席，韩义敏、程路为副主席。7月9日上午，中国农林工会第二届全国委员会第一次全体会议举行了闭幕大会，程路副主席致闭幕词，会议审议通过了《中国农林工会第二届全国委员会第一次全体会议关于工作报告的决议》。中国农林工会第二届全国委员会第一次全体会议一致通过李茂同志代表中国农林工会全国委员会所作的题为《团结动员广大职工，为深化改革，加快发展农林事业而努力奋斗》的工作报告。

1998年3月15日至18日，中国农林工会第三届全国委员会第一次全体会议召开。

2001年，按照全国总工会机关机构改革方案，驻会全国产业工会实施调整后率先组建的第一个全国产业工会——中国农林水利工会全国委员会正式成立。

2001 年 8 月 28 日至 29 日，中国农林水利工会第一届全国委员会第一次全体会议召开，全国总工会党组书记、副主席、书记处第一书记张俊九出席了大会。全国总工会党组副书记、副主席、书记处书记孙宝树，水利部副部长敬正书，国家林业局副局长李育材，农业部党组成员、纪检组组长夏文义出席开幕式。中国农林水利工会分党组书记王萍在会上作了题为《按照“三个代表”要求，在推进农林水利事业改革和发展中，努力开创工会工作新局面》的工作报告。经过全体委员的充分酝酿讨论，选举张芬芳等 15 名同志为中国农林水利工会第一届全国委员会常务委员会委员，选举王萍同志为中国农林水利工会全国委员会主席，唐志翔、丁哲元同志为副主席。组建中国农林水利工会是全国总工会机关机构改革的一项重要内容，在农林水利工运发展史和工会领导机关机构改革中都具有重要意义。

2006 年 7 月 18 日，中国农林水利工会发出《关于成立中国气象局工会工作委员会的函》。

2006 年 12 月 28 日至 30 日，在北京召开中国农林水利工会第二届全国委员会第一次全体会议，来自农垦、林业、水利、畜牧、渔业、气象、新疆生产建设兵团、监狱、华侨等系统工会的 150 多名全国委员会委员、全国总工会各产业工会的负责同志以及部分老领导参加了会议。会议总结了过去五年的工作，提出今后五年新的工作任务，选举产生了第二届全国委员会领导机构。大会选举母松华等 26 名同志为中国农林水利工会第二届常务委员会委员，选举盛明富为中国农林水利工会主席，张晓辉、江南为副主席。会议还表彰了一批全国农林水利系统模范职工之家、优秀工会工作者、优秀积极分子和优秀荣誉积极分子。

2011 年 12 月 1 日至 4 日，在北京召开中国农林水利工会第三届全国委员会第一次全体会议。全国总工会党组书记、副主席、书记处第一书记王玉普出席开幕式并讲话。全国总工会副主席、书记处书记张世平出席会议开幕式。司法部政治部主任张彦珍，水利部党组成员、中央纪委驻水利部纪检组组长董力，中国气象局副局长沈晓农，农业部党组成员梁田庚出席开幕式并致贺词。盛明富代表第二届全国委员会作工作报告；来自水利、农垦、林业、畜牧、渔业、气象、新疆生产建设兵团、监狱、华侨等系统工会的150多名全国委员会委员、全国总工会各产业工会的负责人参加了此次会议。会议选举产生了中国农林水利工会第三届全国委员会领导机构，选举盛明富为主席，江南、王君伟为副主席。大会表彰了一批全国农林水利系统模范职工之家、模范职工小家、优秀工会工作者和优秀工会之友。

2017年2月13日至15日，在北京召开了中国农林水利气象工会第四届全国委员会第一次全体会议。全国总工会党组书记、副主席、书记处第一书记李玉赋出席会议并讲话。李玉赋指出，党的十八大以来，全国农林水利气象各级工会组织过去五年既认真贯彻中央的精神、全国总工会的要求，又充分结合农林水利气象产行业改革发展的中心大局，尤其是在重视调查研究、加强源头参与、困难职工帮扶和维护产业职工权益方面，取得了显著成效，展示出新作为、树立了新形象、作出了新贡献。盛明富作《站在新起点 迈向新征程 开创农林水利气象工会工作新局面》工作报告。会议全面回顾了中国农林水利气象工会三届全国委员会五年来的工作，确定了四届全国委员会今后一个时期的目标任务。选举产生了中国农林水利气象工会第四届全国委员会领导机构，选举蔡毅德为主席，孙涛、原成刚、郑立明（兼职）、田双印（兼职）为副主席。中国农林水利气象工会第四届全国委员会由197名委员组成。委员构成如下：农垦（含兵团）49名，林业31名，水利42名，气象18名，监狱18名，渔业11名，畜牧5名，华侨系统1名，驻省（区、市）总产业工会14名，全委机关8

名。中国农林水利气象工会第四届全国委员会设常务委员会，常务委员会由 47 人组成，其中主席 1 人，副主席 4 人，常委 42 人。其中：驻会农林水利气象产业工会 5 人，农垦 11 人，渔业 5 人，林业 11 人，水利 5 人，气象 3 人，监狱管理局 2 人。

2022 年 9 月 21 日至 23 日，在河南郑州召开了中国农林水利气象工会第五届全国委员会第一次全体会议。大会开幕式上，全国总工会党组书记、副主席、书记处第一书记陈刚作视频讲话。全国总工会副主席、书记处书记江广平出席会议。中国农林水利气象工会第四届全国委员会主席蔡毅德作《贯彻新发展理念 落实“十四五”规划 团结动员全国农林水利气象系统广大职工为推进高质量发展再立新功》工作报告。会议充分肯定了过去五年农林水利气象系统各级工会取得的成绩。选举产生了中国农林水利气象工会第五届全国委员会领导机构，选举李忠运为主席，姜晓捷、刘飞、丛慧敏（兼职）、赵艳芳（兼职）为副主席，49 位同志为常务委员。会上，为中国农林水利气象工会第二届“绿色生态工匠”“绿色生态最美职工”获得者颁奖，并为全国农林水利气象系统示范性劳模和工匠人才创新工作室代表授牌，同时确认了全国农林水利气象系统模范职工之家、模范职工小家。北大荒农业股份二九一分公司陈国建获第二届“绿色生态工匠”称号；九三集团詹吉昌劳模创新工作室、农垦科学院解保胜水稻创新工作室被命名为全国农林水利气象系统示范性劳模和工匠人才创新工作室。嫩江农场工会、军川农场工会川南管理区分工会分别被确认为全国农林水利气象系统模范职工之家、模范职工小家。第五届全国委员会委员推荐人选为 210 名，各系统人数如下：省（区、市）和部分市（地、州、盟）农林水利气象产业工会 19 人，农垦系统 48 人，林业系统 35 人，水利系统 40 人，气象系统 19 人，监狱管理系统 19 人，渔业系统 10 人，畜牧系统 8 人，华侨农场管理系统 2 人，全委机关 10 人。常务委员会人数 54 名，其中主席1人，副主席2人，兼职副主席2人，常务委员49人。其中：省（区、市）农林水利气象产业工会7人，农垦系统12人，林业系统12人，水利系统7人，气象系统3人，监狱管理系统2人，渔业系统3人，畜牧系统1人，全委机关2人。

三、内设机构沿革

1933年4月1日，在江西瑞金召开的中国农业工人第一次代表大会，成立中国农业工会中央委员会，朱地元当选为委员长。

1952年12月24日，全国总工会常务委员会103次例会决定，成立全国总工会农林水利工会工作委员会，主任康永和，副主任宋川。工委下设办公室、林业组、垦殖组、农业组、水利组、国际组，工作人员由1人发展到55人，其中，农业水利工会筹备委员会下设办公室、财务部、生活部、生产部、工资部、宣传部和组织部等部室；林业工会筹备委员会下设组织部、宣传部、生产部、生活部、财务部、工资部、秘书室等部室。

1959年6月3日，全国总工会召开了第八届执行委员会主席团第四次扩大会议，会议根据中央成都会议精神和中央批转的《全国总工会及各产业工会全国委员会的组织机构和组织制度的规定》的精神，全委机关下设办公室、农业工作部、林业工作部，工作人员14人。

1966年5月“文化大革命”开始后，全国工会组织处于瘫痪状态，中国农林工会全国委员会被迫停止工作。

1979年，中国农林工会恢复工作。中国工会九大后的1979年至1982年7月，工会组织属恢复阶段，中国农林工会全委机关内未设处室单位。

1982年8月，全国总工会党组第243次会议根据中央关于“精简机构”精神，决定成立财贸、轻工、纺织、农林、建筑五家全国产业工会联合办公室领导小组（五家产业工会均保留全委名义，撤销分党组，合为一个行政机构，实际一直没有合起来），每家产业工会设立两个处。中国农林工会全委机关设立农业工作处和林业工作处，同时根据工作需要自设一个办公室。

1984 年 10 月 31 日，全国总工会书记处第 48 次会议决定，根据工作需要，五家产业工会分开办公。

1990 年底，全国总工会同意在农林工会全委机关设立办公室，加上原农业工作处和林业工作处共三个处室，编制 19 人。农业工作处负责农业（农垦）、水产、畜牧系统、国务院侨办所属的华侨农场、司法部劳改局下属的劳改农场的工会工作；林业工作处负责林业、气象系统的工会工作，办公室负责全委机关的综合（包括编辑刊物）、协调、文秘和日常行政事务等方面的工作。各处室是中国农林工会全国委员会的办事机构，主要职责是结合农业、林业、水产工作实际，贯彻执行全委会的工作部署和要求，调查研究，协助指导下级工会各项业务工作，加强同对应产业部（局）的联系，研究产业政策，为全委的参政议政做好有关工作。各处室之间既分工又合作，共同在全委统一领导和安排下进行工作。

2001 年，全国总工会进行机构改革，中国水利电力工会中的“水利”部分划归中国农林工会，中国农林工会更名为中国农林水利工会，设办公室、农业工作部、林业工作部、水利工作部等处级机构四个。

2016 年，根据中央编办有关批复，中国农林水利工会更名为中国农林水利气象工会。

2017 年 2 月至 2022 年 9 月，蔡毅德任中国农林水利气象工会主席。下设办公室、农业工作部、林业工作部、水利工作部等处级机构 4 个，编制 19 人，局级领导职数一正二副，处级领导职数四正四副。

2022 年 9 月至今，李忠运任中国农林水利气象工会主席。下设办公室、农业工作部、林业工作部、水利工作部等处级机构 4 个，编制 19 人，局级领导职数一正二副，处级领导职数四正四副。

第三章

新中国成立初期开展劳动纪律教育

新中国成立后，工人阶级的物质生活条件得到极大改善，政治地位、社会地位不断提高，劳动热情日益高涨，积极投身社会主义革命和建设，唱响了“咱们工人有力量”的时代主旋律。

然而，部分职工劳动纪律松弛，旷工、怠工、逃避劳动或不遵守操作规程等现象仍时有发生，不仅给职工队伍建设带来消极影响，也严重影响了新中国建设进程。为此，在党中央统一领导下，一场党政工协同配合、工矿企业精心组织、职工群众深度参与的劳动纪律教育在全国普遍展开。

1953 年 4 月，中共天津市委向华北局并党中央报告该市工人劳动纪律情况，直言天津工人劳动纪律松弛的情况十分严重。天津市委研究后认为，必须在干部和工人中指出劳动纪律松弛是败坏工人阶级名誉的可耻行为，对国家和工人阶级本身利益都有严重的危害性；责成企业各级党组织加强对干部和工人的教育，对不守纪律的行为开展群众性的批评，对个别错误严重、屡教不改的给予行政处分，从而树立起社会主义的自觉的劳动纪律。刘少奇在这份报告上着重批示：“请考虑转发各地，在工人中反对旷工及装病缺勤等行为。”在此之前，《人民日报》所载东北行政委员会财政经济委员会《为消灭事故、提高质量、进行均衡的有节奏的生产而奋斗》一文指出，“领导未把安全生产的思想贯彻到群众中去，因此常因违反操作规程和劳动纪律而发生事故”。

这些情况反映，尤其是天津市委的报告，引起了党中央的高度重视。1953 年 5 月 2 日，刘少奇代表党中央在中国工会七大开幕式致祝词时强调："必须对工人群众加强共产主义的教育，提高工人群众的觉悟程度，使他们认识到全体人民的利益、国家利益与个人利益的一致性，同时，必须采取批评与自我批评的方法去克服企业中的各种缺点和错误，反对官僚主义，反对破坏劳动纪律的各种现象，大大地巩固劳动纪律。"5 月 13 日，中共中央印发《关于各地党委和工会应注意检查纠正工人劳动纪律松弛现象的通知》，指出大批工人无故或借故旷工的严重现象不仅在天津市存在着，在其他城市中也或多或少地存在着，某些城市中甚至比天津更为严重，亟应引起普遍注意，采取有效办法加以纠正。通知指出，造成纪律松弛的主要原因是，党与工会组织还没有把巩固劳动纪律当作在国营企业中完成国家计划、在私营企业中贯彻劳资两利政策的重大责任，放弃或放松了对工人群众的政治工作与经常教育。通知明确，必须向干部解释清楚，不关心工人疾苦的官僚主义是错误的，但是对工人中无故旷工、装病、缺勤等败坏劳动纪律的现象，不采取负责态度与适当方法加以纠正，同样是极端错误的。通知强调，基层党委特别是工会组织必须把巩固劳动纪律当作自己经常性的重大责任，应该采取说服教育的方法和批评与自我批评的方法，在群众自觉的基础上来巩固劳动纪律。

党中央部署后，工会组织立即响应起来。1953 年 5 月 20 日，赖若愚在纺织工业部召开的劳动保护工作座谈会上指出，建设时期工会组织"采取必要的办法加强劳动纪律，在目前已经应该提到议事日程上来了"。7 月 10 日，全国总工会第七届执行委员会主席团第二次全体会议通过了《关于巩固劳动纪律的决议》，在充分肯定广大职工的劳动热情和劳动态度基础上，直言不讳地指出在部分职工中存在着旷工、借故请假、逃避劳动、消极怠工、不服从指挥调度、不遵守操作规程等违反和破坏劳动纪律的现象，分析造成破坏劳动纪律的主要原因。决议突出强调，工会各级组织“必须把巩固劳动纪律作为自己经常的重大责任，根据厂矿的不同情况，进行具体的分析，找出劳动纪律松弛的根本原因，在一定期间结合当前的中心工作，集中地对职工群众进行一次劳动纪律的教育，是十分必要的”。“都应在各级党委领导下，稳健地在广大职工群众中进行耐心的说服解释工作，只要我们这样做，目前部分职工劳动纪律松弛的现象是能够克服的”。8 月 21 日，中共中央批准了这个决议，认为决议是正确的、适时的，同意在报上公开发表。8 月 27 日，《人民日报》全文刊登这个决议。

党中央专门印发开展劳动纪律教育的文件，转发全国总工会的决议，对开展劳动纪律教育作出统一部署，在全党上下统一了思想、达成了共识、明确了方向，起到至关重要的作用。

一、加强劳动纪律制度建设

明确公民遵守劳动纪律的法律义务。1949 年 9 月 29 日，中国人民政治协商会议第一届全体会议通过《中国人民政治协商会议共同纲领》，明确将“遵守劳动纪律”作为新中国公民的义务之一。1954 年 9 月，新中国第一部宪法《中华人民共和国宪法》颁布，其中明确规定“中华人民共和国公民必须遵守宪法和法律，遵守劳动纪律，遵守公共秩序，尊重社会公德”，遵守劳动纪律正式被宪法规定为公民的一项基本义务，并在历次宪法修改中得以保留并发扬。

确定工会开展劳动纪律教育的法定职责。1950 年 6 月，中央人民政府委员会第八次会议通过的《工会法》在第九条中明确规定，工会为保护工人阶级的根本利益，根据其章程及决议“教育并组织工人、职员群众，树立新的劳动态度，遵守劳动纪律，组织生产竞赛及其他生产运动，以保证生产计划之完成”，以法律的形式赋予工会对职工群众进行纪律教育的权力。正是基于此项法律授权，李立三曾于1951年提出要在全国各地工厂企业中进行一次劳动纪律问题的全面检查，在劳动纪律不好的工厂企业中由工会基层委员会领导设立劳动纪律裁制委员会。

明确职工遵守劳动纪律的具体表现形式。1953年10月，全国总工会代拟了《关于国营、地方国营企业内部劳动规则纲要》，对国营企业职工遵守劳动规则进行了明确，建议由政务院批准颁布并责成各工业部门及其所属企业，据此制定出适合本产业、本企业的内部劳动规则，以便企业行政和职工均有所遵循。1954年5月，中央人民政府政务院第215次政务会议通过《国营企业内部劳动规则纲要》，并明确各企业主管部门应根据这个纲要，制定适合本部门工作条件的内部劳动规则，并应征得相应产业工会同意，报政府劳动部备查；各企业单位的厂长、经埋根据纲要和本部门劳动规则的规定，结合本单位具体情况，拟订本单位劳动规则，并须征得企业工会同意。纲要对录用、调动和辞退职工，企业行政和职工的基本职能，工作时间和违反劳动纪律的处分等问题，都作了具体规定。

更为重要的是，《国营企业内部劳动规则纲要》对劳动规则进行了详细规定，其中第八条将职工的劳动纪律具体细化为以下七条，分别是：

（1）认真负责地工作。

（2）遵守劳动纪律，按时上班，准确地遵守规定的工作时间，将全部工作时间用于生产，不做与生产不相干的事情或闲谈闲聊，不吵嘴打架，不妨碍他人工作。

（3）严守内部劳动规则，保守厂矿企业的机密，迅速而正确地执行行政上所给予的任务。

（4）及时而精确地完成工作任务和生产任务；完成生产定额

并力求超过；努力执行现行的技术操作规程或直接领导者在生产规程方面的各项指示；达到优良质量的指标，不出废品。

（5）爱护国家财产（机器、机床、工具、原材料等）；执行有关设备保养和原材料、成品保管的规定。

（6）遵守安全技术、生产卫生规程和防火规则，很好地利用发给的工作服和防护用具。

（7）及时整理和清扫自己的工作地点。交班时，保证工作地点的整洁，并把工作交代清楚。

这样，广大职工明白遵守劳动纪律的具体要求，跳出了“劳动纪律就是保证出勤、按时上班”等片面的、狭隘的观念，重点关注劳动技术纪律问题，普遍认识到以新的劳动态度进行劳动的重要性。在此基础上，各级党组织以及工会组织开始尝试从监督检查、奖惩制度、组织机制、生产管理等方面着手，整饬劳动纪律，并取得一定成效，推动生产发展。

1956年，中国农业水利工会筹委会第三次筹委扩大会议向全国总工会的报告中提到：加强劳动纪律教育——劳动纪律松懈的现象，在各地还是比较普遍存在的。工会组织今后必须系统地加强对职工群众的劳动纪律教育，在群众中树立起“遵守劳动纪律光荣，破坏劳动纪律可耻”的舆论和风气，树立起社会主义的劳动态度。在劳动纪律的问题上，我们必须坚持“耐心教育”的原则，防止惩办主义，目前，有的单位已经发生了任意处分甚至开除工人的现象，应切实加以制止。当然，对于个别严重破坏劳动纪律和屡教不改的人，则要严肃地进行处理，以教育广大群众。

二、开展职工自我教育

新中国成立后，开展劳动纪律教育的根本方法是通过职工群众的自我教育，使职工群众在思想上认识遵守劳动纪律的重要性，从而在行动上以更加自觉、更加认真、更加规范的劳动态度从事生产建设。党中央在批准全国总工会《关于巩固劳动纪律的决议》时着重强调，开展劳动纪律教育“属于工人阶级内部自我教育的性质”。

在地方党组织领导下，各地工会组织普遍通过说服教育和批评与自我批评的方法，在职工群众自觉的基础上，扎实开展劳动纪律教育工作。湖南许多厂矿运用广播、小报、黑板报等宣传工具，深入开展关于劳动纪律的宣传工作。湖南第一纺织厂等举办反浪费展览会，用各种具体事实说明违反劳动纪律给国家造成的损失。国营青岛第二棉纺织厂等企业在进行教育前，首先详细地调查职工中违反劳动纪律的情况，进行分析研究，然后按照不同类型展开宣传，用算细账的方法说明违反劳动纪律的危害性。企业领导方面也检查了劳动纪律教育不够的情况和行政工作上的一些缺点。许多单位采取表扬先进人物的方法，号召大家向遵守劳动纪律的职工学习。沈阳冶炼厂在组织职工学习《国营企业内部劳动规则纲要》时，表扬了一贯遵守劳动纪律的先进人物，宣传他们的先进思想和先进事迹，对职工进行思想教育，使职工们受到深刻教育。

1949 年，内蒙古林业职工总会成立后的首要任务，就是抓紧开展对伐木工人的阶级教育，提高其阶级觉悟。因此内蒙古林业职工总会在 1949 年 9 月和 10 月，派数个工作组，分头到阿尔山、白泉、扎兰屯、绰尔、牙克石等地迅速、全面地开展了启蒙教育。通过与工人开座谈会和忆苦思甜、诉苦大会，办伐木工人短训班等多种多样、生动活泼的形式开展了阶级教育：在广大伐木工人中开展了“谁养活谁”的大讨论，使伐木工人深深感到自己受穷是帝国主义、资本家、封建把头层层压迫剥削的结果；进一步在伐木工人中开展“劳动创造世界”的大讨论，使伐木工人明白了为什么要推翻三座大山以及翻身当家做主人的道理；忆苦思甜、诉苦活动，使伐木工人明白了只有跟着共产党走，才能有今天，没有共产党就没有新中国的道理。通过这场启蒙教育活动，伐木工人极大地提高了阶级觉悟。广大伐木工人热爱共产党、热爱新中国，当家做主人，更憎恨封建把头的种种罪恶。工人阶级为振兴林业把伐木看作应尽的职责，全林区全面掀起了伐木工人的劳动竞赛热潮，主动检修现有机械设备，爱护工具、保护劳动用品，关心集体、关心生产、按时上班作业，工作热情空前高涨起来。这场启蒙教育还使伐木工人懂得了“天下工人是一家”的道理，清除了历史上遗留下来的帮派、帮会、派别，增进了伐木工人之间的团结。

20 世纪 50 年代，东北人民政府农林部森林工业总局与东北林业总工会筹委会提出：为了执行中央人民政府政务院“关于开展职工业余教育的指示”，进一步有计划、有系统、有步骤地提高林业工人、职员群众的文化、政治、技术水平，以保证林业生产任务的完成，希各级林务局配合林业工会，切实执行东北林业总工会筹委会发布的“东北林业开展职工业余教育暂行实施办法草案”，从 80% 人口中扫除文盲，是建设新中国的必要条件，同时这又是一个政治任务，希各级领导干部必须从思想上重视，并促使其实现。1953 年，东北森林工会制材筹委会成立制材工业扫盲委员会，提到：为适应大规模经济建设和迅速提高职工文化水平的要求，使文化建设切实地为工业建设服务，在轰轰烈烈地开展扫盲运动方面，我们各制材厂已在各级党委与林区工会的领导下不仅开展了，也出现不少成绩。我们为了更好地、迅速地完成这一光荣、伟大的艰巨任务，并根据林业总工会的指示，在制材工业系统有组织地、有计划地来领导制材工业的扫盲工作，已于 2 月 9 日由工会正式成立扫盲运动委员会。中国林业工会筹委会第三次会议（扩大）总结提纲第三条，关于扫盲和技术学习问题，提到：1. 我们的扫盲任务是在三年内扫除职工中 70% 以上的文盲，四年内扫完家属中的文盲，这就要求我们回去后马上动起来，否则就完不成这一任务。2. 经费问题。(1) 是原工会文教费的一半，这项款是主要部分（今年我们拿出来交给行政，明年这部分款就不拨给我们）。(2) 如不够时，由行政部门补助。这两部分款的开支也包括家属。3. 组织领导问题。由行政负责领导，应强调指出，工会必须把这一工作作为自己的主要工作之一来做，特别是宣传部门，我们要积极地发动和组织职工入学，帮助他们解决学习中间的困难。中央林业部准备在春节后开一次扫盲会议，来研究解决这些问题。4. 时间问题。中央已有规定，每星期必须有六小时学习时间。各级工会要切实保证。5. 教员和课本问题。各单位要把所有识字的，并能做这一工作的人都运用到这方面来，用包教包学等办法去学。课本第一本自己编，五六百字，以每天接触的事、物、政治名词等为内容；第二本分区编。6. 对失学儿童的安置问题。我们已和林业部作了研究，用以下两个办法解决：一是参加我们所组织的业余学习；二是林业部已向教育部提出建议给林业工人子弟专设学校，这个问题教育部已作了规划。7. 学习技术。掌握新技术在社会主义建设中是一项很重要的工作。我们各级工会组织必须积极采取各种方法把这项工作做好。但是要学好技术，特别是掌握新技术就必须学好文化，有一定的文化水平才便于更快地掌握新技术。因此在学习技术的同时也应注意提高文化。

三、加强宣传舆论引领

主流新闻报刊围绕劳动纪律教育进行全方位报道，宣传党的方针政策，开辟专栏进行充分讨论，营造浓厚的社会舆论氛围。

《人民日报》除刊登党中央的通知、全国总工会的决议，还随时刊登各地工作经验，发表《巩固劳动纪律是党组织的重要任务》《进一步巩固劳动纪律》《反对败坏劳动纪律的行为》等多篇社论文章。全国总工会机关报《工人日报》开设了“大家讨论”专栏，围绕“为谁劳动”，请来自不同地方的工人读者发表关于个人利益与国家利益关系的评论。湖南省委机关报《新湖南报》刊登工人吴远谈自己由自由散漫到严守纪律的思想转变的文章，开辟“吴远思想转变的讨论”专栏，发动职工积极参加讨论。其中，最为典型的是《天津日报》开展的“王秀珍思想”讨论。天津国营恒大烟草厂女工王秀珍曾向《天津日报》写信介绍自己违反劳动纪律的行为，表示希望大家帮助分析批评。《天津日报》在征得王秀珍本人和其所在厂党组织同意后，以《我认识了违反劳动纪律的错误》为题，发表了王秀珍的信。之后，不少工厂广播了这封来信，发动工人展开讨论。一个多月里，《天津日报》就发表劳动模范、技术人员、医务人员以及党政工领导干部的 40 余封来信。此后，“王秀珍思想”讨论被作为典范在全国推广，《人民日报》专题报道。很多工会干部在参加“王秀珍思想”讨论后充分认识到，应该认真贯彻中国工会七大的决议，加强对职工群众的共产主义教育，营造“遵守劳动纪律是光荣的，违反劳动纪律是耻辱的”的氛围，通过开展批评与自我批评巩固劳动纪律。此外，各地出版机构也相继发行了一系列配合劳动纪律教育的出版物，如湖南通俗读物出版社《遵守劳动纪律的模范工人》、河北人民出版社《劳动纪律问题解答》、华东人民出版社《我认识了违犯劳动纪律的错误》画册等，起到了很好的宣传教育作用。

黑龙江垦区建场初期的思想政治教育总结：建场初期，农场党、团、工会组织，围绕党的中心工作，结合本单位的实际情况及时地对职工进行了社会主义、爱国主义、国际主义教育。伴以爱场如家教育、艰苦奋斗教育、形势任务教育。利用报告会、宣讲会、黑板报、墙报以及文娱演唱等形式，经常、灵活多样地宣传社会主义的伟大成就，宣传抗美援朝的巨大胜利，宣传国营农场的建设速度和优越性，使广大职工认清形势、克服困难、齐心协力地进行生产和基本建设，造就了一批“为了革命献青春，献了青春献终身，献了终身献子孙”的北大荒人。

1948年起，大批新职工入场，很多人对北大荒生活不习惯，有怕苦怕累情绪，有些农场的机务学员中竟有30%当了“逃兵”。针对各类人员的思想状况，农场工会组织及时进行了艰苦奋斗、任务前途教育。教育大家既要自力更生、艰苦奋斗去创造、去开拓，又要安下心来学技术、学业务、学经营管理本领。使广大职工树立起以苦为荣、以场为家的思想，担负起为国家生产粮食、支援前线、培养干部、示范农民的光荣任务。通过思想教育，大家思想有了很大转变，纷纷表示决心，一定要扎根北大荒干革命。九三荣军农场的荣誉军人们发出了建设好“荣誉新村”的誓言，要人人贡献自己的力量，个个做国家的主人，充满了建设新家园、繁荣北大荒的生机。

四、开展安全生产纪律教育

在劳动纪律教育中，除了教育职工群众遵守劳动时间等基本要求，更重要的是引导他们遵守劳动生产技术规范，尤其是严格遵守安全生产纪律，杜绝因此造成的生产事故。1954年9月，人民日报社邀请王崇伦、孟泰、裔式娟等18位全国人民代表大会代表中的工业劳动模范，座谈关于巩固劳动纪律问题。大家普遍认为，违反劳动纪律目前最突出最严重的，是违反操作规程和安全规程，企业中几乎普遍地不断发生设备和人身事故。北京石景山发电厂技师刘德珍谈道：“贯彻操作规程是当前巩固劳动纪律中最重要的事。但在贯彻操作规程时，一定要同时组织大家学技术，提高技术水平。有的工人操作规程背得很熟，但技术差，待发生问题时就慌了手脚，规程也忘掉了，结果就会酿成事故。”青岛市大部分工厂企业在劳动纪律教育中，着力加强对违反操作规程造成严重后果的批评教育。国营浙江麻纺厂着重进行了一次关于严格遵守操作规程的教育，运用真人真事教育工人了解遵守规程的重要性，并向工人讲解有关操作规程的基本知识。

对严重危害生产、破坏劳动纪律且屡教不改的少数，有关方面均依法作出严肃处理，起到很好的警示作用。北京石景山发电厂工人、共产党员李寿安在担任锅炉车间磨煤机司磨时，工作不负责任、违反操作规程，多次造成机器损坏并隐瞒不报，还骗取磨煤新纪录荣誉。发电厂党组织研究后报中共北京市委批准，将李寿安开除党籍；北京市人民检察署批准逮捕李寿安，并向市人民法院提起公诉。郑州铁路第五线路工程队施工负责人赵书信在修筑京汉路陈家河会让车站时，违反行车安全的规章，造成货物列车脱轨颠覆的重大事故；陕州区车站扳道员冯学珠在值班时，违反铁路技术管理规程，不检查行车后的道岔密贴状态，以致旅客列车发生脱轨重大事故。郑州铁路沿线专门检察署和郑州铁路管理局洛阳运输分局对于这两件重大行车事故提起公诉和控告，郑州铁路沿线专门法院进行了慎重而严肃的审理判决。

坚持全心全意依靠工人阶级的方针，关注保护劳动者权益，注重实现好、维护好、发展好广大普通劳动者的根本利益，是党和工会组织在革命战争年代探索出的成功经验。在劳动纪律教育中，除了充分发挥工人阶级的劳动热情与纪律自觉，更加注重改善职工生产劳动条件，并将其贯彻到政策制定、工作推进全过程，落实到企业生产经营各方面，多措并举给予“看得见的物质福利”，从而解决职工群众从事生产劳动的后顾之忧，调动劳动热情，促进生产发展。这一时期，为方便职工生产生活、减轻职工家务劳动而建设集体福利设施，包括住宅、食堂、托儿所、浴室等。这种带有计划经济色彩的集体福利事业，在资源相对紧张的情况下解放了工人尤其是女职工的生产力。为减轻职工生活负担，建立福利补贴制度，对上下班交通、生活必需品供应、困难补助等问题作出明确规定。为丰富职工生活，建立文化福利设施，如工人文化宫、俱乐部、图书馆、阅览室等，并积极组织开展文体活动，既丰富了工人和群众的文化生活，又创造了学习理论和技术的条件。

经过持续集中教育，广大职工群众逐渐养成遵守劳动纪律的工作习惯，工矿企业劳动纪律松弛的问题基本得到解决。1956 年 1 月，全国总工会第七届执行委员会第四次全体会议通过决议，强调要继续进行巩固劳动纪律的教育，普遍检查一次企业内部劳动规则纲要的执行情况。随后，各级工会协同有关企业主管部门对企业内部劳动规则纲要执行情况进行了一次从上而下的普遍大检查，以巩固劳动纪律教育的成果。

第四章
开展产业政策调研，推动产业发展

一、开展产业政策调研

新中国成立之后，各级工会开始注意加强调查研究，为解决改革遇到的问题献计献策。其中，基层工会在制定改革方案和方案实施过程中，调查了解职工的意见、要求和对改革的综合承受能力，协助企业行政积极稳妥地推进改革。许多省级、管局级工会围绕深化改革，进行专题调查研究，提出建设性意见；或者与行政联合发文件，进一步发挥工会和职代会在改革中的作用。

1953 年至 1954 年，中国农林水利工会工作委员会开展了一系列产业调查研究工作，逐步建立和加强了与各级工会组织的联系。1957 年 11 月初，国务院第七办公室会同劳动部、农垦部、中国农业水利工会、北京市委农村工作部组成三个小组，分赴北京市的南郊、西郊、双桥三个农场进行了三周的调查，和各农场有关同志作了研究，并和双桥农场职工中的部分积极分子进行了讨论。根据对北京郊区三个国营农场几年来对于附加工资实际使用结果的考察，经过和农场党委、行政、工会各方面负责同志再三研究协商之后，认为国务院将国营农牧场附加工资由 12. 5%降为 6%—8%的意见是基本可行的，正确的。1957 年 11 月 23 日，国务院第七办公室向邓子恢、李先念报告了这次调查研究结果。

1958年2月11日，国务院同意了第七办公室关于国营农牧场附加工资问题的调查报告，还特别指出：国营农牧场不同于工矿企业。在工资和劳保福利待遇上，应该按照农业生产的特点、农牧场现在的生产水平和生产条件以及农村的生活水平，使其和工矿企业有所区别。过去多数国营农牧场的工资一般偏高，附加工资也机械地按照工矿企业标准执行，这显然是不适当的，要在全面改革国营农牧场管理制度中加以解决。在全面改革管理制度方案没有制定出来以前，现在各国营农牧场可以结合整风运动和社会主义教育，在提高职工政治觉悟的基础上，作初步改进。根据国务院七办会同有关部门共同调查的结果，像在北京市附近郊区的农牧场，附加工资可以由现行的等于工资总额的12.5%降低到6%—8%，最近湖北省省长张体学来国务院汇报，也认为湖北国营农牧场附加工资可以降低到7%。据此，各国营农牧场可以根据上述精神，经过适当准备步骤之后，从当年3月起，开始实行将附加工资由原12.5%降低到6%—8%。有些国营农牧场如果经过群众辩论，改善了经营管理，附加工资能够降低到6%以下的，可以不受上述规定的限制，确定后不必等待上级批准，即可在各农牧场试办，并且应当将他们的经验加以总结和推广。在实行这一措施的时候，各个国营农牧场应该根据自己的具体情况，在发动职工群众讨论和取得工会同意之后，确定一个适当的比例，作为国营农场全面改革管理制度前的一个过渡办法，报告当地党政领导机关批准执行，并报告农垦部备案。但是在同一地区和同一条件的农牧场，应该作统一的规定。为了全面地改善和加强国营农牧场的经营管理，使之适合农业生产和农村生活水平的特点，并且发挥国营农牧场的先进示范作用，国务院责成农垦部于当年第一季度派出负责同志亲赴几个国营农牧场研究先进经验，进行典型试验，准备提出一个全面改革管理制度的方案，报告国务院。

1963年，中国农林工会在《关于了解国营农牧场工会组织状况几个问题的提纲》中提到：为了研究和加强国营农牧场工会工作，需要了解以下几个问题：一、目前省、市、自治区国营农牧场工会（包括局、农牧场、分场、生产队）的组织、干部、工作等方面状况怎么样？二、已建立了工会的国营农牧场怎么样来加强？没有建立的是否在原则上讲都要建立工会？三、国营农牧场已建立工会的工会主席的条件（包括质量、能力等）如何？分场工会干部配备情况如何？四、生产队一级工会组织状况怎样？工会积极分子队伍状况怎样？在国营农牧场怎样依靠积极分子进行工作？要注意解决什么问题？五、国营农牧场工会归哪里领导好？农垦部直属农场和省属农场工会是否归省、市、自治区总工会领导为好？六、省、市、自治区是否需要成立农业工会或农林工会？省、市、自治区农林工会的任务和业务范围怎样确定比较合适？根据任务和业务范围编制多少干部合适？七、农牧场工会干部由谁来训练？农垦部和省属的农牧场工会主席是否由省、市、自治区来训练？农牧场工会一般脱产干部是否由场工会来训练？没有局工会的省、市、自治区或者是有局工会而担负不了这个任务的省、市、自治区农牧场工会一般脱产干部由哪里训练合适？八、国营农牧场工会，当前在组织工作上应做些什么事？是否通过政治、生产运动整顿工会组织，逐步发展会员？还是暂不发展会员？是否应进行一次整顿，重新登记会员？九、怎么样根据农牧场的特点，开好职工代表大会和职工大会？职工代表大会制度在国营农牧场怎样贯彻？十、国营农牧场工会今年怎么样通过政治、生产运动，摸清职工队伍的状况？职工思想状况如何？

改革开放以来，农林系统各级工会的调查研究水平有新提高，推进改革和加快发展经济有新成就，为企业和职工分忧解难有新成果，探索工会工作与市场经济接轨有新尝试，发展工会企事业有新进展。1979 年 11 月 7 日，中国农林工会对黑龙江农垦长水河农场加强经营管理作了初步调查。1980 年 6 月 10 日，中国农林工会对河北省唐山市芦台农场的生产情况作了调查。1980 年 9 月 14 日，全国总工会工作组对西双版纳发展热带经济作物情况作了调查。

1983 年 8 月 8 日，中国农林工会对巴盟农牧场实行“双包”生产责任制后一些情况作了调查。部分节录如下：（一）巴盟农管局共有 18 个农牧（渔）场，职工 2.1 万多人，耕地面积 36 万亩，草场 89 万亩，林地 11 万亩，淡水水面 53 万亩，各式拖拉机 180 台，机引播种机 115 台，汽车 77 辆。主要农产品有小麦、蚕豆、向日葵和甜菜。由于该局所属农牧场原来大多数是劳改农场，自然条件和生产条件都比较差；加上过去“左”的思想影响和林彪、江青反党集团破坏，生产发展缓慢，企业连年亏损，长期处于“生产靠投资，吃粮靠返销，花钱靠补贴”的三靠局面。1969 年到 1983 年，国家共投资 3 亿多元，亏损补贴 2.5 亿元，平均每年亏损近 2000 万元。1979 年国民经济调整，国家对农牧场的财政补贴逐年削减，1981 年内蒙古农牧场管理总局提出“以收定支，量入为出，自求平衡，自负盈亏”的方针，给巴盟农管局的财政补贴由 1980 年的 770 万元减为 300 万元，有些农牧场一度出现发不出工资的困难情况，职工思想浮动，人心思迁。据 1981 年底统计，在不到 2 年时间里，调离农牧场的职工就有 1500 多人。面对这种严重情况，从 1980 年起，巴盟农管局按照党的十一届三中全会以来确定的正确路线，从实际出发，在一些农牧场相继实行了以“双包”为主要形式的生产责任制。“双包”生产责任制给巴盟农牧场带来了生机，农场的经济形势迅速好转，1980 年全局亏损 730 万元，1981 年下降为 441 万元。1982 年，全局农牧场普遍推行了“双包”生产责任制，结果年终盈利 5.5 万元，并第一次向国家交售商品粮 220 万斤，从而使这个局结束了“三靠”的被动局面。90%的职工增加了收入，平均工资由 660 元增加到 1300 元。

“双包”生产责任制之所以能够迅速取得显著成效，最根本的一条，是比较彻底地打破了“大锅饭”和平均主义，真正贯彻了社会主义的按劳分配原则，把职工的劳动成果同他们的物质利益紧密地结合起来，因而较好地调动了职工包括家属的生产积极性。职工中游手好闲的人大大减少了，过去上工时“头遍钟不买账，二遍钟伸头望，三遍钟慢慢晃”的现象不见了。农场干部高兴地说：过去喊破嗓子无人听，现在“磨不推自转，人不催自干，自动化赛过了机械化，联产如联心，八分力气拿十分”，职工群众的精神面貌发生了深刻变化，他们热爱农场、热爱劳动，对未来充满了信心，现在农场里到处呈现轻松愉快的气氛。

（二）“双包”生产责任制是巴盟农管局贯彻十一届三中全会以来党的正确路线，从农场的实际出发，建立的一种经营管理制度。“双包”，即包产到劳（户），包干到劳（户）。其基本内容有以下几点：一是把农场的土地分等定产，优劣搭配，承包到劳。承包任务以二级工工资为基数，高于二级工的，根据测算，每一个级差增拨一定数量的土地，其收入作为工资级差的补贴。二是除大型农机具归农场所有外，中、小型农具和耕畜一般作价卖给职工个人。三是保留原工资级别，取消固定工资，实行定额上交，超产归己。四是农场实行统一计划，统一核算，统一调配物资，统一基本建设，统一销售产品，在这个原则下，充分发挥职工个人和家庭经营管理的主观能动性。

（三）巴盟农牧场实行“双包”生产责任制后，也出现了一些新情况和新问题。这些问题有的是企业内部可以解决的，有的则是涉及全局的政策性问题，需要由国家有关部门统一研究解决。实行“双包”责任制后，职工普遍反映负担重。反映最强烈的是上交的管理费太多和把劳保福利的各项开支直接加在职工身上。据调查，职工承包后，应完成的任务主要有五项：直接生产费、土地税、管理费、工资和工资附加。以建丰农场三分场为例，职工平均每人承包30亩地，每亩需直接生产费（包括种子、化肥、农药、机耕、水利等各项开支）22元，一年的直接生产费为660元；土地税每亩5元，共150元；管理费每亩3元5角，共105元；工资（按二级工计算）加副食补贴和烤火费，一年为558元；工资附加（包括医药费、福利费、工会经费、职工教育经费）一年68元。这就是说，一个职工一年完成1500元以上的生产任务，就可以拿回基本工资，并享受国家规定的各种福利待遇。从职工家庭的实际收入状况看，建丰农场三分场有36户职工，增加收入的20户，基本持平的12户，减少收入的4户。

1983年11月9日，广东省海南行政公署就琼海县部分社队农民侵占国营农场土地情况向中共中央办公厅、全国总工会、广东省人民政府协调处作报告。1984年3月，中国农林工会副主席李克作了《关于上呼兰森林经营所实行国有林分户经营承包的调查》。1985年4月24日，中国农林工会作了《关于福建建阳地区部分林业县木材开放后出现的新情况的调查》。

1985年12月10日至16日，中国农林工会在广东海南岛国营南新农场召开了全国农垦系统改革中工会工作经验交流会。全国总工会书记处书记王申详在会上作了重要讲话，中国农林工会副主席吕保柱在会上作了题为《认清形势，坚持改革，努力开创农林系统工会工作新局面》的讲话。部分节录如下：随着农林系统政治经济形势的发展，工会工作也有新的发展。主要表现在以下几个方面：一是各级工会提高了在政治上同中央保持高度一致的自觉性，端正了工会工作的业务指导思想，明确了工会在经济体制改革和四化建设中的任务；二是各级工会组织积极支持改革，参加改革，通过自己的工作，对推进农林企业的改革起了积极作用；三是进一步明确了加强企业民主管理是工会工作的重点，多数企业都建立了职工代表大会制，不少单位职代会的水平也有了新的提高；四是工会组织建设有了较大的发展，大多数基层单位建立了工会组织，工会会员约占职工总数的85%。新疆生产建设兵团工会组建较晚，但发展很快，全兵团22个师级单位，已有19个成立了工会；五是普遍开展了建设“职工之家”活动，有力地推动了基层工会的建设和各项工作的发展。

1985年12月15日，全国总工会书记处书记王申详在全国农垦系统改革中工会工作经验交流会上作讲话，部分节录如下：农林工会召开这样一次会议很有必要。这两天，我听了一部分单位的经验介绍，高兴地看到，农林系统的工会工作是在不断地前进。从全国农林工会到各级农林工会都做了大量工作，特别是围绕着改革做了很多很好的工作。党的工作重心转移以后，我们工会工作一定要围绕四化建设这个中心，当前，就是要集中力量把改革搞好，改革的目的就是推进经济建设。大家在发言中反映了农林系统的改革也在前进，摸索了一些好的形式，取得一些好的经验。你们这次会议交流了改革中工会工作的经验，对农林系统的改革，会起到积极的推动作用。为了动员广大农林职工更好地在四化建设和改革中发挥作用，我对农林工会的工作提几点意见，供你们参考。第一，要加强思想政治工作，搞好精神文明建设，把800万农林系统的产业大军，建设成一支有理想、有道德、有文化、有纪律的坚强队伍。思想政治工作是基本建设，它长期起作用，特别是在关键时刻起作用。第二，要加强农垦、林业企业民主管理，保证职工的主人翁地位。经济体制改革以后，农场、林场还是国营性质，职工还是国家主人，还要当家作主、管理企业，而且改革后经营成果和切身利益挂钩了，职工更加要求当家作主了。改革中扩大了企业自主权，这个权扩大给谁？是扩给一个人呢，还是扩给全体职工？我认为扩权是扩给全体职工，不是扩给一个人，要全体职工来当家作主。第三，关心群众生活的问题。我们农林系统职工特别是第一线的职工，都处在边远地区，工作条件比较艰苦，农林系统职工生活，存在一些老问题，如家属的户口、粮食供应问题，给职工带来了一些困难。随着改革的发展，又出现一些新问题，需要我们去关心他们，比如办家庭农场在生产技术、资金等方面有困难，出现了贫困户等，新老问题不少，需要我们调查研究，帮助解决。对职工我们要从生产上帮助他们，生活上关心他们。在调查研究的基础上，开展扶贫活动，帮助大家勤劳致富。

1987 年 6 月 16 日至 7 月 18 日，中国农林工会在中国工运学院举办了有 100 人参加的农林系统第三期工会干部培训班。全国海洋渔业系统的 16 位工会主席、副主席参加了培训班学习。为尽快掌握全国渔业系统的基本情况，办班期间，中国农林工会对渔业系统的基本情况及工会工作，作了初步调查了解。1987 年 7 月，为建设好渔业职工队伍，中国农林工会作了《关于 15 个海洋渔业公司基本情况的调查及几点建议》：1. 重视宣传，提高渔业职工的社会地位。长期以来，渔业系统，特别是捕捞战线上的广大干部职工，风里来，浪里去，以船为家，“四海漂泊”。他们不畏艰险，不怕困苦，不计较个人得失，为国家和社会作出了巨大贡献。但渔业职工的社会地位是比较低的，与他们的贡献和工人阶级的地位极不相符。究其原因，对渔业战线和渔业工人的宣传重视不够是一个重要方面。今后必须改变这种状况，真正把宣传工作重视起来。做好宣传工作，就要充分利用各种传播媒介，其中包括我们自己的报刊。要努力刻画渔业工人的形象，争取社会各方面对渔业劳动和渔业工人的尊重和关怀，提高渔业工人的社会地位。2. 关心职工疾苦，稳定船员队伍。工会要注意关心职工的切身利益，为职工说话办事。上述一些海洋渔业职工生活待遇问题，有的是与其他行业共同的，多数则是本行业特殊问题。因此，应当按照具体情况，对某些问题做好调查研究和反映情况的工作。由于各企业条件不一，经济效益有好有差，在一些问题的解决上也不能一刀切。这主要靠各企业通过职工代表大会等形式，在生产发展和国家财力允许的情况下，注意改善职工的生活条件，力争为职工多办一些好事、实事。3. 加强工会工作。海洋渔业职工队伍是一支重要的产业工人队伍，是农林工会工作的一个重要方面。过去由于我们力量不足，过问较少。这次培训班上大家对此提出不少意见。我们的打算，一是充实我会分管水产工作的干部力量，积极推动这方面的工作开展；二是已同农牧渔业部水产局领导同志议定，根据培训班讨论提出的意见，局、会联合下发《关于加强海洋捕捞企业工会工作的意见》文件；三是根据大家的协商，拟借鉴国防工会建立核工业系统工会主席联席会议的办法，成立水产系统工会联络委员会。

1987 年 8 月 10 日，中国农林工会作了《关于职工家庭农场和工会工作的情况向全总书记处报告》。1987 年 10 月 19 日至 20 日，中国农林工会在上海市水产局召开了部分省、市水产局工会、农林水工会主席座谈会。座谈会邀请了农牧渔业部水产局、中国水产联合总公司、上海市总工会负责同志参加，共 19 人。这次会议的主要内容是：根据 1987 年全国农林工会、农牧渔业部水产局《关于加强海洋捕捞企业工会工作的意见》联合发文的精神，沟通情况，研究成立水产系统工会联络委员会的具体办法，商讨 1988 年水产系统工会一些共同性调查研究课题和活动。例如，对 1988 年一些共同性调研课题和活动进行了初步协商。大家初步协商的意见是：1988 年联络委员会的工作，要以党的十三大精神为指针，从水产的特点出发，进一步推动水产企事业改革的发展，研究讨论水产行业，特别是海洋捕捞、加工企业职工切身利益的一些共同性问题，通过调查研究提出意见或建议，与行政及有关方面沟通社会协商对话渠道，以加强管理机关与职工的联系。1. 对海洋捕捞和加工业职工队伍不稳定的状况进行调查研究。对捕捞和加工行业职工的生产环境、劳动保护及工业卫生状况、物质待遇和文化生活状况、后勤保障等方面进行一定的调查研究，写出有情况、有数据、有分析、有解决问题的意见或建议的调查报告，作为参政议政、协商对话的根据。2. 配合有关方面，全面推行厂长负责制，贯彻“三个条例”。总结推广符合水产企事业单位特点和行之有效的民主管理工作经验，起草水产系统职工代表大会实施细则范本。3. 组织水产养殖业的技术交流。近年来，为解决我国水产资源日趋减少和市场对水产品的需求量不断增加这一突出矛盾，养殖业有了较大的发展。为推动这一事业的发展，推广养殖先进技术，拟与有关方面合作，组织好技术交流活动。

1988 年 1 月，中国农林工会发布了本年工作计划安排：根据全国总工会十届五次执委会议精神，在认真学习党的十三大文件的基础上，围绕农林渔系统加快改革、深化改革和开好工会十一大的要求，集中力量做好调查研究，探索改革中工会工作新课题，发挥产业工会在加强政策理论研究、参政议政、培训干部和宏观指导等方面的作用。(一) 调查研究兴办家庭农场中的工会工作。农垦系统实行大农场套小农场、兴办家庭农场的双层经营体制，是一场极其深刻的改革。我们的初步安排：1. 组织干部学好党的十三大文件和农垦工作会议文件，深刻领会中央对农垦改革的指示精神和要求，在提高认识的基础上，组织好下厂调查组；2. 选择绥滨农场等若干先进典型，解剖麻雀，进一步总结工会参与改革、领导改革，并在改革中加强工会自身建设的经验；3. 初步拟定与黑龙江省总工会（如其他省条件更成熟，可更换地点）联合召开讨论会，讨论改革中带有普遍性、规律性的经验和问题；4. 下厂同时了解农垦职工的思想动向，改革中利益调整产生的矛盾，以及涉及职工切身利益的重大问题。积极做好十三大精神的宣传教育，反映群众的意见、要求和一些“热点”问题，积极为农垦职工说话办事，维护他们的具体实际利益，促进改革的顺利发展。(二) 围绕林业部门“深化改革、集约经营、振兴林业”的主题，集中力量搞好调查研究，提高参政议政水平。调查研究的课题初步拟定：1. 林业企业全面推行承包经营责任制，以及改革中涉及职工切身利益的重大问题；2. 在加强森林资源管理、林业资金管理中，职工反映的重大问题；3. 林业企业面临“两危”，群众中的若干“热点”问题，工会组织发动职工摆脱“两危”、广开生产门路、解决生活困难的经验；4. 针对林业企业特点，工会在实现群众化、民主化及自身改革中的问题和经验。（三）在水产系统深化改革中，做好调查研究工作。在建立水产系统工会主席联席会议的基础上，做好以下工作：1. 组织各海洋渔业公司和部分水产局工会主席参加国家水产局厅局长会议，掌握改革全局；2. 探索开辟社会协商对话渠道，组织一次工会主席与水产局领导同志的对话活动；3. 与有关水产工会协作，组织若干专题调查（如巩固渔业职工队伍问题），提高参政议政水平。（四）与中国工运学院联合举办农林渔系统第四期工会主席培训班。根据书记处指示精神，举办一期林业企业工会防火、安全生产、劳动保护干部培训班，伊春林区工会、全国总工会经保部协办。（五）农林工会与林业部共同组织的合理化建议、技术革新竞赛活动已开展一年，取得可喜的成绩。本年一季度末，会同林业部开展一次竞赛总结和评比、表彰先进单位和先进个人的活动。（六）为书记处交办召开工矿企业绿化工作现场会做好筹备和会务工作。（七）继续搞好信息工作，提高调查研究工作质量，加强计划性，办好《农村工会调研》。

1988 年 2 月 24 日，中国农林工会作了《关于我国中长期粮食政策的建议》。1988 年 10 月 31 日，中国农林工会作了《关于三岔子林业局“三段式”经营改革的调查》。1988 年 11 月 15 日，中国农林工会作了《关于安徽省国营农林牧渔场劳动计划管理体制和劳动制度改革试点情况的报告》。1988 年 11 月 16 日，中国农林工会作了《关于新疆森工企业推行承包经营责任制情况的调查》。1989 年 7 月 30 日，中国农林工会作了《关于发挥国营农场优势搞好适度规模经营的调查报告》。

1990年2月，中国农林工会总结了1989年工作情况，发布了1990年工作安排，并向全国总工会副主席李沛瑶、全国总工会书记处书记张富有并全国总工会书记处作了报告：

（一）1989年工作情况。1989年，在全国总工会党组、书记处的正确领导下，在农业部、林业部领导的重视关心和农林系统各级党政工组织的支持下，我们根据本产业治理整顿深化改革的中心任务，调查研究、反映情况，与对口部进一步加强了联系与合作，做好服务、指导工作，取得了一定成绩。

（二）1990年工作安排的意见。1990年是治理整顿、深化改革关键的一年。全年工作要以党的十三届五中全会精神为指针，按照全国总工会十一届二次执委会提出的任务，结合产业实际，组织好干部深入基层，积极搞好调查研究、反映情况、总结经验、培训干部、指导基层和服务基层的工作。进一步加强与农业部、林业部的密切联系与合作，为本产业治理整顿、深化改革、发展生产、稳定职工队伍作出积极贡献。做好重点课题的调查研究和综合研究工作。拟定的课题主要有：1. 在治理整顿中，农林渔企业职工面临的生产、生活方面新情况、新问题。扭转困境、渡过难关、稳定队伍、扶危治危、兴农兴林的实例和经验。2. 在治理整顿中，涉及职工切身利益的政策性问题，以及发挥工会优势、关心职工疾苦，搞好群众生活等方面的经验。3. 农林渔企业完善承包经营责任制和加强民主管理，依靠职工办好企业的典型经验。4. 结合产业特点和实际，加强工会职工思想政治工作和精神文明建设，建立企业精神，提高职工主人翁责任感和职工队伍整体素质的做法和经验。5. 农垦企业进一步完善双层经营体制，加强产前、产中、产后服务，加强生产队建设，完善家庭农场，搞好庭院经济，关系调动农场职工积极性的新问题和新经验。6. 城市及郊区农垦、水产企业在搞好副食品基地建设，实施“菜篮子工程”中的工会工作经验。7. 实行科技兴农、科技兴林的工会工作经验。进一步总结三年来在全国林业系统开展合理化建议、技术革新竞赛活动的经验。在调查研究的基础上，拟筹建农林职工技术协会。8. 综合研究农林渔系统女职工状况及女职工工作的经验。9. 综合研究部、会近年来合署的指导性文件的贯彻落实情况，如《关于加强农业系统工会工作的意见》《关于在林业企业承包经营责任制中加强民主管理的若干意见的通知》及本会《关于加强林业企业工会安全生产、劳动保护工作的若干意见》等文件的贯彻落实中的经验和问题。10. 随着改革不断深化，工会密切联系群众、依靠广大会员办工会，促进工会组织群众化、民主化，增强基层工会活力的经验。

根据以上课题安排，要求干部下基层和做好综合研究工作。在总结经验的基础上，召开现场会或座谈会进行推广和交流。1. 一季度在广东湛江召开农垦系统关于依靠职工办好企业的现场会议。会后编印以粤西垦区为主的“全心全意依靠工人阶级办好企业的经验”小册子一种。2. 二季度组织主要垦区工会干部参加辽宁省召开的庭院经济经验现场会，进行观摩交流。通过经验交流形成指导性文件，编印介绍办好庭院经济的第二个小册子。3. 二季度，与林业部联合召开全国林业系统合理化建议、技术革新经验交流及表彰会。4. 10 月份，在广州召开林业系统工会经验交流会议，交流林业企业搞好治理整顿、深化改革、摆脱困境、稳定队伍的经验与对策。5. 第四季度召开林业工会劳动保护部长座谈会，检查文件贯彻情况。由国际劳工组织和全国总工会技术经济劳动保护部赞助，举办一期劳动保护师资培训班。6. 召开全国部分省市农林工会办公室主任小型座谈会，研究加强综合信息办好刊物等方面工作。搞好干部培训工作。与中国工运学院合作，办好第六期农林工会干部培训班。抽调重点垦区林区工会女职工委员会负责人参加全国总工会女工干部培训班，并组织加强女职工工会工作研讨会。做好刊编工作。继续办好《农林工会调研》，坚持定期出版，提高办刊质量，实行稿酬制度。办好《农林工会信息》，密切与两部以及全国总工会办公厅、刊编室及新闻单位的联系，多方面开辟反映情况的渠道。支持办好《农垦工人》杂志和本年举办的新闻写作培训班与工会知识竞赛活动。加强与中国林业报社、中国农牧渔业报社的合作，办好两报的《职工之家》专栏。

1991 年 1 月，中国农林工会发布了本年工作计划：今年的工作以党的十三届六中、七中全会为指针，按照全国总工会工作指导思想和要求，结合农林产业形势和任务，本着实事求是、积极主动、注重质量、讲求效益的原则，抓住重点，力争在去年工作的基础上有新的进展，上新的水平。根据全国总工会《关于加强全国产业工会若干问题的暂行规定》及书记处的有关要求，定于五六月间召开中国农林工会全国委员会全体会议……（二）围绕“质量、品种、效益年”活动，发挥工会作用，动员和组织职工在治危兴林和农业持续稳定协调发展中作出新贡献。农林工会要围绕这个中心，找准自己的位置，发挥自己的作用，争取工作有突破性进展。1. 农林系统各级工会要在“质量、品种、效益年”活动中，结合实际，确定重点，广泛深入开展社会主义劳动竞赛和合理化建议、创造发明活动，下功夫发现、总结、推广先进经验。2. 中国农林工会与林业部在联合组织全国林业系统合理化建议活动中，紧紧围绕培育森林资源、发展综合利用和多种经营、强化管理等三项任务，抓出新的成果。3. 中国农林工会配合林业部林产工业总公司组织全国“三板”（纤维板、胶合板、刨花板）竞赛。努力抓出成果，创造经验。4. 积极同产业部协调、合作，逐步在农林战线选树一批体现本产业职工优良品质和时代风貌的劳动模范和先进集体，在产业系统中逐步形成比学超赶的风气。（三）围绕中心任务，抓住本产业突出问题，有重点地组织专题调查研究。1. 结合“选树”工作，调查本产业依靠工人办企业、艰苦奋斗、脱贫致富、创造优异成绩的先进经验，调查总结此项工作中工会发挥作用的先进经验。2. 调查研究林业系统在治理整顿，深化改革、调整产业结构中工会发挥作用的经验和涉及职工切身利益的问题及解决这类问题的经验，提出有分析、有对策的调查报告，参与政策研究。3. 调查研究农垦系统职工外流、队伍不稳的状况、原因及解决这一问题的经验，提出有分析、有对策的调查报告。参与研究政策。4. 调查研究增强生产队、林场等生产第一线工会活力的经验，提供若干典型和专题报告。5. 根据全国总工会部署，组织职工队伍的调查。（四）加强综合研究工作，提高综合研究水平。1. 为了提高刊物质量、提高两个效益，更好地发挥刊物服务基层、指导基层的作用，加强《农林工会调研》的刊编力量，改进刊编工作。2. 完成 3 项（6 件）综合调研成果。围绕高层次参政议政的内容完成 1 份有情况、有分析、有意见的综合研究报告，向有关领导部门提供建议；为全委会和两个专业会议提供主题报告；为两个专业会议形成有指导意义的文件或《会议纪要》。（五）召开两个专业会议。1. 10 月召开全国农垦系统增强生产队活力经验交流会议（暂定名称）。规模 60 人，预算经费 8000—10000 元，承办单位：农业工作处。2. 第三季度召开全国林业系统工会在治危兴林中建功立业经验交流研讨会（暂定名称）。规模 60 人，预算经费 8000—10000 元，承办单位：林业工作处。（六）举办 3 期培训班。1. 3 月 6 日至 30 日，在中国工运学院举办农林工会第七期工会干部培训班。培训班一方面完成教学任务，另一方面开展点面结合的调研活动。规模 55 人，预算经费纳入学院计划。2. 下半年，在中国工运学院举办农林工会写作学习班，培训农林水系统工会宣传报道骨干。规定 60 人，时间 25—30 天，预算经费纳入学院计划。3. 第三季度举办水产行业安全健康及工作环境劳动保护师资培训班（此班列为全国总工会与国际劳工组织丹麦国际开发署双边多边合作计划项目）。规模25—30人，地点待定，本会不负担经费。（七）筹备中国农林工会职工技协。二季度成立中国工会职工技协筹备组织，调查了解本产业各级技协的活动状况、成绩、问题、发展趋向；了解其他产业工会全国技协的组建情况和管理办法；提出组建中国农林工会职工技协的可行性报告，研究制定组建方案及有关工作制度、业务规范等。

1991年4月，中国农林工会、云南省农垦工会对天保农场受战争破坏经济困难情况进行调查。1991年5月30日，中国农林工会作了《关于天保农场受战争破坏、经济困难情况的调查报告》。1991年12月15日，中国农林工会作了《关于农垦职工外流情况分析及对策》。

1992年1月3日，中国农林工会发布了本年工作计划：1992年是加快改革步伐、加强农业工作具有决定意义的一年。根据中央工作会议和党的十三届八中全会精神，以及全国总工会十一届四次执委会确定的任务，我们将紧紧围绕搞活大中型企业，调整产业结构，提高经济效益，促进科技兴农（林），在深化改革中维护职工的合法权益，进一步贯彻落实全心全意依靠工人阶级的指导方针。在工作中，继续本着“抓住重点，突出特色，讲求质量，注重实效”的原则，克服工作一般化、表面化和形式主义的精神，进一步实现工作由活动型向调研型的转变，以体现总指导方针为课题的调查研究作龙头，带动参政议政、会议活动和指导工作，做到“四统一”。力求调查研究的力度再强一点，指导工作的水平再高一点，参政议政的工作再实一点，交流经验的质量再好一点。在切实发挥产业工会的作用方面，取得新的、更加扎实的进展。（一）调研课题。根据1992年改革和建设的主要任务，围绕搞活大中型企业，完善农垦经营机制，克服林业“两危”，重点进行以下专项课题的政策理论研究。1. 站在搞活企业，振兴农垦经济的角度，针对兴办家庭农场后出现的班组工作“断层”问题，研究农垦系统班组建设的目标模式、实施方法、保证体系等问题。同时研究农垦系统建小家的情况和怎样增强工会小组活力的问题。2. 了解贫困农场纳入国家扶贫开发计划后，从政策、资金、物资上得到扶持的情况，分析继续存在的问题、原因及对策。研究贫困农场开展科技扶贫、科技兴农的有关政策、措施、经验等问题。3. 根据巩固和完善大农场套小农场双层经营体制的需要，着重从国家、企业、职工个人三者利益关系的角度，研究农垦双层经营的主要经验、面临的问题。不久又为加强工、青、妇工作专门发通知，强调“工会工作太重要了”。我们决不辜负党中央的重托，把工作搞好。

1992 年 4 月 14 日，中国水利电力工会发出了《关于在全国水利系统开展“百个水文站调查”的通知》。1992 年 10 月 21 日，中国水利电力工会作了《关于全国水文系统当前主要困难和问题的调查》。1992 年 12 月 4 日至 9 日，中国水利电力工会就水文系统调查给水利部部长杨振怀的信得到批示，其中指出：工会对全国水文站的职工生活情况的调查报告，全面、深刻、动人心肺。基层水文站存在的问题已到非解决不可的地步。建议印送国家计委、财政部等有关领导一阅。部内计划司、财务司要会同水文司向上汇报，在 1993 年预算中列出一笔经费。同意报告中几项建议，特别是三年解决危旧房修缮、职工福利文化生活和测流设备更新改造所需经费。各省水利厅亦希增拨水文经费。1992 年 12 月 17 日，中国农林工会就四川、云南一些森工企业长期停产半停产、职工生活十分困难的情况进行了调查，了解了停产状况并提出整改建议。

1993 年 2 月 24 日，林业部作了《关于解决四川、云南“双停”森工企业问题意见向国务院办公厅的报告》。其中指出：为了进一步帮助四川、云南两省解决森工“双停”、亏损企业问题，保证企业能生存与发展、职工生活有着落，我部将在以往工作的基础上，结合实际情况，继续采取以下措施：（一）指导四川、云南两省林业部门尽快制定森工企业发展综合利用、多种经营、兴办第三产业等转产项目的近期、中期规划和具体措施，使企业逐步摆脱困境。（二）对四川、云南国有林区森工企业实行分类指导，进一步深化改革，强化管理，促进地方政府抓紧解决林权问题，继续实行森工基建投资与地方落实林权、发放林权证挂钩的制度，向落实林权好的林区倾斜。（三）加强对两省“双停”企业新上项目的管理，做好可行性研究，在1992年的基础上，逐年增加两省的森工贴息贷款和经营性投资，重点给予扶持，力争使两省国有林区森工企业在几年内经济状况有所好转。四川、云南国有林区森工企业的问题，是多种原因的综合反映，是多年来逐步形成的。我们认为，要从根本上解决两省“双停”企业的困难，除我们努力做好工作外，还建议国务院和两省政府协调解决如下问题：一是进一步放宽政策，减免税费。二是继续深入改革，扩大开放，多方筹集资金，增加投入，加快调整结构，大力发展综合利用、多种经营和非林非木转产项目，办好林业产业。对两省“双停”企业在做好项目可行性研究的基础上，除部、省在现有资金上做好重点安排、给予支持外，还请国家计委、经贸办尽可能增加基本建设和技改投资。三是落实森工企业经营权。四是对国有林业“双停”、亏损企业，在达到资金收支平衡以前，均由财政退库，实行亏损包干。与此同时，企业政策性亏损的历史挂账，也由财政核销。五是对已无林可采、资源枯竭的国有林业局，应改为经营局，并注入政策性投入，实行以营林为基础。

1993年7月至9月，中国农林工会赴新疆生产建设兵团调查，作了《新疆建设兵团面临的困难亟待解决》，重点分析了新疆生产建设兵团经济面临的主要困难和困难原因，并就如何解决这些困难提出了10条建议。报告提出：（一）研究改革兵团体制，使改革后的体制利于屯垦戍边，利于经济振兴，利于职工安居乐业。（二）兵团离退休费用负担太重，是农工受穷、制约兵团经济发展的重要因素……我们建议将 1954 年 10 月 7 日前成建制集体转业到兵团工作的官兵，离退休后的一切费用列入国家事业费拨款。（三）鉴于兵团贫困农场面大，经济危困严重，建议把贫困状况严重、完全靠自身力量难以改变局面的农五师八四、八六团，农四师七六、七七团等纳入国家扶贫团场。（四）鉴于兵团农业生产风险大、效益低，既有自然风险，又有市场风险，建议国家建立粮食保护价制度和粮食风险基金，并对边境团场生产的战略农副产品实行运费补贴或价格补贴，同时增加对兵团农田基础设施建设的资金投入，将世界银行贷款的还贷期由 15 年改为 25 年。（五）建议国家对兵团各师、团兴办的二、三产业享受乡镇企业同等的优惠政策。对政策性亏损的二、三产业给予一定的低息贷款；原贷款在近期内无力偿还的，建议在五年内挂账停息，以帮助其恢复正常生产。（六）凡在兵团所属的各师、团地域开发的边境口岸，建议应本着国家、地方、兵团三者利益共享的原则，共同开发。地方所占兵团的土地等资源，应给予适当经济补偿。（七）建议地方政府本着以尊重历史形成的现状为基础，尽快协调解决兵团同地方在土地权属问题上的纠纷，划定地界，以便减少纠纷，加强各族人民的团结。（八）改变现行税收制度，实行兵团对区财政的统一税收与纳税管理。（九）春节即将来临，建议国务院拨一部分专款，帮助兵团部分特困职工过好佳节，这对稳定职工队伍、稳定边疆有着十分特殊的意义。（十）建议兵团各级领导进一步解放思想，更新观念，调整产业产品结构，优化资源配置，在稳定发展农业的同时，积极发展二、三产业，大力推动集体、个体经济发展，进一步完善管理和经营体制，大力推行农业集约化经营，大力发展非农产品，切实减轻职工负担。同时，加快兵师两级机构改革步伐，精简机构，转变职能，改进作风，关心职工疾苦。该报告在征求及吸收农业部农垦司领导的意见后，于9月26日报送中央有关领导、部委及新闻单位，引起了中央领导及各方面的高度重视。1994年2月初，由国家计委、财政部及农业部等组成联合调查组，赴新疆生产建设兵团调查，调查情况报请党中央、国务院研究处理。1994年3月8日，江泽民等领导同志对新疆生产建设兵团面临的困难问题作了重要批示。

1994年4月30日，中国农林工会作了《关于瑞丽农场转让长期作物实行国有民营的调查与思考》。同日，中国农林工会作了《国有农业的脱胎换骨的改造——关于东升农场实行土地租赁制的调查》。1994年5月30日，中国农林工会作了《一个充满生机与活力的农垦企业——关于安徽省正阳关农场经济发展状况的调查》。1994年10月20日，中国农林工会作了《职工致富的新途径：天桥岭林业局吊挂和地栽木耳的调查》。1994年10月30日，中国农林工会作了《关于延边林管局党委重视发展职工自营经济的调查》。1994年，林业部办公厅、中国农林工会发出了《关于发展职工家庭经济的通知》，提到：注重调查研究，总结推广先进经验；鼓励先进人物和能工巧匠带头发展家庭经济；发挥典型示范作用，推动职工家庭经济不断向深层次发展。加强思想政治工作，引导职工妥善处理发展家庭经济遇到的一些新的关系和矛盾。发展家庭经济要在搞好本岗位工作的基础上进行，把企业兴富和个人致富有机结合起来；发展家庭经济要注意把眼前利益与长远利益结合起来，防止短期行为；发展家庭经济要注意保护和发展林区资源，防止破坏生态环境，保证各种资源合理开发；处理好一部分职工先富起来与职工共同富裕的关系，着力使贫困职工尽快脱贫，最终实现职工共同富裕，使职工家庭经济沿着健康、高效、持续发展的道路前进。1994年在海南省海口市召开全国农林系统职工自营经济理论研讨会，对我国农林系统职工自营经济的现状作了表述。职工自营经济，是农林系统广大职工的一个创举，是指以市场为导向，职工自费投入、自主经营、自负盈亏、自我发展，以经营种养业为主，同时涉及第二产业、第三产业的一种新的生产和经营形式。它是社会主义市场经济，尤其是农林经济的重要组成部分。这种经济形式符合我国现阶段社会生产力发展水平，受到广大农林场职工的欢迎，具有旺盛的生命力。它有很强的适应性，北方的林区、垦区可发展，南方的林区、垦区也可以发展；经济条件差的农场、林场及贫困职工有积极性，比较富裕的林场、农场及职工同样有积极性。每个地区、每个农林场、每户职工都有不同的发展机会和创业空间。职工自营经济是在家庭副业的基础上发展起来的，经历了一个曲折的过程。早在20世纪五六十年代，农林系统职工就有搞家庭副业的积极性。当时虽然没有形成规模，其产品也没有变为商品，但是或多或少补充了家庭生活的不足，到1990年，新疆生产建设兵团职工自营经济用地达53万亩，养羊100万只，养牛近10万头，年创产值2.64亿元，年纯收入1.76亿元，户均收入近600元。

1995年3月27日，中国农林工会作了《关于南泥湾农场扶贫开发建设工程实施情况的调查报告》。1995年4月，中国农林工会作了《国有农业民营化的实践与思考——广东葵潭、东浦农场的调查报告》。1995年4月30日，中国农林工会作了《扬起林业经济腾飞的风帆——辽宁省东港市林场改革的调查》。1995年5月10日，中国农林工会作了《宁夏玉泉营农场加大改革力度走出困境的调查报告》。1995年5月30日，中国农林工会作了《当前林业系统的劳动就业形势及对策——对林业系统劳动就业的调查》。1995年8月3日，中国农林工会对大凌河林场改革发展进行了调查。1995年8月16日，中国农林工会作了《一颗希望之星——关于尚志林场公司的调查报告》。1995年8月，中国农林工会作了《“八五”扶贫的典范——关于大兴安岭垦区扶贫的调查报告》。1995 年 8 月，中国农林工会作了《海拉尔垦区土地资源不断遭到蚕食挤占情况的调查》。1995 年 10 月 31 日，内蒙古自治区政府办公厅对中国农林工会作了《关于海拉尔垦区的调查报告的回复》。

1996 年 3 月 7 日，中国农林工会作了《这个工会实体怎么会成为明星企业的——常州林机厂工会实体情况的调查》。1996 年 3 月 20 日，中国农林工会作了《开展劳动竞赛是依靠职工办好企业的有效办法——泰州、常州、苏州、镇江林机厂工会开展劳动竞赛活动的调查》。1996 年 4 月 8 日，中国农林工会作了《“以林为本，走自己的路”——江苏省虞山林场改革企业的调查》。1996 年 4 月 26 日，中国农林工会作了《合理化建议活动在企业改革和建设中发挥着重要作用——关于林业系统合理化建议活动情况的调查》。1996 年 5 月 20 日，中国农林工会作了《大熊猫要保护，职工也要吃饭——陕西省长青林业局转产情况的调查》。1996 年 6 月 7 日，中国农林工会作了《关于部分森工企业建立平等协商和集体合同制度情况的调查报告》。1996 年 7 月 8 日，中国农林工会作了《神农架林业职工渴望从“两卷”中解脱出来》。1998 年 3 月 15 日，中国农林工会作了《农垦承包经营企业工会工作及职工权益保障的调查与研究》。1998 年 3 月 26 日，中国农林工会作了《调整产业结构促进企业发展——关于湖北三湖农场深化改革调查报告》。1998 年 9 月 8 日，中国农林工会作了《陕西省长安、蓝田县属国有企业和集体企业改革及其工会工作情况的调查》。1999 年 5 月 10 日，中国农林工会作了《对困难企业应当采取扶持政策——关于湖南省长沙木材厂经营情况的调查》。1999 年 6 月 10 日，中国农林工会作了《改革的涛声在林海激荡——关于福建省永安林业集团总公司改革情况的调查》。1999 年 10 月 9 日，中国农林工会作了《青山绿水、生机盎然——关于清河林业局改革情况的调查》。1999 年 10 月 26 日，中国农林工会作了《贫困国有林场举步维艰——关于贵州、甘肃两省国有林场贫困状况的调查》。

21 世纪以来，工会加强对经济形势、经济政策，特别是市场经济动态的调查研究工作，既从自己企业的实际出发，又能站在宏观高度，把握工会的群众经济工作。一方面要坚持工会群众经济工作中行之有效的经验；另一方面要大胆探索，努力拓宽群众经济工作的活动领域和活动方式，使之获得新的生机与活力，在加快发展农林经济中显示出新的、更大的作为。2000 年 5 月 4 日，中国农林工会作了《林业机构亟待加强——关于当前林业机构设置对林业事业发展影响情况的调查报告》。2000 年 6 月 1 日，中国农林工会作了《稳定的隐患 致富的绊履——关于粤西地区水库移民及移民农场特殊困难问题的调查》。2000 年 7 月 18 日，中国农林工会作了《一个国有企业由衰而盛的启示——对重庆市种畜场近年来经济发展的调查报告》。2000 年 9 月 14 日，中国农林工会作了《冀垦农业受灾严重、农工困难需要救助——对河北省国有农牧场遭受历史罕见旱灾造成严重损失的调查》。2001 年 1 月 3 日，中国农林工会作了《围绕结构调整做文章推进重点工作有新招——关于江苏农垦工会工作的调查报告》。2001 年 3 月 18 日，中国农林工会作了《调整优化产业结构使企业起死回生——对河北省沽源牧场的调查》。2001 年 4 月 6 日，中国农林工会作了《建局靠贷款 经营太维坚——关于吉林珲春林业局负债经营情况的调查》。2001 年 4 月 12 日，中国农林工会作了《农垦小城镇建设的成功之路——关于龙亢农场小城镇建设的调查》。2001 年 7 月 10 日，中国农林工会作了《实行超常政策 建设强大兵团——关于新疆兵团经济社会发展亟待解决的三个问题调查》。2001 年 9 月 12 日，中国农林工会作了《改革加政策 消除贫困角——关于湖北农垦困难问题的调查》。2003 年 11 月 15 日，中国农林水利工会作了《远洋渔业前景看好 船况破旧令人担忧——关于上海水产海洋渔业渔轮破旧问题的调查》。2004年7月21日，全国总工会办公厅、中国农林水利工会发出了《京津风沙源治理工程区沙产业发展状况的调研报告》的函。2004年10月28日，中国农林水利工会作了《我国水文事业面临的严重困难亟待解决》。2004年11月2日，中国农林水利工会作了《对非公有林的政策扶持还能等多久？——关于海南省非公有林申请林业项目贷款的调查与建议》。2005年8月18日，全国总工会、中国农林水利工会作了《目前我国广大农村水利状况堪忧》。2005年11月14日，全国总工会办公厅、中国农林水利工会作了《远洋渔业亟待政府的支持与服务——关于远洋渔业生产的政策性问题的调查》。2007年6月15日，中国农林水利工会作了《国有森工企业改革的成功实践——关于黑龙江省清河林业局改革情况的调查》。2007年9月10日，中国农林水利工会作了《辽宁省水文事业腾飞调查纪实》。

2015年3月3日，中国农林水利工会发出了《关于对国有林区转型发展给职工生产生活带来的影响及工会推动林区转型发展发挥的作用进行调研的通知》。2016年3月8日，中国农林水利工会发出了《关于对全国林业系统工会促进国有林区转型发展及职工自营经济发展情况进行调研的通知》。中国农林水利气象工会围绕职工创新、抗击疫情，林业科技、水利生态保护等方面工作开展了多项调研，完成《关于农垦渔业畜牧系统工会推动职工创新工作的调研报告》《守正创新 凝心聚力 奋力打赢疫情防控持久战——关于上海市宝山监狱工会抗疫工作的调研报告》《为疫情防控注入爱心暖流——上海市绿化市容行业工会在行动》《福建林业的“洋林”精神》等。2021年，完成了《助力农垦谱写新时代乡村振兴新篇章——关于农垦系统工会组织助力乡村振兴的调研报告》《关于边境地区农林水利气象系统职工生产生活情况的调研报告》《加强政策扶持 扎实推进产业工人队伍建设改革——关于农垦渔业畜牧系统工会助力企业高质量发展的调研报告》《关于部分农垦及渔业企业产业工人队伍建设情况的调研报告》《河南省黄泛区农场反映社保缴纳压力过大制约企业发展的问题》《切实提高三沙市气象职工生活品质》《新冠肺炎疫情对我国远洋渔业造成严重影响应引起高度重视》等。

2022年，根据全国总工会第九次全国职工队伍状况调查部署，围绕产业工人队伍改革工作，在农垦、渔业、畜牧系统和林业系统开展调研，完成《农牧渔业产业工人队伍建设的做法、困境与对策》《扎实推进产业工人队伍建设改革，打造生态文明建设主力军队伍——关于全国林草系统推进产业工人队伍建设改革的调研报告》；围绕乡村振兴，在山东开展农业行业工会助力乡村振兴调研，完成《关于县级及以下农林水产业工会助力全面推进乡村振兴工作的调查研究——以威海市为例》；围绕黄河流域生态保护和高质量发展，完成《关于黄河工会在黄河流域生态保护和高质量发展中发挥作用的报告》；围绕粤港澳大湾区建设，完成《围绕中心 服务大局 积极发挥工会在推进粤港澳大湾区建设中的作用》；围绕“暖边绿境”关爱职工专项活动，完成《边境地区农林水利气象系统职工生产生活情况调研报告》。2023年，就全国生态护林员队伍状况与国家林草局共同开展调研，完成《关于广西、云南生态护林员生产生活状况的联合调研报告》。

2023年2月17日，中国农林水利气象工会主席、分党组书记李忠运带队赴湖北省鄂州市梁子湖区总工会开展调研走访。调研组先后来到梁子湖区万古网红助农直播基地、长岭码头、余湾村，了解新业态工会组织建设、爱心驿站建设、“小三级”工会建设和“共同缔造+工会”实施等情况。随后，在梁子镇人民政府召开座谈会，听取鄂州市总工会“县级工会加强年”专项工作情况汇报，座谈交流鄂城区总工会、梁子湖区总工会相关工作落实情况。5月6日，中国农林水利气象工会主席、分党组书记李忠运赴中国林业集团开展工作调研，与中林集团负责同志和工会干部、劳模代表、基层职工开展座谈交流，并观看研讨中林集团宣传视频。5 月 11 日上午，中国农林水利气象工会副主席、分党组成员刘飞到北京市监狱开展调研，与北京市监狱管理局负责同志和工会干部、劳模代表、基层职工开展座谈交流，并实地考察北京市监狱监管区、狱史馆、职工书屋、职工之家，为获得 2023 年“全国工人先锋号”的北京市监狱管理局清河分局柳林监狱八监区颁奖授牌。5 月 15 日，中国农林水利气象工会赴广东省水利厅工会调研环北部湾广东水资源配置工程劳动竞赛筹备情况，并为广东省水利厅水旱灾害防御领导小组颁发全国五一劳动奖状。5 月 17 日，中国农林水利气象工会到兵团第十二师，就基层工会组织建设、职工生产生活情况和工会助力乡村振兴等工作进行调研。中国农林水利气象工会联合中国气象局于 7 月 24 日至 27 日、8 月 7 日至 11 日分别赴广西、新疆气象局调研边境气象台站职工生产生活状况，并与基层气象局干部职工共同开展了“照亮国境线 · 奋进建新功”边境气象职工学习宣传贯彻党的二十大精神主题实践活动。9 月 14 日，中国农林水利气象工会赴南京新农集团调研。调研组一行在南京新农集团召开座谈会，赴南粮集团石埠桥库区实地调研原粮仓、南京应急救灾物资储备库和粮油作业码头，查看在库原粮和物资储备保管情况，详细询问企业经营发展情况。为认真学习贯彻落实 6 月 6 日习近平总书记关于加强荒漠化综合防治和推进“三北”等重点生态工程建设座谈会的重要讲话精神，中国农林水利气象工会和国家林草局宣传中心组成调研组，围绕国家重大战略“三北”工程开展合作进行专题调研，并对生活困难的林草系统基层职工开展慰问活动。10 月 31 日至 11 月 1 日，中国农林水利气象工会调研组一行在宁夏银川与国家林业和草原局三北局进行座谈，赴中卫市西郊林场实地考察治沙造林成果，详细了解工匠精神在推广麦草方格固沙治沙中发挥的积极作用。调研组对工会在三北工程建设中如何更好发挥作用进行了广泛和深入的探讨。2024 年 4 月，中国农林水利气象工会联合国家林草局到重庆市调研森林资源管护情况。调研组一行深入开州区毛垭林场、云阳县长江林场栖霞宫管护站、渝北区玉峰山林场等森林资源管护一线，实地了解国有林森林资源管护、生态护林员政策落实等情况。

二、推动产业发展

新中国成立后，为适应我国开始进入新的经济建设和发展需要，按照产业原则成立了中国农林水利工会工作委员会。建立工会组织后，开始规划促进农林水利气象产业发展。截至 1956 年 9 月，全国有 540 个国营农场，其中多数已达到高额产量。一方面，大多数农场给农民供给了优良的种子和种畜，对农业合作社正起着示范作用。另一方面，有些农场经理管理不善，产量很低，还存在着供给制思想，经济核算制度没有建立起来，职工生活也没有得到应有的改善。这些缺点，必须努力克服。聚焦第二个五年计划，将开垦耕地 3500 万亩。如东北国营机械农场总结中提出：政治工作当前中心任务是宣传贯彻总路线，团结教育全体职工及技术人员，组织劳动竞赛，改进农业生产措施，挖掘农业生产潜力，争取增产保收，经营有力。爱国主义增产节约劳动竞赛，是为了提高劳动生产率，推广先进经验和降低成本，并通过竞赛，达到完成和超额完成计划的目的。

改革开放以来，工会工作逐步恢复并有序开展，在开展调查研究基础上，针对农林系统、水利系统、家庭农场、庭院经济的发展提出一系列切实可行、行之有效的产业规划。1987 年 2 月 5 日，中国农林工会作了《关于国有林区森工企业劳动力过剩的情况和解决的意见》。1987 年 7 月 29 日，中国农林工会作了《关于

15个海洋渔业公司基本情况的调查及几点建议》。1987年11月，中国农林工会作了《庭院经济大有可为》，以大量生动事例描述了新疆生产建设兵团如何乘改革东风在30余万户农工家庭中进行脱贫致富、安边建疆的经验。1990年3月28日，中国农林工会有关负责同志在辽宁省开发庭院经济工作现场会上作了《大洼、盘锦，甚至整个辽宁省开发庭院经济的效果为什么比较好?》的发言。1990年4月，中国农林工会在《关于辽宁大洼庭院经济工作现场会的情况向全总书记处和农业部、林业部的汇报》中指出：大洼县的庭院经济为什么发展快且效果好？他们的重要经验是，县委、县政府重视，工会密切配合，齐抓共管，突出地做到了"五靠"。一靠引导，转变传统观念。1985年，县党政工为了提高干部群众对开发庭院经济的认识，冲破"种园为吃菜，养猪为过年，喂鸡下蛋换油盐"的小农经济思想的束缚，首先抓了一批典型示范户，让千家万户看得见、听得着，开阔眼界，转变观念，增强信心。在提高认识的基础上，一户带四邻、四邻带全村、村屯带分场，在全县农场中大力开发庭院经济的势头逐步兴起。到目前，全县已有2万多户从事这项工作。二靠政策，扶持千家万户。为了使开发庭院经济稳步发展，县委、县政府采取了一系列扶持政策。对庭院经济户实行"三优先"，即优先贷款、优先供应物资、优先提供技术咨询。在对庭院生态户建设上，实行"三保"，即保证物资供应、保证资金扶持、保证施工质量。县委还明确规定，评选文明单位、考核干部，要把开发庭院经济作为一项重要内容；同时对生态庭院经济户减少义务工摊派，优先批给空闲地，对出售庭院产品适当减免市场管理费用，从而调动了广大群众的积极性。三靠科技，引向新层次。在依靠科学技术开发庭院经济中，大洼县舍得下本钱，县场两级普遍配备了专职技术员，分场每10户确定1名兼职技术员，坚持常年为庭院经济户进行技术咨询和指导。几年来，全县共印制购买有关技术资料10

册，聘请专家教授讲课，层层举办培训班，培训各类人员 3.5 万人次。每年举办一次全县性科普大集交流经验，传播技术。四靠服务，实现增产增收。几年来，他们坚持搞好层层服务，逐步形成和建立了一整套产前、产中、产后服务体系，解决职工群众的后顾之忧。各级工会针对职工反映的生产门路、信息问题，共组织职工外出参观学习达 5000 多人次。针对职工缺技术管理问题组织典型示范户到群众中去现身说法，传经送宝；同时在各农场办起了 72 个家庭图书室，每年投放价值 3 万余元的科技书籍。有的工会还为专业户解决饲料、化肥、仔猪、苇草，跑供销等，为职工解决了生产经营急需问题。五靠加强组织领导，为开发庭院经济提供保证。为强化此项工作，县成立了庭院经济攻关领导小组，由主管农业的副县长和人大、政协、工会负责同志组成。领导小组下设庭院经济办公室，负责处理日常工作。各农苇场成立了相应的领导小组和办公室。使全县上下形成一个强有力的规划、指导、物资供应、技术咨询、信息交流的指挥系统，有力地保证了全县庭院经济的开发建设。总结大洼开发庭院经济的经验，中国农林工会认为工会组织进入经济领域，协同行政抓开发庭院经济是农林工会工作的一大特色，也是一项大有可为的工作。抓好这项工作，不仅可以帮助职工勤劳致富，为社会提供更多的农副产品，而且密切了工会同职工群众的联系，增强了工会的吸引力和凝聚力。特别在当前治理整顿、深化改革的新形势下，抓好这项工作，对增加职工收入、改善职工生活、稳定职工队伍具有特殊意义。

1990 年 7 月 5 日，中国农林工会作了农垦系统、水产系统、林业系统贯彻中央 12 号文件及全心全意依靠工人阶级汇报提纲。1991 年 5 月 15 日，中国农林工会主席王一凡在吉林市农林系统职工家庭经济表彰暨经验交流会上的讲话中指出：职工庭院经济是具有农林特色的一个新经验，是农林系统广大职工和工会干部在改革中开创出来的一个新事物。这是工会扶贫工作深入发展的一个产物。随后在延边州林管局工会发展庭院经济经验交流会上，王一凡进一步肯定了职工庭院经济。中国农林工会关于发展职工庭院经济的政策，各地积极落实。例如，1991 年 10 月，黑龙江省农垦工会提出了关于发展庭院经济工作的六点意见。一是进一步提高发展庭院经济的再认识。二是加强组织领导，建立健全庭院经济工作机构，实行目标管理。三是放宽政策，给庭院经济发展创造宽松的环境。四是建立健全系列化、社会化服务体系。五是因地制宜执行规划，用规划指导庭院生产。六是关心职工生活，认真解决职工吃菜难问题。1992 年 6 月，延边州林管局工会作了《关于深入发展家庭经济的几点意见向林管局党委报告》。1992 年 11 月 25 日，中国农林工会对内地十几个农牧场脱贫致富状况进行了调查。1992 年 12 月 21 日，中国农林工会作了《南泥湾农场贫穷落后状况亟待改变的政策建议》。

1993 年 4 月，中国农林工会、黑龙江农垦工会对北安垦区职工双体经济发展情况进行调查，了解到北安垦区发展“双体”经济促进了职工脱贫致富。从调查综合分析看，北安垦区双体经济是依附于农场全民经济、作为全民经济的补充，拾农场剩余劳力之余、补农场发展多种经济之缺，充分利用劳力和自然资源，增加职工家庭收入。这无论是从党的政策还是从农场的需要来说，都应当是长时期支持发展的经济类型。垦区双体经济发展虽然较快，但时间还不长，多数还是兼业户，部分变成了专业户，少数工商业或畜牧业出现股份制集体经营。为使双体经济再登新台阶，现阶段应强调在普及的基础上提高。一方面，对现有兼业户要继续在政策上给予扶持，在技术、资金上给予支持，促其大力发展，增加家庭收入。另一方面，从发展观点看，从事双体经济的专业户数将逐步增加，规模将逐步扩大，发展成不同专业的家庭农（牧）场。这些家庭农（牧）场、专业户职工，从机械化大农业中分离出来，在农场统一领导下，保留职工身份，自主经营、自我积累，发展商品生产。这是发展“两高一优”（高产、优质、高效）农业的改革之路，也是农垦职工致富奔小康的重要途径。应不断总结经验，加以扶持，促进更多的兼业户，变成不同类型家庭农（牧）场或专业户联营的集体经济。1. 工会要尽力取得党政领导的有力支持，充实懂经营管理的专职干部，保持干部相对稳定，抓好双体经济。2. 搞好深加工，增加双体经济的含金量。目前，垦区除部分养殖业的产品（主要是牛奶）就地加工外，大部分产品属于卖资源，使双体经济的含金量流失。这里有许多潜力可以挖掘。需要创造条件，选准项目，引进资金、技术和人才，搞好深加工。3. 以市场为导向，进一步健全服务体系，增加双体经济产品数量，提高质量，积极参与国内国际市场竞争。4. 发展股份制企业。股份制比较适合垦情，可以调动两个积极性，集中资金，解决资金不足问题，促进双体经济生产向规模化、集约化发展。

职工庭院经济在一些垦区发展很快，经济效益和社会效益都很显著，显示出强大的生命力。但是，发展不平衡，巨大的潜力有待开发。为此，要求各地抓住当前发展的有利时机，加强领导，制定措施，加快发展步伐，使职工庭院经济在垦区两个文明建设中发挥更重要的作用。1993 年 9 月 30 日，农业部农垦司、中国农林工会发出了《关于加快发展职工庭院经济的通知》。经过深入调研，具体到操作层面，提出如下建议：（一）解放思想，提高认识，摆上位置。职工庭院经济，是农垦系统兴办职工家庭农场、实行大农场套小农场双层经营体制后，广大职工群众充分利用庭院这一传统生活领域的潜在生产力资源，从事种、养、加、服等商品性生产，实行高度的集约化经营，从而获得高效益的一种经济形式，现在已经成为农垦经济的必要组成部分。多年实践证明，职工庭院经济为促进企业深化改革，调整产业结构，发展高产、优质、高效农业，增加职工的“两自”能力（生产费和生活费自理能力），起到了“加速器”作用；为解决兴办家庭农场后产生的“两个剩余”（剩余劳动力、剩余劳动时间）和合理安置被分离人员及待业青年提供了广阔的前景。是加速职工脱贫致富奔小康步伐的一条重要途径，也是教育培养职工树立效益观念、商品观念、市场观念、信息观念、竞争观念，促进职工学文化、学技术、学管理，推动垦区精神文明建设的“大课堂”。还应当看到，垦区发展职工庭院经济有许多优势。垦区职工一般具有以庭院为代表的发展空间，有从事种植、养殖、加工、编织、服务等生产经营活动得天独厚的条件；垦区拥有各类科技人员，以及众多能工巧匠等宝贵的人才资源，可为发展职工庭院经济提供多种技术服务；垦区内部有自成体系的小城镇，有的靠近城市及工矿区，地处边境的企业还有靠近口岸的优势，为发展职工庭院经济提供了不同程度的市场条件；垦区还有一定的资金来源和提供市场服务体系的必要物质条件；有一批发展职工庭院经济先导单位的典型经验可供借鉴；更重要的是垦区广大职工群众具有艰苦奋斗的优良传统，蕴藏着勤劳致富、发展职工庭院经济的强烈愿望和极大的积极性。这些优势，为发展职工庭院经济奠定了良好的基础。各级领导，要在提高认识的基础上，把发展职工庭院经济列入工作日程，从自己的实际出发，制定措施，发挥优势，挖掘潜力，加快发展步伐。要排除阻力，大胆发展。特别要排除那种认为这是职工自己的事情，与企业无关，是“富了和尚穷了庙”和小打小闹、成不了大气候的思想，真正从思想上、行动上高度重视，把握有利时机，积极引导群众向多种经营的广度和深度去开发，使职工庭院经济在现有的基础上出现一个新的飞跃。（二）制定相应政策、规定，调动群众的积极性。放开手脚让农场职工在不影响本岗位承包、本岗位工作的情况下，充分利用庭院土地资源和富余劳动时间、富余劳动力，因户制宜从事种植业、养殖业、手工业、商业、饮食服务业、修理业等生产和经营活动，尤其要鼓励庭院立体开发。还可以从自己农场的实际出发，制定政策、规定，富余劳动力离岗从事个体或私营庭院经济。制定优惠政策，鼓励职工发展养殖专业户，大力发展奶牛、肉牛、猪、羊和家禽养殖，优先提供饲料（饲草）地和代耕、代种、代收饲料（饲草）服务。注重发展深加工，实现多次增值。庭院经济的初级产品经过深加工，不仅增加了新品，而且可以起到耐贮和方便运输的作用，做到以旺补淡，均衡供应市场，提高销售价格，提高附加值。制定优惠政策，鼓励职工发展庭院经济，形成规模经营，建立商品经济专业发展基地，如养牛、羊、猪、家禽，种植果蔬、木耳、蘑菇等基地，进而发展加工工业，提高庭院经济的规模化、集约化经营效益。有条件的农场，可以允许机关、工商企业和事业单位，在保证完成单位任务的前提下，由单位统一规划、创造必要条件，发展职工庭院经济，以改善职工的工作和生活条件。农场可以对贫困职工提供低息贷款，鼓励贫困职工发展庭院经济，加快脱贫致富步伐。根据农场的实际，制定既要有利于发展职工庭院经济，又要有利于治理农场社区环境、防止脏乱差环境污染的综合治理政策措施和规划，促进农场社区建设。（三）加强领导，搞好服务。发展职工庭院经济是一项政策性、群众性很强的工作，党政工要形成共识，分工负责，齐抓共管，加强领导，搞好服务。要搞好规划，根据本地实际和市场需求，确定发展重点。要抓好各种不同类型的典型，发挥典型的示范作用，推动职工庭院经济向深层次发展。要切实加强产前、产中、产后服务。产前重点抓好人才培训、技术引进、物资供应和资金方面的服务；产中主要是组织科技人员跟踪服务，解决技术上的疑难问题，加强技术指导；产后主要以市场为导向，搞好销售服务，超前建立市场网点，培育市场体系。各级行政和工会要密切配合，做好服务工作。这项工作直接关系到职工切身利益，属于经常性日常工作，工会要多发挥一些作用。同时，还应本着围绕服务办经济实体、办好经济实体促服务的原则，大力兴办工会企事业，增强自我发展和为职工提供服务的实力。切实为职工排忧解难，维护职工发展庭院经济的正当权益。希望各地农垦主管部门及所属农场，参照本通知，结合自己的实际，制订切合实际的实施方案，并把执行中的经验、问题和建议报告农业部农垦司和中国农林工会。

1993 年 12 月，中国农林工会副主席程路作了《关于进一步发展职工家庭经济的意见》，他指出：家庭经济工作是一项崭新的工作，是改革的产物，在实践中会出现许多新情况、新问题，需要我们及时认真地调查、研究、总结，不断提高指导工作水平，使之更加健康快速地发展。比如，家庭经济的性质与作用；家庭经济如何向规模化、专业化、系列化、科学化、商品化发展；个体经营与联合经营及股份制；家庭经济工作与本职工作关系；一部分职工先富起来，与全体职工共同富裕的关系；开发家庭经济与保护自然资源的关系；家庭经济进一步发展，行政与工会如何实施管理和领导等问题，都需要进行理论上的研究，力争从理论与实践的结合上找到答案。家庭经济工作在农林系统发展很快，但也不平衡。黑龙江的家庭经济工作应该说是走在全国的前列，希望加强研究和总结，出一些理论成果。我们准备在中国工会十二大以后，集中研究一下这个问题，以指导家庭经济工作健康发展下去。

1994 年 1 月 8 日，中国农林工会副主席程路在全国农林系统职工自营经济理论研讨会上的讲话中指出，解放思想，转变观念，用好用足政策，把职工自营经济的发展推上一个新台阶。1994 年 1 月 10 日，中国农林工会主席李茂在全国农林系统职工自营经济理论研讨会上的总结中指出：适应建立社会主义市场经济体制的要求，推进职工自营经济发展。农林工会全委会抓好这项工作的总体设想是：一是紧紧围绕经济建设这个中心，树立长期抓的思想，从宏观上加以指导。二是在工作思路和方法上，深入各垦区和林区进行调查研究，总结经验，大力宣传发展职工自营经济的先进典型，为各地方产业工会和基层工会沟通信息，提供服务。三是今年上半年在调查了解全委与农业部联合下发的文件《关于加快发展职工庭院经济的通知》和全委将与林业部下发的文件《关于加快发展职工家庭经济的通知》及这次研讨会的贯彻落实情况的基础上，拟争取同农业部、林业部于适当时间分别召开工作会议，总结交流经验，表彰先进，推动这项工作的深入开展。

1994 年 6 月 17 日，林业部办公厅、中国农林工会发出了《关于发展职工家庭经济的通知》。其中指出，林区职工家庭经济是在林业改革中发展起来的一种新的经济形式，是林区多种经济成分中一种极为重要的补充成分，对推动林区解危解困起了积极作用。有的林区职工家庭经济发展很快。黑龙江省森工总局家庭经济户已占林业职工总户数的 40%，年产值 4.8 亿元，年收入 2000 元以上的有 82420 户，占家庭经济户总数的 35.5%。吉林省林业职工家庭经济户占林业职工总户数的 33.7%，年产值 2.24 亿元，户均收入 3155 元。但是林区职工家庭经济发展很不平衡，有的还处于自发阶段，没有形成规模经营，经济效益尚不明显，整体作用难以发挥。为了加快发展林区多种经营、综合利用的步伐，推动职工脱贫致富奔小康的进程，使职工家庭经济在林区两个文明建设中发挥更重要的作用，特作如下通知：

（一）提高对发展职工家庭经济重要意义的认识。职工家庭经济是林区广大职工利用业余时间和剩余劳力，依法从事的各种生产经营活动，是合理开发林区资源，由自然经济迈向市场经济而创造的一种新的经济形态，是林区经济的重要组成部分，它有力地提高了林区生产力，改善了职工生活，经济效益和社会效益都很明显。各级领导干部要转变观念，深刻理解发展职工家庭经济的重要意义。发展职工家庭经济是落实党的全心全意依靠工人阶级指导方针，广泛发动群众开发林区资源，加快林区建设和脱贫致富步伐的实际行动；是林区发展多种经营、综合利用，调整产业结构、实现林业良性循环的重要途径；是深化改革，打破单一生产模式，适应市场经济发展的必要措施；是转移企业富余劳力、安置待业青年，减轻企业负担的有效办法；也是加强工会自身改革和建设，更好地为职工群众服务、兴办工会企事业的强大推动力。林区发展职工家庭经济有许多有利条件：党的十四届三中全会作出的《中共中央关于建立社会主义市场经济体制若干问题的决定》及党中央、国务院下达的有关发展第三产业的决定，为我们提供了政策性保证；林区土地、水面、矿产、各种动植物等自然资源，可供发展种植、养殖、加工、编织和采掘等行业；各类科技人员，以及众多的能工巧匠等宝贵的人才资源，可为发展职工家庭经济提供多层次多工种的技术服务；广阔的国内外市场，可为家庭经济产品转化为商品提供有利条件。更重要的是最近中央制定了关于发展社会主义市场经济的一系列政策，将更加调动广大林区职工发展家庭经济的积极性，促进其得到更大的发展。

（二）制定相应政策，推动职工家庭经济发展。发展职工家庭经济要有正确的政策保证。各地要很好研究政策，用足用好党和国家所给予的各项有关政策，尤其是认真落实《中共中央、国务院关于加快发展第三产业的决定》，结合本单位的实际，制定相应的规定或实施办法。1. 对在机构改革和调整结构中出现的富余人员，各地要支持职工停薪留职，自谋生计，发展家庭经济。保留职工身份和档案工资，退休时与其他退休职工享受同等待遇。对于缺少资金办经济实体的，可在拍卖资产中提留部分予以支持，在其将来的盈利中予以退还。2. 从实际可能的条件出发，提供发展职工家庭经济所需的土地、水面、木（竹）材、设备、种子、牲畜、饲料、化肥、农药、农用塑料薄膜等生产资料，收取合理费用。3. 多渠道筹集资金，可建立互助合作基金会，制定切实可行的筹、贷、还款制度，加快资金周转，提高资金利用率。4. 支持职工以家庭承包的形式承包采伐、运输、营林、果园、鸡场、猪场、渔场、农场等生产经营项目，完善各项承包措施，明确双方的责、权、利。5. 要积极与地方政府协调给予简化工商登记审批手续，争取税收优惠政策，提供市场经营的方便条件。6. 扶持贫困职工发展家庭经济。对贫困职工发展家庭经济要重点帮助，优先提供资金、场地、物资、技术等方面的支持，使他们加快脱贫致富步伐。7. 在职工家庭经济中，积极发展出口创汇产品，积极与外贸部门配合，把家庭经济产品纳入外贸出口的轨道。8. 森工多种经营专项贷款和林业项目贷款，可由企业承贷用于发展家庭经济。

（三）加强指导服务，提高职工家庭经济管理水平。1. 发展职工家庭经济，需要党、政、工密切配合，齐抓共管。企业行政和工会各负其责，工会要抓好日常组织管理工作，及时与有关部门协调，解决存在的问题。2. 瞄准市场，做好规划，把发展职工家庭经济纳入本地、本单位社会和经济发展规划中。要从当地实际出发，引导职工做好市场预测，选准项目；及时把握市场需求，适时调整产品结构，转变经营项目；发展优质高效产品，开拓市场，切实把职工家庭经济纳入市场经济轨道。3. 完善产前、产中、产后服务体系，加强信息、技术、物资、资金、运输、销售等项服务。下力量抓好业务技术培训，推广新技术，运用新成果，使科技成果转化为现实生产力，力求做到少投入、多产出、高效益。4. 注重调查研究，总结推广先进经验。鼓励先进人物和能工巧匠带头发展家庭经济；发挥典型示范作用，推动职工家庭经济不断向深层次发展。5. 加强思想政治工作，引导职工妥善处理发展家庭经济遇到的一些新的关系和矛盾。发展家庭经济要在搞好本岗位工作的基础上进行，把企业兴富和个人致富有机结合起来；

发展家庭经济要注意把眼前利益与长远利益结合起来，防止短期行为；发展家庭经济要注意保护和发展林区资源，防止破坏生态环境，保证各种资源合理开发；处理好一部分职工先富起来与职工共同富裕的关系，着力使贫困职工尽快脱贫，最终实现职工共同富裕，使职工家庭经济沿着健康、高效、持续发展的道路前进。各地各单位贯彻本通知的情况，包括做法、经验、问题和建议，望及时报告林业部产业司、造林司和中国农林工会林业处。

21 世纪以来，中国农林水利工会紧盯行业发展态势，针对发展中的难题开展综合调研，积极沟通协调各方力量，努力做好新形势下的产业工会工作。2001 年 4 月 20 日，中国农林工会作了《新形势下渔业企业面临的挑战及我们的思路与对策》。2003 年 1 月 8 日，中国农林水利工会、财政部农业司作了《对调查报告的批示破解西部三农难题的希望之举——关于陕西农垦鸵鸟产业化养殖发展的调研报告》。2004 年 11 月 29 日，山东黄河工会发布了《坚持科学发展观 努力做好新形势下的产业工会工作——一届四次全委会议上的发言材料》。

新中国成立后，气象事业面临的首要任务，就是迅速进行恢复和建设。1949 年 12 月 8 日，中央人民政府人民革命军事委员会气象局（简称军委气象局）宣告成立。军委气象局的成立，标志着新中国气象事业的诞生。军委气象局成立之后，陆续在东北、华东、西南、西北、中南各大军区设立气象处，在各省军区设立气象科。1951 年 4 月在北京召开了第一次全国气象工作会议，明确了各级气象台站的领导体制、职责范围。各级气象管理机构建立后，立即着手培训技术人员，建立自己的仪器制造工厂，积极进行气象台站网的建设，统一业务规章制度、技术规范、仪器装备，逐步建立起了正常的工作秩序。按照“建设、统一、服务”（即大力建设气象台站网，统一业务规章制度、技术规范，开展气象服务）的方针，各级气象部门在大力进行气象台站网建设、统一业务规章的同时，还迅速开展了气象服务，配合空军、海军和其他特殊兵种的建设，为解放西南边疆、沿海岛屿，特别是为抗美援朝战争，进行了卓有成效的气象服务。1953 年 8 月 1 日，为配合国家的大规模经济建设，使气象工作更好地为国民经济建设服务，气象部门从军队建制转为政府建制。军委气象局改名为中央气象局。各大军区气象处相应撤销，在各省、市、自治区成立气象科（1954 年 11 月改称气象局），属当地政府领导。1954 年 6 月，中央气象局在北京召开全国气象工作会议，确定了第一个五年计划期间气象工作的方针：气象工作必须为国防现代化、国家工业化、交通运输业及农业生产、渔业生产等服务，有计划有步骤地满足各方面对气象工作日益增长的要求，以防止或减轻人民生命财产和国家资财的损失。1954 年 3 月，政务院发布了《关于加强灾害性天气预报、警报和预防工作的指示》，促进了气象服务，特别是灾害性天气预报服务的开展。为了进一步扩大气象服务的范围，从 1956 年 6 月 1 日起，在报纸、电台上公开向人民群众发布天气预报。在此期间，气象部门继承和发扬人民军队的光荣传统，自力更生，艰苦创业，有目的、有计划地建设了基本气象台站网，配合第一个五年计划的重大经济建设项目及各地的生产建设任务，通过发布天气预报、警报，组织流动气象台和预报下乡等形式积极开展了气象服务，承担了民航气象保障的任务，建立了联合天气分析预报中心和联合资料室，积极开展了业务和科研协作，努力探索了气象工作为国民经济建设服务的多种途径。这一时期，业务指导思想是正确的，较好地发挥了知识分子的作用，同时也注意学习外国的经验，事业发展健康，工作扎实，成绩显著，为以后气象事业的发展打下了坚实的基础。

1993 年统计，全国气象部门除少数边远艰苦气象站外，均已建立了工会组织。中国气象局于 1992 年 6 月正式建立了中国气象局直属机关工会，下管九个基层工会。气象部门的各级工会在各级党委的领导下，在各地区农林工会和中央国家机关工会的领导、支持和关怀下，认真贯彻党的路线、方针、政策，按照“必须在维护全国人民总体利益的同时，更好地表达和维护职工群众的具体利益”的原则，全面履行工会的四项社会职能，协助行政领导既抓物质文明建设，又抓精神文明建设，受到广大职工和各级领导的欢迎和好评。

1993 年，中国农林工会发布了第二届全国委员会第一次全体会议筹备工作情况，部分节选如下：中国农林工会是根据中国工会十一大确定的“产业工会的组织领导体制，应与国家的经济管理体制和行政管理体制相适应，充分发挥地方工会和产业工会两个积极性，更好地代表基层工会，为基层工会服务”的原则建立起来的全国性产业工会组织。相对应的产业部门是农业部所属农业、农垦、畜牧、水产系统工会组织；林业部所属系统工会组织；中国气象局系统工会组织；国务院侨务办公室所属华侨农场；司法部劳改局所属劳改农场工会组织。共有职工 1020 万人。机构改革后，中国气象局对下实行垂直管理，农业部直管舟山、烟台、湛江等海洋渔业公司，新疆生产建设兵团属国务院计划单列，林业部直管少部分企业、事业单位，其余大多数单位管理权基本都在地方。为了同行政管理体制大体相适应，农林系统工会组织实行地方和产业工会双重领导，以地方工会领导为主的组织领导体制。中国农林工会全国委员会工作的指导思想是：“依据中国工会全国代表大会制定的新时期工会工作方针，紧紧围绕党的中心任务，全面履行工会四项职能，从本产业的特点和实际出发，调查研究涉及职工利益的政策性重大问题，参政议政，维护职工合法权益，团结和动员职工，努力完成各项建设任务。”全国总工会要求，像我们这样的产业工会实行联合制、代表制，“由本产业下级工会组织的主要负责人和适当比例的有关方面的代表（如企业代表、劳模代表等）组成产业工会全国委员会，为本产业工会的全国领导机构”。中国农林工会本届委员会的各位委员，具有双重身份，既是本产业各级工会和有关方面的代表，又是全委会的委员。这就决定了这次会议具有全国代表大会的性质。本届全委会委员的组成，以省、自治区、直辖市农林工会和省、自治区、直辖市农垦（兵团）、林业、水产工会负责人为主，吸收部分省、直辖市华侨农场管理局、劳改局、气象局工会负责人及部分省属市的农林工会、大型企业党政工负责人、劳动模范代表参加。根据上述原则，结合本产业的实际情况及工作需要，确定本届委员会总人数为 91 人，由于有的省、自治区尚未建立农林工会，委员暂缺 4 人。目前实际委员人数为 87 名。

1993 年，农业部副部长张延喜在中国农林工会第二届全国委员会第一次全体会议上的讲话中提到：党的十一届三中全会以来，农垦、水产和畜牧系统认真贯彻党的路线、方针、政策和中央关于加快农业发展的精神，根据各自的行业特点，积极转变思想观念、转换经营机制，加大改革力度；以市场为导向调整产业结构，发展多种经营，提高综合生产能力；依靠科技进步，提高产品档次和产品质量；加快对外开放步伐，利用自身的优势拓展国内外市场。这些举措加快了发展的速度，经济效益也有了明显提高。农垦事业是我国老一辈无产阶级革命家亲手开创的事业，经过几代人几十年的艰苦创业，已拥有耕地 7000 多万亩，建立了 2000 多个国营农场和近 3 万个工、商、运、建、服企业，拥有一支有 540 多万人的、具有光荣传统的职工队伍。1992 年，工农业总产值 637 亿元。比 1987 年增长 3.6 倍，全员劳动生产率增长 3.4 倍。水产事业也有了长足的进步。1979 年至 1992 年，水产品总产量增长 2.3 倍，1992 年达到 1558 万吨，居世界首位，城乡居民“吃鱼难”的状况有了明显改善，年出口水产品 5 万吨，创汇 17 亿美元，分别比 1978 年增长 4.5 倍和 5.5 倍。1985 年以来，通过积极发展远洋渔业，已在国外建立42个独资和合资企业，年生产经营能力达到近50万吨。我国畜牧业连续14年稳定发展，1992年全国肉类、奶、禽蛋、绵羊毛总产量分别比1978年增长3倍、4.8倍、3.4倍和0.7倍。肉、蛋总产量已连续多年保持世界第1位。1992年，全国人均肉、奶、蛋占有量分别比1978年增加20.4公斤、3.8公斤和6.3公斤。这些成绩的取得，不仅为全国经济的发展和农业的发展作出了重要的贡献，也为我们今后的发展奠定了基础。

三、建立联席会议制度

中国农林水利气象工会联系农垦、林业、水利、气象、监狱管理、渔业、畜牧、华侨农场八大系统产行业。中国农林水利气象工会已分别与农业农村部、国家林草局、水利部、中国气象局建立了联席会议。实践证明，联席会议机制在促进产行业改革发展稳定、构建和谐劳动关系、维护职工合法权益、协商解决共同关注的重大事项和问题方面产生了很好的效果。

2007年4月26日，中国农林水利工会发出了《关于印发中国农林水利工会、农业部渔业局、中国渔业协会（2007年度）三方联席会议纪要的通知》。2010年3月4日，国家林业局发出了《关于印发国家林业局与中国农林水利工会第九次联席会议纪要的通知》。2010年6月9日，中国农林水利工会发出了《关于印发中国农林水利工会与中国气象局第七次联席会议纪要的通知》。2010年9月9日，中国农林水利工会发出了《关于印发中国农林水利工会、农业部渔业局和中国渔业协会（2010年度）第五次三方联席会议纪要的通知》。

2015年4月15日，水利部、中国农林水利工会发出了《关于印发水利部、中国农林水利工会联席会议工作制度的通知》，将联席会议作为双方的一项专门工作机制确定下来。2020年，受新冠疫情影响，中国农林水利气象工会采取电话联系、书面交流的方式与对口部（局）对接相关工作，确保联席会议制度继续贯彻落实。与国家林业和草原局发出了《2020年联合工作方案》；与水利部发出了《关于印发水利部办公厅与中国农林水利气象工会2020年联合工作方案的通知》；与中国气象局发出了《关于印发中国气象局与中国农林水利气象工会2020年联合工作方案的通知》。2021年3月11日，中国农林水利气象工会与中国气象局召开第十七次联席会议。全国总工会副主席、书记处书记江广平，中国气象局党组成员、副局长沈晓农出席会议并讲话。中国农林水利气象工会主席、分党组书记蔡毅德主持会议。3月16日，中国农林水利气象工会与水利部第十次联席会议在京召开。全国总工会副主席、书记处书记江广平，水利部党组成员、副部长田学斌出席会议并讲话。中国农林水利气象工会主席、分党组书记蔡毅德主持会议。2022年2月24日，中国农林水利气象工会与农业农村部召开工作联席会议。农业农村部党组成员、人事司司长廖西元，中国农林水利气象工会主席、分党组书记蔡毅德出席会议。2月24日，中国农林水利气象工会与中国气象局第十八次联席会议在全国总工会机关召开。全国总工会副主席、书记处书记江广平，中国气象局党组成员、副局长陈振林出席会议并讲话。3月18日上午，中国农林水利气象工会与国家林业和草原局以视频会议方式，举行第二十次联席会议。全国总工会副主席、书记处书记江广平，国家林草局党组书记、局长关志鸥出席会议并讲话。会议由国家林草局党组成员、副局长谭光明主持。3月21日，水利部与中国农林水利气象工会第十一次联席会议在水利部机关召开。全国总工会副主席、书记处书记江广平，水利部党组成员、副部长田学斌出席会议并讲话。8月29日，中国农林水利气象工会与国家林草局林业工作站管理总站在京召开联合工作研讨会议。11 月 16 日，中国农林水利气象工会主席、分党组书记李忠运带队赴中国气象局走访，交流推进气象系统产业工人队伍建设改革有关事宜，与中国气象局副局长、党组成员陈振林进行了会见。

2024 年，中国农林水利气象工会先后与中国气象局、水利部、国家林业和草原局、农业农村部召开联席会议，实现主要产业全部覆盖。全国总工会书记处书记、党组成员张新武和上述单位党组负责同志均出席会议并讲话，双方审议通过联合工作方案。2024 年与农业农村部正式建立联席会议，实现从司局级层面工作联席会议到部级联席会议的历史性突破。坚持会前充分酝酿科学设置议题、会上深入讨论确定工作方案、会后印发纪要责任落实到位，持续加大工作推进力度。联席会议已成为工会在宏观和源头上参政议政的重要举措，成为政府与工会协商解决共同关心的重要问题的有效机制，成为落实部委（局）重点工作和“559”部署的有效平台。

联席会议建设成效显著。一是聚焦生态文明建设主战场，为高质量发展打造绿色引擎。与对口部委的联席会议，将涉及产行业改革重大问题作为重点课题进行联合调研，通过调研报告和两会议（提）案等源头参与渠道，积极推动涉及产业改革发展法规政策的制定实施。如推动《乡村振兴促进法》将国有农（林、牧、渔）场纳入其中、推动水管体制改革政策措施的制定和完善等。与国家林草局发出了《关于在国有林场和国有林区改革中充分发挥工会组织作用的意见》，保障产行业改革平稳推进。二是聚焦加强源头参与宏观维护，为产行业劳动领域政治安全筑牢坚固防线。通过联席会议，与对口部委发出了《新时期林草系统产业工人队伍建设改革的意见》《全国水利系统企事业单位职工代表大会规定》等文件。在中共中央、国务院《关于进一步推进农垦改革发展的意见》等重大文件征求意见过程中，积极沟通，将意见建议写入文件，从源头维护产业职工合法权益。三是聚焦凝聚产改合力，为产行业高质量发展提供强大人才支撑。与对口部委联合开展全国农业、林业、水利、气象、渔业行业职业技能大赛、大小兴安岭生态保护与经济转型、重大气象服务保障、长江经济带发展、南水北调国家水网工程建设等具有行业特色的劳动和技能竞赛活动，为产行业的健康发展提供源源不断的人才力量。四是聚焦职工急难愁盼问题，为职工办实事解难事做好事。将开展常态化送温暖工作作为联席会议的重要内容，积极助推产行业职工精准脱贫。与水利部发出了《关于加强全国水利系统帮扶中心（站）建设的指导意见》。与国家林草局联合慰问生态护林员、与中国气象局联合慰问为北京冬奥会作气象保障服务的职工等工作，都取得了良好的社会反响。五是聚焦弘扬“三个精神”，为助力产行业发展汇聚磅礴力量。通过联席会议，双方共同协作，加大对产行业优秀典型和劳动模范的选树宣传力度，引导广大产行业职工践行社会主义核心价值观。联合组织产行业头部企业参加工匠展，突出展现产行业的科研创新成果和劳模工匠风采。

历史记忆

★ 1919 年 5 月 7 日，上海各界在南市区公共体育场举行国民大会，声援北京学生的爱国运动。

★ 1919 年 6 月 5 日，上海工人举行声援北京学生的大罢工，充分显示了工人阶级的巨大力量。

★ 中国劳动组合书记部旧址。

中國勞動組合書記部宣言

共產黨第六號一九廿一年七月七日出版

中國勞動組合書記部李啟漢等二十六人宣言

★《共产党》月刊发表《中国劳动组合书记部宣言》。

★ 1922 年 5 月 1 日，在中共湘区委员会和中国劳动组合书记部湖南分部主任毛泽东的领导下，安源路矿工人成立了工人俱乐部，图为筹备委员会成员合影。

★ 1922 年安源路矿工人罢工胜利后，工人俱乐部兴办了安源路矿工人消费合作社。

★ 1925年，上海同兴纱厂斗争中罢工的工人涌上街头。

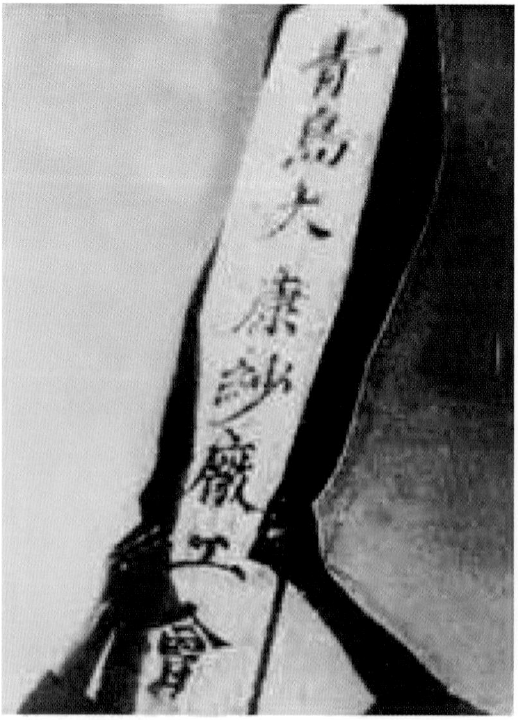

★ 1925年，青岛大康纱厂工会牌匾。

★ 长辛店工人俱乐部旧址。

★ 上海机器工会临时会所旧址。

★ 1925 年 5 月 1 日，由中华海员工业联合总会、汉冶萍总工会、全国铁路总工会和广州工人代表会发起的第二次全国劳动大会开幕。

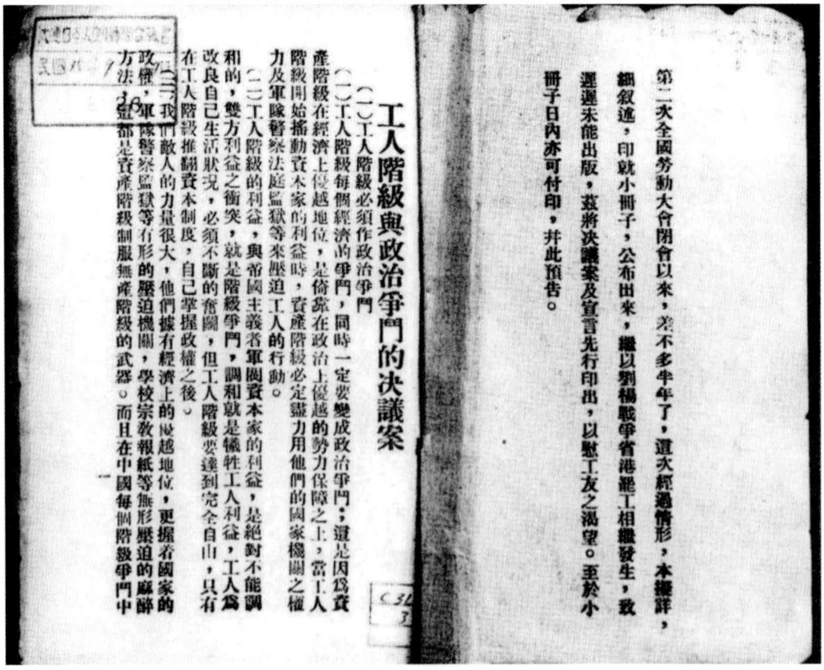

第二次全國勞動大會閉會以來，差不多半年了，這次經過情形，本擬詳細敘述，印就小冊子，公布出來，繼以劉楊戰爭省港罷工相繼發生，致遲遲未能出版，茲將決議案及宣言先行印出，以慰工友之渴望。至於小冊子日內亦可付印，并此預告。

工人階級與政治爭鬥的決議案

(一)工人階級必須作政治爭鬥

(1)工人階級每個經濟的爭鬥，同時一定要變成政治爭鬥；這是因為資產階級在經濟上優越地位，是倚靠在政治上優越的勢力保障之上，當工人階級開始搖動資本家的利益時，資產階級必定盡力用他們的國家機關之權力及軍隊警察法庭監獄等來壓迫工人的行動。

(2)工人階級的利益，與帝國主義者軍閥資本家的利益，是絕對不能調和的，雙方利益之衝突，就是階級爭鬥，調和就是犧牲工人利益，工人為改良自己生活狀況，必須不斷的奮鬥，但工人階級要達到完全自由，只有在工人階級推翻資本制度，自己掌握政權之後。

(3)我們敵人的力量很大，他們據有經濟上的優越地位，更握着國家的政權，軍隊警察監獄等有形的壓迫機關，學校宗教報紙等無形壓迫的麻醉方法，這都是資產階級制服無產階級的武器。而且在中國每個階級爭鬥中

一

★ 第二次全国劳动大会通过的决议案。

★ 全国总工会旧址。

★ 全国总工会苏区中央执行局旧址。

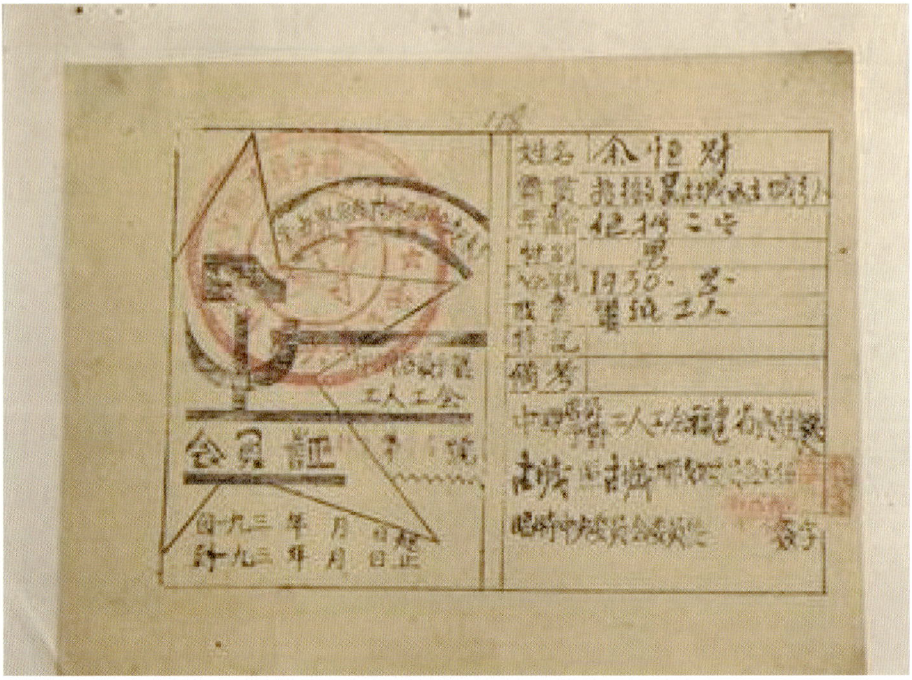

★ 中国店员手艺工人工会发给余恒财的会员证。

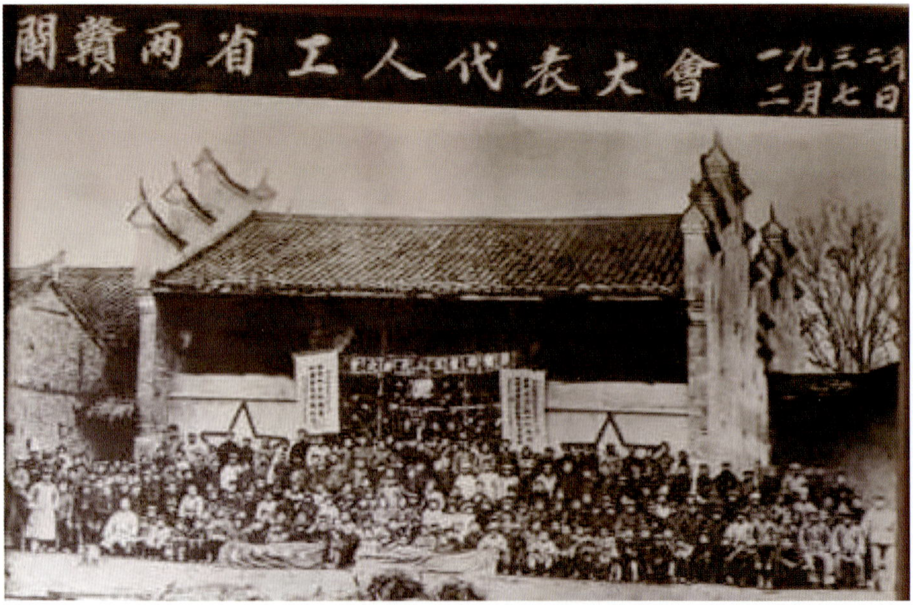

★ 1932 年 2 月，闽赣两省工人代表大会代表合影。

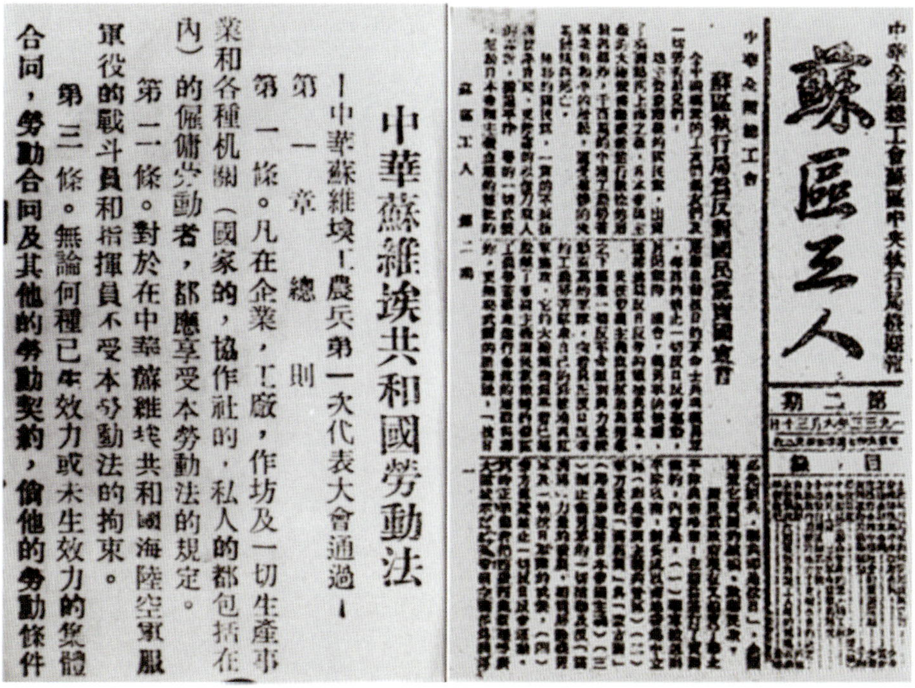

中華蘇維埃共和國勞動法

—中華蘇維埃工農兵第一次代表大會通過—

第一章　總則

第一條。凡在企業，工廠，作坊及一切生產事業和各種机關（國家的，協作社的，私人的都包括在內）的僱傭勞動者，都應享受本勞動法的規定。

第二條。對於在中華蘇維埃共和國海陸空軍服軍役的戰斗員和指揮員不受本勞動法的拘束。

第三條。無論何種已生效力或未生效力的集體合同，勞動合同及其他的勞動契約，倘他的勞動條件

蘇區工人

第二期

★ 1933年，《苏区工人》刊载《中华苏维埃共和国劳动法》。

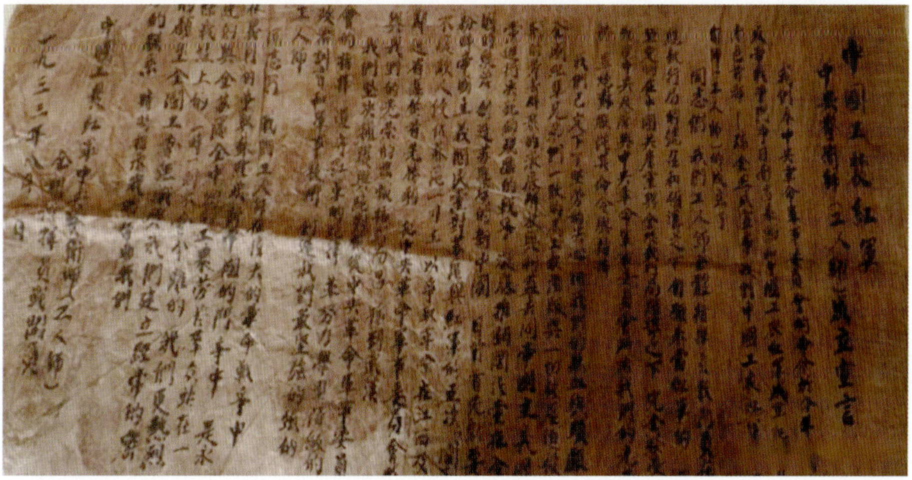

中國工農紅軍

中央警衛師（工人師）成立宣言

★ 1933年，在苏区张贴的中国工农红军中央警卫师成立布告。

中華全國總工會蘇區中央執行局機關報

蘇區工人

第三期

一九三三年七月十五日

定價大洋七厘零售銅元二枚

目錄

中華全國總工會對一切國民黨工會工人俱樂部友誼的團體和中國一切有組織及無組織的工人的宣言

中國工人階級現在臨到了空前未有的危險。日本帝國主義已將中國的好幾個廣大的省份奪去了，不斷地以血腥的戰爭來殘殺中國千萬的群眾，準備無限的佔領更多的中國領土。

同時帝國主義的侵略和戰爭使無數群眾遭遇着非常的痛苦，普遍全國的經濟恐慌使許許多多群衆窮苦流離飢餓死亡。各省的農民，不但因災荒而破產挨餓，而且在苛捐雜稅，重利盤剝，高度地租剝削之下壓得衰敗。鄉下的家庭工業手工業是消滅淨盡了，千百萬的失業無法生活，不得不離開家鄉而流爲乞丐。

城市中的工人大批失業餓飯。或者大減工資，加重工作。紗廠每星期工作減至五天以至三天，或者完全關門大吉，全國極大多數的絲廠亦已關閉停工。礦山，機器廠，烟廠和其他企業，只做平時百分之三十至百分之五十的工作。海輪也是一蹶不振。成千成萬的勞動者和百分之六十以上的產業工人，是無工可做。

中外資本家就利用這個情形，將工人可憐的工資更加降低。隨着工資的減少卻不斷的增加剝削，對於工人的健康和生命，沒有絲毫的保障，對於失業者和難民，沒有任何的救濟。

因爲南京政府向着日本帝國主義完全投降，此後工農的情況還要一天壞一天。由南京政府代表所已

★ 1933 年 7 月 15 日，刘少奇在《苏区工人》第三期上发表《停止“强迫介绍”与救济失业工人》和《模范的工人要求纲领》两篇文章。

工作新篇

★ 2005 年 12 月，中国农林水利工会主席、分党组书记王萍在深圳出席一届五次全委会。

★ 2012 年，中国农林水利工会主席、分党组书记盛明富向基层职工书屋赠书。

★ 2019 年 6 月，中国农林水利气象工会副主席孙涛、原主席盛明富一行到江西省气象局调研指导工作。

★ 2020 年 10 月，中国农林水利气象工会主席、分党组书记蔡毅德带队赴西藏那曲市气象局开展调研慰问并赠送供氧设备。

★ 2022 年，中国农林水利气象工会与国家林草局等单位共同开展“全国林业英雄林”评选活动，中国农林水利气象工会主席、分党组书记蔡毅德出席启动仪式。

★ 2023 年 9 月，中国农林水利气象工会主席、分党组书记李忠运在推进政府与同级工会联席会议工作座谈会上作交流发言。

★ 2023 年 11 月，中国农林水利气象工会主席、分党组书记李忠运出席在广东中山举办的“暖边绿境”绿水青山画卷守护者摄影发布活动。

★ 2012 年 7 月，中国农林水利气象工会副主席、分党组成员王君伟赴中国侨联机关调研华侨农场职工生活等事宜。

★ 2024 年 11 月，黄河流域生态保护和高质量发展劳动和技能竞赛暨“黄河保护法”知识竞赛在郑州成功举办。

★ 2024 年 11 月，黄河流域“黄河保护法”知识竞赛比赛现场（一）。

★ 2024 年，第六届全国农业行业职业技能大赛比赛现场（一）。

★ 2024 年，第六届全国农业行业职业技能大赛比赛现场（二）。

★ 中国农林水利气象工会、农业农村部农垦局指导“建设农业强国 端稳中国饭碗”全国农垦粮油等主要作物单产提升劳动竞赛北大荒行动暨2024·北大荒劳动和技能竞赛在黑龙江举办。

★ 2024 年 11 月，第六届全国农业行业职业技能大赛在湖州举行。

★ 2024 年 1 月，中国农林水利气象工会、中国南水北调集团有限公司、湖北省总工会联合举办南水北调国家水网工程建设全国引领性劳动和技能竞赛(二)。

★ 2024 年 8 月，长江经济带劳模和工匠人才创新工作室联盟技术创新交流活动在武汉举办。

★ 2017 年 11 月，中国农林水利气象工会副主席、分党组成员原成刚参加工会帮扶站点建设交流活动。

★ 2024 年 8 月，中国农林水利气象工会副主席、分党组成员姜晓捷出席在浙江举办的建设“美丽中国”青年工匠人才实训营开营仪式。

★ 2023 年 11 月，中国农林水利气象工会副主席、分党组成员刘飞带队赴宁夏银川、中卫等地开展助力“三北”防护林工程建设专题调研。

开展产业政策调研，推动产业发展

★ 2024 年 2 月，中国农林水利气象工会第五届全国委员会第三次全体会议在京召开。

★ 2023 年 4 月，水利部与中国农林水利气象工会第十二次联席会议在全国总工会机关召开。

★ 2024 年 3 月，中国农林水利气象工会与中国气象局第二十次联席会议在全国总工会机关召开。

★ 2024 年 4 月，第一次农业农村部与中国农林水利气象工会联席会议在京召开。

★ 内蒙古大兴安岭垦区春耕开犁播种。

★ 海南省三沙市气象局。

提升职工队伍素质

★ 中国农林水利气象工会赴海南省农垦投资控股集团有限公司开展 2024 年"送教到基层"活动。

★ 2023 年 10 月，中国农林水利气象工会在云南天然橡胶产业集团江城公司举办"科技服务交流"职工培训班。

★ 2024 年 5 月，中国农林水利气象工会在广西北海举办“暖边绿境”边境地区生态护林员技能提升培训班。

★ 2024 年 6 月，中国农林水利气象工会“送教到基层”活动在中林集团重庆林投公司举办。

★ 国家林业和草原局、全国总工会联合主办，国家林业和草原局林业工作站管理总站、宣传中心，中国农林水利气象工会全国委员会承办的2023年“最美生态护林员”推荐及宣传活动（一）。

★ 国家林业和草原局、全国总工会联合主办，国家林业和草原局林业工作站管理总站、宣传中心，中国农林水利气象工会全国委员会承办的2023年“最美生态护林员”推荐及宣传活动（二）。

★ 国家林业和草原局、全国总工会联合主办，国家林业和草原局林业工作站管理总站、宣传中心，中国农林水利气象工会全国委员会承办的2023年“最美生态护林员”推荐及宣传活动（三）。

★ 国家林业和草原局、全国总工会联合主办，国家林业和草原局林业工作站管理总站、宣传中心，中国农林水利气象工会全国委员会承办的2023年“最美生态护林员”推荐及宣传活动（四）。

★ 国家林业和草原局、全国总工会联合主办，国家林业和草原局林业工作站管理总站、宣传中心，中国农林水利气象工会全国委员会承办的2023年“最美生态护林员”推荐及宣传活动（五）。

★ 2024 年 6 月，中国农林水利气象工会、中国气象局联合举办“筑梦风云 · 国家卓越工程师和大国工匠进校园”兰州高校专场活动。

★ 2024年首期全国林草系统职工网上工匠学院技能培训班开班式在北京举行。

★ 2024 年 9 月，中国农林水利气象工会召开全国农垦渔业畜牧系统劳模创新工作室联盟建设推进工作视频会议。

开展劳动技能竞赛和技术创新

★ 2023 年，农业农村部农垦局、中国农林水利气象工会联合举办全国农垦提单产“大比武”劳动竞赛（一）。

★ 2023 年，农业农村部农垦局、中国农林水利气象工会联合举办全国农垦提单产“大比武”劳动竞赛（二）。

★ 2023 年 4 月，第九届全国水利行业职业技能竞赛——全国河道修防工职业技能竞赛决赛在杭州举办（一）。

★ 2023 年 4 月，第九届全国水利行业职业技能竞赛——全国河道修防工职业技能竞赛决赛在杭州举办（二）。

★ 2023 年 11 月，在中国农林水利气象工会、全国水产技术推广总站指导支持下，全国水产技术推广体系劳模和工匠人才创新工作室联盟在广州成立。

★ 2023 年，第一届全国林草行业森林消防员职业技能竞赛暨大小兴安岭“生态保护与转型发展”劳动和技能竞赛在黑龙江省加格达奇区开幕。

★ 2023 年，第一届全国林草行业森林消防员职业技能竞赛的参赛队员奔向模拟起火点。

★ 2024 年 1 月，中国农林水利气象工会、中国南水北调集团有限公司、湖北省总工会联合举办南水北调国家水网工程建设全国引领性劳动和技能竞赛(一)。

★ 2024 年 11 月，黄河流域“黄河保护法”知识竞赛比赛现场（二）。

★ 2024 年 11 月，黄委一队荣获黄河流域“黄河保护法”知识竞赛一等奖。

★ 2024 年，全国气象行业职业技能竞赛（人工影响天气）在成都成功举办。

维护职工合法权益

★ 2024 年 6 月，中国农林水利气象工会、农业农村部渔业渔政管理局在大连联合举办 2024 年全国渔业职工安全生产技能培训班（一）。

★ 2024 年 6 月，中国农林水利气象工会、农业农村部渔业渔政管理局在大连联合举办 2024 年全国渔业职工安全生产技能培训班（二）。

★ 2024年7月，全国总工会与农业农村部联合开展2024年全国渔业安全生产技能竞赛。

★ 2018年，中国农林水利气象工会召开全国监狱系统文化建设经验交流暨现场会。

加强职工之家建设

★ 2023 年，全国林草系统“暖边绿境”关爱职工专项行动在黑龙江伊春举办。

★ 2023 年，中国农民丰收节暨云雾花涧·重庆第三届乡村艺术集开幕式举办。

★ 2023 年，“文化远洋”职工文化阵地建设——“暖边绿境”关爱职工专项行动座谈会在舟山举办。

★ 2023 年，全国农林水利气象系统职工开展“学习贯彻党的二十大精神、弘扬践行中国共产党人精神谱系”宣讲活动。

★ 2024 年，全国农林水利气象系统职工开展弘扬“三个精神”宣讲活动。

★ 2018 年，首届全国气象部门羽毛球比赛在四川成都举办。

★ 2023 年，全国气象部门乒乓球网球比赛在北京举办。

★ 2018 年 8 月，中国农林水利气象工会在江西南昌召开全国农垦渔业系统工会民主管理工作经验交流会。

★ 2019 年 2 月，全国林业和草原系统工会民主管理经验交流暨现场会在哈尔滨召开。

构建和谐劳动关系

★ 2016 年 7 月，中国农林水利工会在漠河召开全国林业系统工会推动林区转型发展职工自营经济经验交流暨现场会。

★ 2017 年 6 月，中国农林水利气象工会、国家林业局宣传办在四川西昌召开全国林业系统工会帮扶工作经验交流会议。

★ 2023 年 7 月，“助力乡村振兴 关爱生态护林员”专项行动在乌鲁木齐举办。

★ 2024 年 9 月，中国农林水利气象工会在江西省总工会庐山工人休养院举办全国农林水利气象系统劳模疗休养活动（一）。

★ 2024 年 9 月，中国农林水利气象工会在江西省总工会庐山工人休养院举办全国农林水利气象系统劳模疗休养活动（二）。

★ 2022 年 7 月，中国农林水利气象工会在新疆生产建设兵团第五师双河市举办“暖边绿境”送教到基层专题培训班。

★ 2023 年 7 月，“照亮国境线 · 奋进建新功”边境气象职工学习宣传贯彻党的二十大精神主题实践活动启动仪式暨首站活动在我国“东极”——黑龙江抚远举办。

★ 2023 年 7 月，中国农林水利气象工会、中国教科文卫体工会赴新疆生产建设兵团开展“暖边绿境”关爱职工专项行动（兵团站）——送医到边疆职工志愿服务活动。

★ 2023 年 7 月，中国农林水利气象工会“农业强国 复兴有我”工匠之星实训营在南京开营。

★ 2023 年 9 月，中国农林水利气象工会联合农业农村部渔业渔政管理局、中国远洋渔业协会，在浙江舟山举办“文化远洋”职工文化阵地建设——“暖边绿境”关爱职工专项行动远洋站活动。

★ 2024 年 5 月，中国农林水利气象工会与光明食品集团工会在上海举办 2024“农业强国 复兴有我”工匠之星实训营（一）。

★ 2024 年 5 月，中国农林水利气象工会与光明食品集团工会在上海举办 2024“农业强国 复兴有我”工匠之星实训营（二）。

★ 2024 年 5 月，中国农林水利气象工会与光明食品集团工会在上海举办 2024“农业强国 复兴有我”工匠之星实训营（三）。

★ 2024 年 7 月，“我为祖国兴边疆”全国边境农垦系统职工演讲比赛活动举办。

★ 2024 年 7 月，中国农林水利气象工会在新疆生产建设兵团第九师白杨市开展“暖边绿境”关爱职工专项行动结对共建签约活动（一）。

★ 2024 年 7 月，中国农林水利气象工会在新疆生产建设兵团第九师白杨市开展“暖边绿境”关爱职工专项行动结对共建签约活动（二）。

★ 2024 年 8 月，中国农林水利气象工会赴北大荒集团开展“暖边绿境”关爱职工专项行动——送医到边疆活动（一）。

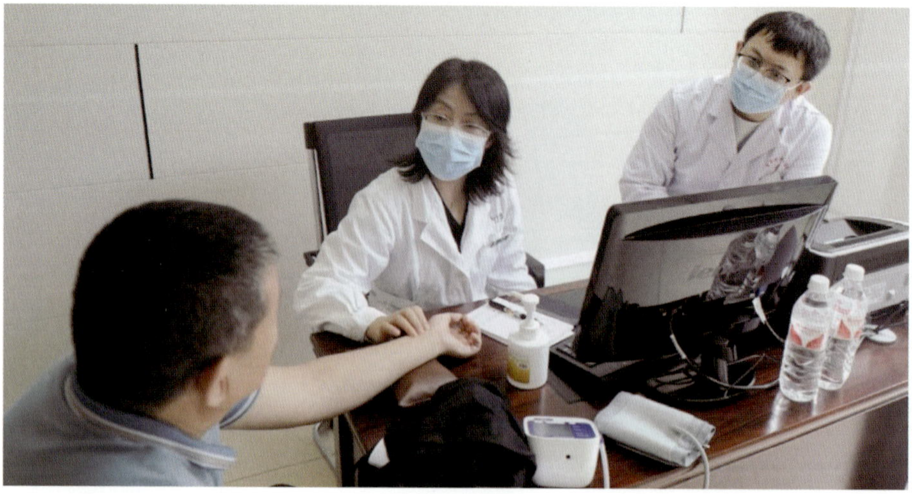

★ 2024 年 8 月，中国农林水利气象工会赴北大荒集团开展“暖边绿境”关爱职工专项行动——送医到边疆活动（二）。

★ 2024 年 10 月，中国农林水利气象工会赴云南林草系统开展“暖边绿境”关爱职工专项行动——送医到边疆活动（一）。

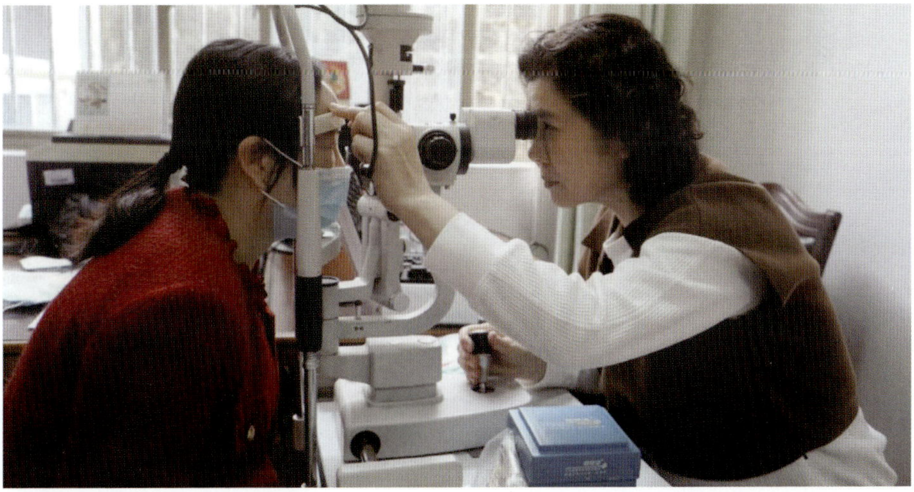

★ 2024 年 10 月，中国农林水利气象工会赴云南林草系统开展“暖边绿境”关爱职工专项行动——送医到边疆活动（二）。

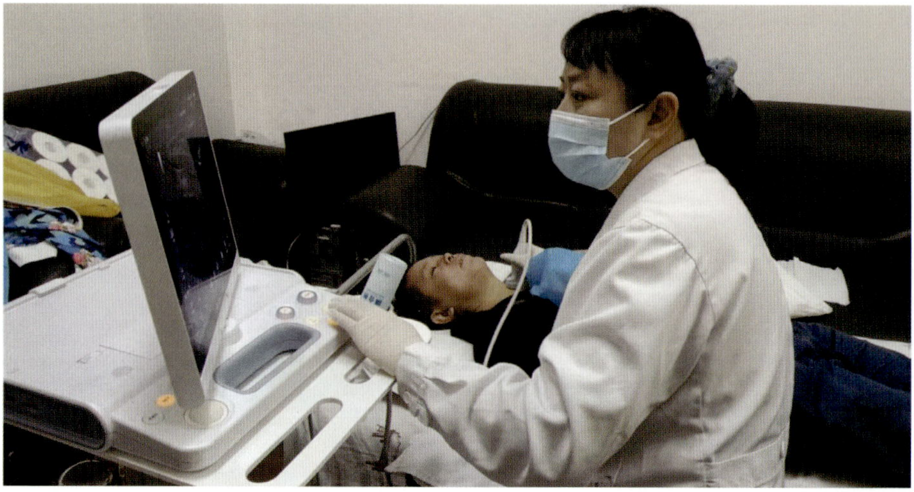

★ 2024 年 10 月，中国农林水利气象工会赴云南林草系统开展“暖边绿境”关爱职工专项行动——送医到边疆活动（三）。

★ 2024 年 11 月，“边疆内地心连心”水利职工学习交流活动在江苏成功举办(一)。

★ 2024年11月，“边疆内地心连心”水利职工学习交流活动在江苏成功举办(二)。

★ 2024年11月，“边疆内地心连心”水利职工学习交流活动在江苏成功举办(三)。

加强产业工会改革和建设

★ 中国农林水利气象工会获 2021 年度全国总工会机关党支部标准化规范化建设示范单位。2024 年 7 月被命名为中央和国家机关“四强”党支部。

★ 2022 年 9 月，中国农林水利气象工会党支部和北京市水务局工会党支部开展联合主题党日活动。

★ 2023 年 11 月，中国农林水利气象工会党支部赴陕西开展“传承红色基因 汲取奋进力量”主题党日活动（一）。

★ 2023 年 11 月，中国农林水利气象工会党支部赴陕西开展“传承红色基因 汲取奋进力量”主题党日活动（二）。

★ 2024 年 1 月，中国农林水利气象工会全体干部参观“永远跟党走”主题展览。

★ 2024 年 1 月，中国农林水利气象工会党支部赴中国气象局开展主题党日活动并观看气象职工文艺交流展演。

第五章
提升职工队伍素质

一、扎实开展思想政治工作

做好职工思想政治工作，团结引导广大职工听党话、跟党走，是工会组织必须履行好的政治责任。我国工人阶级是党最坚实最可靠的阶级基础，工会是党领导的工人阶级群众组织，是职工群众的“大学校”。回顾党领导的百年工运史，工会始终把团结凝聚职工、教育引领职工作为重要任务，把教育职能作为重要社会职能之一。在中国共产党正式成立之前，为了在工人群众中宣传马克思主义，党的早期组织就创办了面向工人群众的刊物和工人学校。1921 年，党的一大通过的第一个决议，明确提出“本党的基本任务是成立产业工会”“工人学校应逐渐变成工人政党的中心机构”“学校的基本方针是提高工人的觉悟”，随后成立的中国劳动组合书记部就创办了《劳动周刊》机关报。1931 年 8 月，鄂豫皖特区雇工第一次代表大会决议草案——《关于目前形势与雇农工会的任务》中就明确提出要加强雇农的政治教育，要使雇农工会成为真正的雇农学校。

新中国成立后，农林、水利产业工会充分响应党的号召，根据中央关于 1953 年至 1954 年干部理论教育的指示，按照政治水平不同，进行有计划、有系统的政治理论学习。华北行政委员会农林局《关于华北区1953年国营机械化农场工作情况与今后意见》中提到：加强政治工作，开展爱国生产竞赛，加强职工的政治教育，提高工人群众主人翁思想，认识办好国营机械化农场在改造小农经济中的重大作用，树立职工的艰苦成家、以劳动创造社会主义的观点。响应中央增产节约的号召，向一切浪费现象做斗争。开展合理化建议，保证件件有处理。给工人群众更多的学习管理生产、管理企业的机会，使工人群众真正感到自己是农场的主人。加强宣传鼓励工作，经常深入开展增产节约劳动竞赛运动，克服当前劳动竞赛中有始无终、热闹一时的现象。规定明确简要的竞赛标准，定期进行评比，建立经常的检查制度。并要有计划地培养模范单位和模范人物，树立旗帜，从而培养和提拔一批工人干部，在评比检查中要切实贯彻民主、公平合理的原则，保证奖惩得当。1953年东北国营机械农场总结中提出：团结教育全体职工及技术人员，组织劳动竞赛，改进农业生产措施，挖掘农业生产潜力，争取增产保收。

1956年3月5日，中国农业水利工会筹委会在第三次筹委扩大会议向全国总工会的报告中指出：工会组织今后必须系统地加强对职工群众的劳动纪律教育，在群众中树立起“遵守劳动纪律光荣，破坏劳动纪律可耻”的舆论和风气。1957年8月25日，中国林业工会筹委会以通报形式印发《双子河分区工会关于职工思想情况的调查报告》。1957年11月8日，中国林业工会筹委会发出了《关于在整风和社会主义教育运动中如何发挥工会组织作用的意见》。1957年12月24日，中国林业工会筹委会发出了《关于森工企业整风和社会主义教育运动的报告》。1958年11月4日，中国水利电力工会黄河委员会在《关于黄河工会体制和几项具体工作初步意见的报告》中提出：工会今后的主要任务是在党委的直接领导下，协同行政加强职工的政治思想教育工作，提高职工的共产主义思想觉悟。在生产上主要进行宣传鼓动和调查研究，总结经验，传播经验，开展社会主义竞赛运动。1959 年 11 月 19 日，中国农林工会分党组向全国总工会党组报告关于整风计划的安排。1960 年 5 月 12 日，中国水利电力工会号召水利电力职工掀起学习毛泽东著作的新高潮。

1963 年 3 月 25 日至 4 月 2 日，中国农林工会和全国总工会宣传部联合召开了国营农场工会政治思想工作座谈会，参加会议的有黑龙江、吉林、内蒙古、河北、河南、湖南、湖北、广东、安徽、沈阳等省（自治区）、省属市农林工会和农场工会的同志共 18 人。这次会议着重讨论了加强对农场职工的政治思想工作问题。会议要求：一、首先要摸清职工的队伍情况，了解各类人员的思想底细，并在日常的生产和生活中注意了解和反映职工的思想情况。农场工会干部，要以普通劳动者的态度，深入生产队，深入群众中去，与群众打成一片，帮助职工解决各种具体问题，取得群众的信任，只有取得群众的信任，才能了解群众的思想，政治思想工作也才能真正做到有的放矢。二、依靠群众教育群众。要通过群众中的先进范例，通过回忆、对比、参观、展览等方法，以群众的切身体验和斗争经验来启发职工的觉悟。要在职工中宣传好人好事，批判坏人坏事，使职工懂得应该学习什么，反对什么。目前全国正在开展学习雷锋的运动，在农场中，也要教育职工做一个雷锋式的工人。同时，工会组织也要善于从农业工人中去发现雷锋式的工人。三、要根据农场生产特点，把政治思想工作做到生产中去。要从生产中发现和解决各种思想问题，同时通过思想问题的解决来促进生产。农闲时的教育要为农忙时打好思想基础，可以利用农闲组织讲课，根据各个时期职工群众的思想倾向，有计划有步骤地进行教育，从根本上来提高职工群众的觉悟。农忙时应依靠群众，创造适应农忙特点的方法，特别是要依靠广大骨干，采用个别帮助的办法，利用干活和地头休息的时间，与群众交朋友、谈心，宣传党的政策，帮助群众解决各种思想问题和实际问题。会议认为，设置和运用各种宣传工具，开展各种文化活动，是对职工进行政治思想教育的一种重要手段。要根据农场职工的政治水平和生活水平，适当设置各种宣传工具，开展各种文化活动，以振奋职工精神，鼓舞斗志。

1964 年 1 月 20 日，中国水利电力工会副主席庄进辉在水利水电工程局、勘测设计院、安装处工会主席现场会上的总结发言中概括了水电职工学习毛主席著作取得的成效。中国农林工会宣传了长年坚持学习毛主席著作的一面旗帜——新青林业局“五四”青年工组。1966 年 12 月底，随着全国总工会工作的停止，中国农林工会也停止了一切活动。

改革开放以来，随着中国农林工会的恢复，思想政治工作也随之展开。1981 年 5 月 20 日，中国农林工会发出了《关于晋阳农场水利队加强政治思想工作的调查》。1982 年 2 月 14 日，中国农林工会在简报第一期发布了贯彻农垦和林业会议情况。

1985 年 8 月 26 日，林业部企业整顿办公室发出了《关于加强林业企业职工思想政治工作的意见》。其中指出：今年是森林工业开拓前进的一年，也是思想政治工作不断前进、不断加强的关键一年，要克服当前企业思想政治工作中的薄弱环节，加强改革中的思想政治工作，坚持两个文明一起抓，必须抓好以下几项工作：（一）进一步认清改革形势，勇于开创改革中思想政治工作的新局面。随着改革持续深入发展，给思想政治工作提出了更高的要求，政工干部既要支持改革，为改革开路，又要积极参加改革，保证改革顺利进行。要做好改革中的思想政治工作，必须把思想政治工作做到改革中去，以改革为中心，做到五个转变、五个创新。企业党委的主要工作要转变到抓党的建设，抓党的路线、方针、政策的贯彻，抓职工思想政治工作，充分发挥保证监督作用。正确理解党委书记和厂长的关系，在领导方法和工作方法上有所创新；思想政治工作部门要转到面向生产，面向改革，在思想政治工作与经济工作结合上有所创新；政工干部要转变思想，破除“左”的束缚，在开创思想政治工作新局面上有所创新；职工队伍建设要转变到重点抓好青工的共产主义系统教育，使职工逐步做到有理想、有道德、有文化、有纪律，在提高职工队伍政治素质上有所创新；日常思想政治工作要转变到紧紧围绕改革，渗透到改革各个领域，在教育形式和方法上有所创新。在经济改革不断深入发展的形势下，企业党委和行政既要把经济工作搞活，又要把思想政治工作搞活；既要在经济工作上出高效益，又要在思想政治工作上出新成果。（二）坚持两个文明一起抓，既出产品，又出有理想、有道德、有文化、有纪律的“四有”人才。1. 认清两个文明建设的辩证关系，从企业实际出发，制定出明确的目标，努力把创建文明单位和开展工农共建活动提到一个新水平。2. 要围绕生产建设的实际，把思想政治工作做活。使思想政治工作渗透到生产活动中去，寓教于各种活动之中，潜移默化。同时思想政治工作要有针对性，切实回答职工中提出的问题，解决一些实际问题，反对脱离生产实际和职工思想实际，空洞地说教，搞“两张皮”。3. 要加强领导。思想政治工作要全党来抓，党委、局（厂）长、工会组织都要做思想政治工作，坚持两个文明建设一起抓的战略方针，做到一起部署、一起检查、一起研究、一起总结。在总结、表彰生产建设的同时，要总结、表彰思想政治工作，把两个文明建设落到实处。（三）加强政工队伍的自身建设。在经济改革中，政工部门只能加强，不能削弱，更不能撤销。当前一个很大的问题是职工政治思想工作队伍不大稳定，有思想认识问题，也有物质生活方面的问题。应加强政工队伍建设，努力提高政工干部素质，要抓好以下几点：1. 在思想上，要不断提高对思想政治工作重要地位和作用的认识。明确企业思想政治工作服从于服务于经济工作，并不是降低了思想政治工作的地位和作用，而是任务更艰巨了，作用更大了。从而激发政工干部搞好改革中思想政治工作的事业心，增强光荣感、责任感和紧迫感。2. 在工作上，做到思想政治工作经常化、制度化和科学化。开展评比竞赛，建立和健全岗位责任制，工作好坏与经济利益挂钩，奖勤罚懒，调动政工干部的积极性和创造性。3. 在业务上，要创造条件，按四化要求，培养和造就一支高文化、高素质的领导班子和一支政工队伍。既懂政治，又懂经济和技术。一是选拔懂生产，懂一些专业知识，而又适合做思想政治工作的干部，到政工部门去工作，这是解决“两张皮”的有效办法。二是多渠道多形式培训政工干部，提高现有政工干部的业务和文化素质。

1985 年 12 月，在全国农垦系统改革中工会工作经验交流会议期间，各垦区工会负责人共同商定：自 1986 年起，建立全国农垦系统工会工作协作会议制度。会议的主要任务是，交流工作经验，研究工会工作的新情况和带有全局性的问题。1986 年，全国农垦系统工会工作协作会议第一次会议，由新疆生产建设兵团工会负责筹备举行。1. 会议的目的：进一步贯彻全国总工会十届三次执委会议精神，研究加强职工思想政治工作和有关职工队伍建设的一些其他重要问题，从而更好地调动农垦职工的积极性，推进农垦系统改革和两个文明建设，为实现“七五”期间农垦的各项建设任务作出贡献。2. 会议的内容：讨论分析当前农垦职工队伍的状况；交流做好职工思想政治工作的经验；研究论述进一步加强职工思想政治工作的问题。同时，对职工群众普遍关心的职工福利制度的改革（包括退休职工的待遇问题）也要进行必要的讨论与研究。1986 年 4 月 10 日，中国农林工会发出了新疆生产建设兵团工会《关于召开全国农垦系统工会工作协作会议第一次会议方案的通知》，要求加强职工思想政治工作和有关职工队伍建设。

1986 年 9 月 18 日，中国农林工会副主席吕保柱在全国农垦系统工会工作协作会议第一次会议上的讲话中指出：这次会议的主要议题，是研究新形势下农垦系统的工会职工思想政治工作。同时，也交流一下当前职工福利方面的情况，因为全国工会职工思想政治工作会议刚刚结束，总的工作目标、任务和要求都已经明确，所以我们这次会议完全有条件开好。前几天，大家学习了罗干、陈秉权同志在全国工会职工思想政治工作会议上的讲话，交流了农垦系统的有关情况和经验，从而开阔了思路，活跃了思想。为了便于大家讨论，我讲两个问题供同志们参考。1. 关于农垦系统工会职工思想政治工作的估计。职工思想政治工作是党的工作重要组成部分，也是工会组织的一项重要任务。工会九大以后，农林工会工作恢复不久，就把加强职工思想政治工作摆上了日程。特别是党的十二大以后，农垦系统的各级工会组织认真贯彻中央有关指示和工会工作方针，围绕着四化建设和建设一支有理想、有道德、有文化、有纪律的新型农垦职工队伍积极地开展工作。1982 年，协同农垦部在上海前进农场召开了农垦系统群众文化工作现场会，及时总结推广上海前进农场、广东南兴农场以及黑龙江等垦区的经验。为了推动精神文明建设，1983 年全国总工会、团中央等九个单位倡导开展了“五讲四美三热爱”活动。在这一活动中，农垦各级工会组织同党的宣传部门和共青团等组织密切配合，努力开展工作，使农垦系统涌现出了一大批文明单位、五好家庭和五好职工。1983 年上半年认真总结辽宁省大洼垦区前进农场和荣兴农场开展“文明村”建设的经验，并同农牧渔业部加以推广，在农垦系统引起了积极的反响。随着整个经济体制改革的不断深入，农垦系统的改革迅速发展。1983 年全国农垦系统普遍建立了各种形式的经济责任制，1985 年全国农垦系统又普遍兴办了职工家庭农场。这不仅是两项经济体制改革，而且是一切深刻的思想观念的变革。1986 年上半年，不少垦区按照全国总工会的统一部署，对当前职工队伍的状况进行了调查。特别是新疆生产建设兵团工会，与党政有关部门一起，组成了 170 多人的调查队伍，调查了 11 个单位，整理了 11 份调查报告，23 份经验材料，134 份谈话记录，共约 40 万字。这次调查不仅为进一步加强职工思想政治工作提供了宝贵的资料，而且为党政有关部门制定方针政策提供了依据。从以上情况我们可以这样说，农垦系统的工会职工思想政治工作是有成效的，各级工会在不断提高职工队伍的思想政治素质，推动改革和加强两个文明建设中都发挥了积极的作用。在工会职工思想政治工作方面，也存在同当前形势不相适应的问题。这主要是一些工会组织和干部对职工思想政治工作缺乏应有的认识，没有把加强职工思想政治工作摆上工会工作的重要位置。有的工会干部认为，思想政治工作是党委政工部门的事情，工会只不过是做些辅助性工作。也有的认为，改革以来实行社会主义有计划的商品经济，价值规律起作用，思想政治工作不像过去那样顶用了。有些同志虽然认识到政治工作的重要，但感到当前做好政治思想工作的难度大，存在畏难情绪。另外，一些工会干部在思想观念上还不能适应改革形势的要求，还习惯于用旧的传统观念认识问题，因此对一些即将出台的重大改革还理解不深。对于这些问题，我们都需要在今后工作中认真加以研究解决。2. 关于加强农垦系统工会职工思想政治工作问题。如何从当前改革和农垦职工的思想实际出发，切实加强工会职工思想政治工作，结合 1986 年农垦职工队伍调查的情况和全国工会职工思想政治工作会议精神，讲以下几点看法：1. 适应社会主义商品经济特点，促进职工思想观念更新。2. 进一步加强共产主义理想教育。3. 用民主的方法做思想政治工作。

1986 年 10 月 20 日，中国农林工会副主席吕保柱在全国部分城市农垦（场）工会工作座谈会上的讲话中总结交流了城市国营农牧渔系统各级工会发动职工搞好改革，发展生产，为城市改革和城市人民生活服务的经验，同时研究讨论了今后如何进一步搞好为城市改革和城市人民生活服务。1986 年 11 月，农业部部长何康在全国农业（水产）工作会议上的总结讲话中指出：坚持不懈地对水产职工进行系统教育。水产行业的广大职工，特别是青年职工，在改革的激流中，思想活跃，总的趋势是健康向上、积极进取的，坚持改革，关心企业、事业前途，参加企、事业单位的民主管理的意识都有不同程度的增强。但是，一方面职工队伍素质差，文化水平低，一些基本观念不清；另一方面企、事业单位的政治思想工作不适应，政治、业务“两张皮”，治标不治本，言教多于身教。针对这种情况，我们一定要把职工队伍的建设放在十分重要的位置上。企、事业单位的党委要把主要精力放在职工政治思想工作上，充实政工队伍，采取灵活多样、有针对性的方式，对职工进行系统的教育，丰富职工的精神生活。要充分发挥职代会的作用，加强民主管理，切实保障职工的主人翁地位。提高人的思想道德素质和科学文化素质，不可能一蹴而就，要把加强社会主义精神文明建设作为水产行业的一项长期任务，坚持不懈地抓下去，抓出成效来。

1987 年 1 月 10 日，全国总工会召开全国省、自治区、直辖市总工会和各全国产业工会负责人电话会议，全国总工会副主席罗干在会上对工会贯彻中央指示、坚持四项基本原则、反对资产阶级自由化的工作作了部署。1987 年 4 月 14 日，中国农林工会发出了《大连渔业工会关于青年职工结婚大操大办之风盛行及其危害情况的调查报告》。1987 年 4 月 16 日，中国农林工会发出了《关于伊春林区工会在职工中进行四项基本原则教育活动的调查》。1987 年 6 月 23 日，中国农林工会发出了黑龙江省林业工会《关于在全省森林职工中加强劳动纪律培养职业道德的决议》。1987 年 10 月，中国农林工会向全国总工会书记处、农业部报告了关于举办全国部分城市农牧渔业系统工会领导干部研讨班的情况。经全国总工会书记处批准，中国农林工会于 1987 年 10 月 11 日至 17 日在上海举办全国部分城市农牧渔系统工会领导干部研讨班，来自全国19个城市的农牧渔系统工会领导干部参加，上海前进农场工会、上海市牛奶公司工会、新疆生产建设兵团工会等先后在研讨班上围绕加强职业道德建设作了发言，中国农林工会副主席庞家驹作了总结讲话。这次研讨班继续坚持为城市改革、城市人民生活服务的正确指导思想，交流了加强职业道德教育和开展“双增双节”运动的经验。庞家驹在总结中，着重就职业道德建设问题讲了两点意见。（一）深刻理解培养职业道德的重要战略意义，树立加强职业道德教育的自觉性和紧迫感。1. 进行职业道德教育是中央决议的精神，是全国总工会的重要部署。社会主义精神文明建设是我国社会主义现代化建设总体布局的一个重要方面，是关系社会主义兴衰成败的一件大事。决议专门号召社会各行各业都要大力加强职业道德教育，树立人人都是服务对象、人人又都是为他人服务的观点，建立和发展平等、团结、友爱、互助的社会主义新型关系。此后，全国总工会发出了关于加强职工队伍精神文明建设的意见，就培养职业道德问题发表了具体意见。2. 城市农垦企业的性质要求必须大力加强职业道德建设。3. 现实存在的各种问题，要求我们迫不及待地加强职业道德建设。4. 加强职业道德建设是深化改革、发展社会主义有计划商品经济的客观要求。改革、开放、搞活已经成为不可逆转的历史潮流，它的发展不仅需要宽松的经济条件，而且也需要安定而有秩序的社会条件。5. 加强职业道德建设符合广大职工的根本利益和共同愿望，是众望所归、民心所向。全国总工会副主席陈秉权在论证职业道德教育的必要性时，从权利和义务的一致性方面指出：严格的劳动纪律，良好的职业道德，良好的服务态度，恰恰是主人翁精神、主人翁地位的体现，工会抓职业道德教育正是维护职工的主人翁地位及其合法权利，因而不会脱离群众。（二）采取有效措施，扎扎实实地抓好职业道德教育。1. 着眼于实际问题，立足于自我教育，抓好职业道德教育，提高道德认识。因此，加强职业道德建设，主要是宣传和教育的过程。2. 发动群众制定有针对性的职业道德规范。3. 大力开展职业技术培训，提高从业职工素质。4. 要特别重视干部的职业道德教育，领导干部要在教育中起表率作用。5. 只有完善企业各项改革才能巩固职业道德教育的成果。6. 处理好职业道德教育与保护职工物质利益的关系。7. 开展职业道德教育必须着眼于生产。

1990 年 1 月，中国农林工会发出了《关于农林企事业职工思想政治工作典型经验的调查报告——国营人民大垸农场是如何把职工思想政治工作做实做活的》。

1991 年 10 月 14 日至 18 日，农业部农垦司在北京召开了全国农垦宣传工作会议和中国农垦职工思想政治工作研究会年会。新疆生产建设兵团，各省、自治区、直辖市及计划单列市农垦部门，农垦总公司宣传处（部、科）长，政研会理事，部分农垦高校院长、书记和宣传部部长及部分基层企、事业单位代表，农业部直属机关党委，农垦司机关党委，中国农垦总公司，中国农垦编辑部，中国农林工会，中国职工思想政治工作研究会，以及原农垦部老部长张修竹、吕清，老司长刘泮棋等共 95 人参加了会议。会议遵循党的十三届四中全会以来中央关于加强宣传、思想工作的指导方针，系统地回顾了党的十一届三中全会以来，特别是党的十三届四中全会以来全国农垦宣传思想工作的成绩和经验；认真研究了农垦系统当前宣传、思想工作指导思想和主要任务；交流了宣传、思想工作经验和思想政治工作研究论文 97 篇（册）；布置了评选全国农垦先进思想政治工作单位和优秀思想政治工作者工作；总结、研究了政研会工作，修改了政研会章程，换届选举了政研会理事。

1992 年 1 月 5 日，中国林业职工思想政治工作研究会成立。林业部办公厅主任江洪代表中国林业职工思想政治工作研究会筹备工作领导小组，向大会汇报筹备工作的有关情况；林业部副部长沈茂成在大会上作了《充分发挥研究会的作用，为开创林业行业思想政治工作新局面服务》的讲话；制定了关于发展团体会员的暂行办法。《中国林业职工思想政治工作研究会关于发展团体会员的暂行办法》内容包括：1. 部研究会发展团体会员坚持自愿申请原则，由所在省（区、市）林业厅（局）和企业集团的思想政治工作研究会呈报，部研究会审批；部直属企事业单位由归口主管部门的思想政治工作研究会呈报；尚未成立思想政治工作研究会的部门和单位由主管部门和单位呈报。2. 部研究会发展团体会员重点是大中型林业企业和重点国营林场，首先发展获得省部级和全国思想政治工作优秀企业称号的局、厂。3. 部研究会发展团体会员适当注意布局合理，优先在团体会员较少的地区和系统发展。4. 不断改进工作和活动方式，通过多种渠道，加强同团体会员的联系，积极开展思想政治工作的研究活动，要充分发挥团体会员特别是企业团体会员的作用。

1992 年 1 月 6 日，召开全国林业行业思想政治工作会议，林业部部长高德占在会上作了《提高认识，明确任务，加强领导，努力开创林业行业思想政治工作新局面》的讲话；中国农林工会主席王一凡在会上的讲话中指出：林业部抓行业思想政治工作，抓得紧，抓得实，抓出了行业特色工作思路，抓出了显著成效。包括这次会议在内，一年来采取了三次重大行动，一步一步，扎扎实实向前推进。许多省、直辖市、自治区林业厅局和管理局、基层企业，解决“一手硬，一手软”的问题，实行“一岗双责”“三同步”，加强行业思想政治工作，都迈开步伐，有了新的进展。这几年林业行业思想政治工作热气腾腾，比较活跃。有许多新的开拓，创造出很多新的经验。黑龙江大海林林业局实行行业思想政治工作管理办法，就是一个新的创造性经验。这个局 21 个行业，形成本行管本行，一级抓一级，一竿子插到底的工作体系，解决了政治工作和经济工作“两张皮”、结合不紧密的问题。建立了“管事、管人、管思想”的“三位一体”新格局。这个新的探索和实践，在行业思想政治工作建设上探了新路，有深远的意义，很值得重视。新中国的林业事业，是在深山密林、荒山野岭开发壮大起来的。在长期的艰苦创业中，百万产业大军形成了自己特有的行业精神、行业作风，涌现出一批又一批的先进模范、英雄群体。他们是工人阶级的优秀代表。这几年，林业系统进行传统教育，培育和弘扬行业精神，有许多新的创造，取得丰硕的精神和物质成果，创造了极为丰富的经验，值得我们认真总结，好好研究。改革的过程，是一个新旧急速变动的过程，必将引起许多新的矛盾和人们心理上的不平衡。改革会把企业的命运共同体更紧密地拴在一起。这就更需要工会和行政通力合作，在党委统一领导下把思想工作做深、做细、做好。工会工作的基础和优势在基层。基层工会有需要和可能在改革中多做一些工作、多承担一些责任。希望基层工会看清美好的前景，迎着困难上，充分发挥自己的传统优势，把工作做到改革的全过程中，在深化改革，转换企业经营机制，增强企业活力，提高企业效益方面作出新的贡献。

1992 年 5 月，中国农林工会作了《关于大海林林业局思想政治工作实行行业管理的调查》。1993 年 1 月 9 日，林业部副部长、中国林业职工思想政治工作研究会副会长沈茂成在中国林业职工思想政治工作研究会第二次年会上讲话。他指出：中国农林工会工作委员会自 1952 年 2 月建立以来，已有 40 多年的历史。这些年来，中国农林工会及其各级工会组织，始终围绕党在各个时期的中心任务，组织、教育和率领广大林业职工，发扬艰苦奋斗和主人翁的精神，为我国的林业生产建设作出了积极的贡献。特别是在近几年来，农林工会在抓职工参政议政、企业民主管理；在抓企业改革、发展经济；在抓思想政治工作，提高职工文化技术素质、加强精神文明建设以及在为职工和企业分忧解难等方面，都做了大量的卓有成效的工作，有力地调动了广大职工的积极性，为推动企业深化改革，扩大开放，发展经济，摆脱“两危”，实现“两增”，巩固和发展林区安定团结的大好局面等发挥了重要作用。与此同时，农林工会还在森林防火，企业“双增双节”、发展集体经济和职工家庭经济、兴办第三产业以及丰富林区职工文化生活等方面，做了许多富有成效的工作。这几年，林业部和中国农林工会紧密配合，共同组织开展的合理化建议、技术革新和安全教育系列活动，以及发动职工参政议政，发挥工人阶级主人翁精神等，都收到了很好的效果。要全心全意地依靠广大工人阶级，充分调动林业职工的积极性和创造性，发扬艰苦奋斗、自力更生的创业精神，坚持解放思想、实事求是，大胆开拓、勇于创新，不断推进林业改革和建设事业的发展，这就需要各级林业工会组织进一步做好工作，发挥更大作用。今后，林业部将一如既往，继续紧密配合农林工会的工作。同时也殷切希望农林工会各级组织充分发挥“宣传教育、建设、参与、维护”的职能，动员广大林业职工共同为建设有中国特色的社会主义林业事业而努力奋斗。

随着改革开放的步伐逐步加快，在改革的新形势下，如何做好国营农场的职工思想政治工作是全国国营农场普遍面临的新课题。在全国职工思想政治工作研究会指导下，1988 年底成立了中国农垦职工思想政治工作研究会，中国农林工会主席王一凡公布了原中国林产品经销公司副总经理马福等 82 名中国林业职工思想政治工作研究会第一届理事会常务理事名单。自成立以来共开了三次年会，交流了一批较好论文和思想政治工作经验。同时，出版了 10 期《全国农垦政工研究》。1993 年 12 月 23 日，林业部部长徐有芳在中国林业职工思想政治工作研究会第三次年会上的讲话中提出：1994 年林业行业思想政治工作的主要任务是全面贯彻党的十四大和十四届三中全会精神，围绕林业改革和建设的总任务，以培养四有职工队伍为目标，认真学习邓小平同志建设有中国特色社会主义理论，加强思想教育，加强廉政建设，改进工作方法，充分调动广大林业职工的积极性和创造性，更好地为林业改革和建设服务。

2007 年 12 月 23 日，中国农林水利工会发出了《关于深入学习贯彻党的十七大精神的意见》。2007 年 12 月 24 日，中国农林水利工会在二届二次全委会议上作了题为《贯彻落实党的十七大精神 在推动产业发展、促进社会和谐中充分发挥产业工会组织的作用》的工作报告。2009 年 8 月 27 日，中国农林水利工会发出了《关于做好维护职工队伍稳定工作的意见》。2012 年 5 月 14 日，中国农林水利工会发出了《关于开展全国乡镇水利站职工队伍调研的通知》。2012 年 6 月 29 日，中国农林水利工会发出了《关于召开北方片区农村水利职工队伍调研座谈会的通知》。2012 年 7 月，中国农林水利工会作了《加大对少数民族聚集团场的扶持力度 让国家维稳的中流砥柱后顾无忧》的调查报告。

党的十八大以来，中国农林水利工会提高认识，坚决贯彻落实党的方针路线和指示精神，坚持以党的创新理论武装头脑、指导实践和推动工作。2012 年 12 月 28 日，中国农林水利工会发布了《中国农林水利工会维稳工作暂行规定》。2014 年 10 月 30 日，中国农林水利工会发出了《关于认真学习宣传贯彻党的十八届四中全会精神的通知》。2014 年 12 月 10 日，中国农林水利工会发出了《深入学习贯彻党的十八届四中全会精神 充分发挥产业工会在依法治国中的作用》的文件。2015 年 6 月 8 日，中国农林水利工会发出了《关于开展 2015 年水利系统职工思想状况调研的通知》。

2016 年 6 月 2 日，中国农林水利工会发出了《关于学习贯彻习近平总书记在考察伊春林区时所作重要指示精神的通知》。2016 年 2 月 3 日，全国总工会发布了《关于认真学习贯彻党的十

八届五中全会精神 组织动员广大职工为实现“十三五”规划建功立业的决议》。2016 年 4 月 26 日，中国农林水利工会学习了《习近平在知识分子、劳动模范、青年代表座谈会上的讲话》。2016 年 6 月 16 日，中国农林水利工会全国委员会发出了《关于举办全国水利系统职工“听党话 跟党走 争做水利建设楷模”主题教育实践活动的通知》。2017 年 8 月 30 日，中国农林水利气象工会发出了《关于掀起学习塞罕坝精神高潮 充分发挥广大林业职工在生态文明建设中的主力军作用的通知》。2018 年 5 月 7 日，中国农林水利气象工会发出了《关于学习宣传贯彻习近平总书记给中国劳动关系学院劳模本科班学员回信精神的通知》。2018 年 5 月 28 日，中国农林水利气象工会发出了《关于学习宣传贯彻习近平生态文明思想和全国生态环境保护大会精神的通知》。2018 年 8 月 1 日，中国农林水利气象工会全国委员会发出了《关于以习近平生态文明思想为指导充分发挥农林水利气象系统广大职工生态文明建设主力军作用的意见》。2020 年，为深入贯彻落实中共中央办公厅、国务院办公厅《关于全面推行河长制的意见》《关于在湖泊实施湖长制的指导意见》，加大对基层河长湖长、河湖管理保护干部职工和社会志愿者先进事迹的宣传，唱响主旋律、传播正能量，推动河湖管理保护意识深入人心，营造全社会关爱河湖、珍惜河湖、保护河湖的浓厚氛围，代表全国总工会与水利部、全国妇联联合开展第一届“寻找最美河湖卫士”主题实践活动。最终评选出“十大最美河湖卫士”10 名，“巾帼河湖卫士”20 名，“青年河湖卫士”10 名，“民间河湖卫士”25 名。2021 年 6 月 3 日，“奋进新征程 丹心永向党”全国监狱系统民警庆祝建党 100 周年演讲大赛决赛开赛，23 个省级监狱管理局工会派出 25 名选手参赛。全国总工会副主席、书记处书记江广平出席大赛闭幕式，并发表重要讲话。全国产业工人学习社区对决赛进行全程同步直播，共计 5.4 万人次观看直播。2022 年，以

“喜迎二十大”为主线，推动习近平新时代中国特色社会主义思想进农场、进林场、进台站、进监区。继续代表全国总工会与水利部、全国妇联联合开展第二届“寻找最美河湖卫士”主题实践活动，最终评选出“十大最美河湖卫士”“巾帼河湖卫士”“基层河湖卫士”“民间河湖卫士”各10名，“最美河湖卫士”60名。在塞罕坝建成第五处“全国林业英雄林”，打造塞罕坝精神教育基地。广泛宣传典型人物和事迹，推荐四位产业工人事迹在CCTV主频道播出，两位产业工人事迹在《人民日报》发布，三位产业工人事迹在新华社“劳动创造幸福”专栏发布，宣传力度为历年最大。以“喜迎二十大 建功新时代”为主题，在全国农牧渔系统举办短视频大赛，在全国气象系统举办主题读书交流活动和先进事迹交流活动，为党的二十大胜利召开营造良好的政治氛围和社会氛围。

2023年，开展“学习贯彻党的二十大精神、弘扬践行中国共产党人精神谱系”主题宣讲活动，组织劳模工匠先后在河北、河南、陕西、广东四省宣讲，1000余名职工现场聆听，百万余名职工线上收看。6月8日，全国监狱系统工会“学习宣传贯彻党的二十大精神 加强干警职工思想政治引领”现场交流活动在沪举办。交流活动围绕深入学习贯彻习近平新时代中国特色社会主义思想和党的二十大精神，深入学习贯彻习近平总书记关于工人阶级和工会工作的重要论述，落实学习贯彻习近平新时代中国特色社会主义思想主题教育要求，认真学习贯彻习近平总书记“五一”国际劳动节前夕的重要指示精神，深入交流监狱工会加强干警职工思想政治引领工作的先进经验和存在问题，为进一步提升全国监狱系统工会工作搭建了平台。中国农林水利气象工会主席、分党组书记李忠运出席活动并讲话。李忠运充分肯定了各级监狱系统工会近几年取得的工作成绩，对进一步在监狱系统各级工会学习宣传贯彻党的二十大精神，认识工会做好干警职工思想政治工作的职责使命，努力推动工会思想政治工作落地见效提出了明确要求。要求监狱系统各级工会围绕监狱工作大局，履行工会维权服务职能，强化责任担当，敢于开拓创新，打造干警职工值得信赖的职工之家，以实际行动迎接中国工会第十八次全国代表大会的胜利召开。

2023 年 7 月 11 日，与中国气象局办公室发出了《关于开展“照亮国境线 · 奋进建新功”边境气象职工学习宣传贯彻党的二十大精神主题实践活动的通知》。7 月 20 日，中国农林水利气象工会与中国气象局联合开展的“照亮国境线 · 奋进建新功”边境气象职工学习宣传贯彻党的二十大精神主题实践活动启动仪式暨首站活动在我国“东极”——黑龙江省抚远市隆重举办。中国农林水利气象工会和中国气象局机关党委（巡视办）的相关负责同志分别作讲话，并介绍了主题实践活动内容。黑龙江省农业水利气象工会及当地政府领导出席启动仪式并致辞。中国农林水利气象工会负责同志指出，在全国总工会党组、书记处的重视和支持下，中国农林水利气象工会立足自身产业实际，组织开展了“暖边绿境”关爱职工专项行动，着力改善边境地区农林水利气象系统职工生产生活条件，推动解决他们的实际困难。气象关乎国计民生，尤其是边境气象台站为保障国土安全、生态安全以及边疆稳定发展发挥着重要作用，涌现出许多感人事迹。农林水利气象系统各级工会组织要认真落实专项行动各项举措，切实履行维权服务基本职责，积极争取党政和地方总工会支持，持续提升边境农林水利气象系统职工生活品质，不断增强职工获得感、幸福感、安全感。活动期间，30 余家边境气象台站 300 余名职工踊跃参与，共报送微视频 21 部，汇总后制作宣传视频 1 部，全部在中工网上开设专栏展播，16 万人次观看并投票。

根据全国总工会机关主题教育领导小组《关于在全国总工会机关学习贯彻习近平新时代中国特色社会主义思想主题教育中开

好专题民主生活会的通知》，中国农林水利气象工会于 2023 年 8 月 24 日上午召开学习贯彻习近平新时代中国特色社会主义思想主题教育专题民主生活会。会前，在全国总工会副主席、书记处书记江广平和全国总工会机关主题教育领导小组办公室指导二组指导下，农林水利气象工会领导班子围绕专题民主生活会主题，结合部门实际，认真制定工作方案，扎实做好专题民主生活会各环节准备工作。领导班子成员通过集中研讨和个人自学相结合，进一步学习领会习近平总书记关于党的建设的重要思想和全面从严治党、严肃党内政治生活、树立和践行正确政绩观等方面的重要指示批示精神，以及习近平总书记关于以学铸魂、以学增智、以学正风、以学促干和在四川考察调研时关于主题教育的重要讲话精神，在深学细悟中切实打牢开好专题民主生活会的思想基础。在五届三次常委会议上，分党组广泛征求各位常委的意见建议，并深入开展谈心谈话，全面梳理检视整改问题，认真开展典型案例剖析。会议强调，全体同志要全力保障中国工会十八大的胜利召开。被中国工会十八大各工作组抽调的同志，要切实增强责任感、使命感、紧迫感，根据要求按时返京、报到、入组，认真服从各工作组的安排，以高度负责的精神、严谨细致的态度，配合做好大会筹备和组织召开的各项工作，以实际行动为中国工会十八大的胜利召开贡献力量，展现农林水利气象工会干部良好的工作作风和精神面貌。

为贯彻落实中国工会十八大关于"落实新时代全面从严治党要求，推动工会系统党的建设高质量发展"精神，根据 2023 年党支部活动安排，中国农林水利气象工会党支部与陕西省农林水利气象工会党支部于 2023 年 11 月 3 日至 4 日在陕西开展了"传承红色基因 汲取奋进力量"主题党日活动。在延安，党员们参观了梁家河、杨家岭革命旧址和延安革命纪念馆等教育基地，重温了党中央在延安 13 年光辉历程，学习了延安自力更生、艰苦奋斗的革命精神，实事求是的工作方法以及全心全意为人民服务的精神。在梁家河，党员们学习了习近平总书记在七年的知青岁月里与群众心连心、艰苦创业的感人事迹。在西安八路军办事处纪念馆，党员们了解了八路军西安办事处在1936年到1946年的历史，感受了革命先辈的顽强意志和乐观生活态度以及对革命胜利的坚定信念。活动中，大家还就学习贯彻习近平总书记在同全国总工会新一届领导班子成员集体谈话时的重要讲话精神、学习宣传贯彻中国工会十八大精神以及党建工作特色经验等进行了深入交流。

2024年5月20日至24日，“学习贯彻中国工会十八大精神、提升产业工会工作水平”专题培训班在山东管理学院举办。全国农林水利气象系统工会干部和委员单位相关负责人近120人参加培训。本次培训班深入学习贯彻落实中国工会十八大精神，结合产业工会特点和需求，邀请全国总工会和山东省委党校、济南大学、山东管理学院等高校的专家学者，围绕新质生产力、当前经济形势、文化自信、人工智能、工会法、民主管理、安全生产等主题为学员授课，并组织学员参观“三个精神”纪念馆。6月24日至28日，中国农林水利气象工会举办弘扬“三个精神”宣讲活动，组织职工代表到基层、赴一线、进校园宣讲劳模精神、劳动精神、工匠精神。来自全国农林水利气象系统的六位职工代表组成宣讲团，分别赴山东省畜牧兽医学院、北京市园林学校等五所职业院校开展宣讲。他们向听众生动讲述了产行业职工在基层一线岗位上艰苦奋斗、勇于创新，用实际行动践行“三个精神”的生动故事，描绘了农林水利气象系统职工建功新时代的壮美篇章，诠释了“三个精神”的科学内涵、时代价值和实践路径。网上直播单场接入端口9.28万个，近百万名职工线上收看。

二、注重业务人才培养

中国共产党自成立起，就高度重视工人业务素质培育。1926年11月，既济水电工会在宗关水厂办起一所工人夜校，仅电厂就有100多人参加学习。11月20日，刘少奇对钟苗夫说："过去，工人受压迫没有读书的机会，现在办了工人夜校，青年工人都应参加学习，有了知识将来的希望是很大的。"工人们每晚夹着书、带着笔，怀着十分激动的心情参加学习。

1934年4月，中国农业工人第一次代表大会通过的决议中就涉及工人业务素质培养：一、国际雇农委员会对于中国雇农工会的决议，指出"筹备雇农工会的干部"，是雇农工会最重要的工作。二、各级工会的委员会，首先要去了解自己组织的一切干部，把积极能干的会员（不论哪种才能的），尤其在经济斗争中、反富农与查田运动中及一切武装斗争中涌现出来的勇敢积极分子，登记起来，并报告委员会送交中央。三、各级工会的委员会要随时提拔下层的积极工人到领导机关中来工作，在开始工作时，应该分配给他一些简单的工作，检阅他们工作的执行，给予具体帮助，解决他们工作中的困难，在这种锻炼中，增加他们的能力。下层干部的培养，应该特别注意到女工、青工干部的教育，应该反对那种轻视妇女与青工的错误的倾向。四、中央委员会应用最大的努力来开办各种训练班。由中央委员会计划公布以后，各县派送学习的干部。国家各县的各级农业工人工会的工作干部，应该会同各地机关开办补习学校来提高工作干部文化程度。各级委员会应多多举办短期训练班。五、各级委员会应继续大批地派遣积极工人和干部到各级苏维埃一切机关与红军中去工作，参加苏维埃政权中实际领导，这是工会的最重要任务。

新中国成立后，对农林水利气象产行业的工人展开了全面培训，以提升其业务素质。1950 年 7 月 25 日，东北人民政府农林部森工总局、东北林业总工会筹委会发出了联合通知，为开展林业工人业余教育作出指示。其中提到：进一步有计划、有系统、有步骤地提高林业工人、职员群众的文化、政治、技术水平，以保证林业生产任务的完成，希各级林务局配合林业工会，切实执行东北林业总工会筹委会发布的《东北林业开展职工业余教育暂行实施办法草案》。1953 年 2 月 6 日，东北人民政府制材工业管理局、东北森林工会制材筹委会成立了制材工业扫盲委员会。1956 年 2 月 1 日，中国林业工会开展了林业工人素质教育。中国林业工会筹委会第三次会议（扩大）总结提纲中涉及关于扫盲和技术学习问题。

为了进一步促进林业工人的业务素质，1957 年 1 月 17 日，森林工业部和中国林业工会筹委会发布了《关于建立林区有线广播站工作的几项规定》。其中对于广播站的任务、组织领导、建立等问题作了详细规定，提出：一、广播站的方针任务。广播站的方针是：面向伐区，为生产服务，为群众服务。在这一方针下，广播站的任务应该是：向广大职工及其家属进行共产主义教育；宣传党在过渡时期的总路线和国家各个时期的方针、政策，转播人民电台国内外大事；宣传先进人物的先进思想、先进事迹和先进经验；组织各种文娱节目，以达到逐步提高职工的政治觉悟，鼓舞职工的劳动热情和丰富职工群众文化娱乐生活的目的。二、广播站的组织领导。在党委统一领导下，广播站由行政主办，工会具体负责。行政主办就是行政负责广播站的设备和各项经费等；工会具体负责就是工会宣传部门管理广播站的日常工作，检查和讨论广播站的工作，帮助广播站制订工作计划，总结经验和及时布置工作任务。三、广播站的建立。广播站的建立应该根据具体条件，因地制宜。四、广播站编制和经费。大型集中的广播站，应根据实际情况和需要，本着精简节约的原则，配备广播员最多不能超过两人，由行政企业奖励基金中开支（包括办公费和设备费）。分散单个、小型分片和利用调度电话的广播站，不设立专职干部，但应组织积极分子在业余时间广播。新建的广播站，其开支由基层根据需要编造预算，报请管理局（会）批准。五、广播员的聘用。聘用广播员时必须是政治可靠，并且有一定文化程度和组织能力，党委同意，再经过学习能掌握操作广播机器的技术和广播业务知识后方可使用。

1959 年 6 月 30 日，中国农林工会发布了福建省林业厅顺昌贮木场红专学校工作经验介绍。1959 年 7 月，中国农林工会发布了岭西林场坚持长年学习的经验。1960 年 5 月 21 日，中国农林工会发出了《学习河北省国营青县农场扫除文盲的经验的通知》。1960 年 9 月 9 日，林业部、中国农林工会发出了《关于贯彻全国开展业余文化技术教育活动的通知》。通知提到：结合林业生产，掀起了一个群众性的办学和学习高潮。据悉，黑龙江、内蒙古、湖南、浙江等省（区）在青壮年职工中已基本上扫除了文盲，初步建立了由小学到大学的业余教育体系。对于扫盲工作不但要有坚定的决心和信心，还要有具体的措施。各省（区）对于扫盲应进行一次全面细致的调查摸底工作，以便做到心中有数，订出规划，分期分批进行扫除。已经基本扫除文盲的省（区）也要进行一次复查工作，彻底查一查漏盲、藏盲、复盲或扫盲不符合标准的情况。做到随查随扫，早查出比晚查出好，早查出一天，就可以早扫除一天。对于新增加的工人，要采取随到随扫，有盲必扫，扫则干净。

1960 年 9 月 9 日，林业部、中国农林工会发出了《组织林业职工业余教育促进团的通知》。其中提到：一、组织领导：促进团由林业部教育司、农林工会宣传部共同领导，各派 1—2 人参加，另由各地选派业余教育先进单位领导同志和优秀教师 10 人共同组成。促进团分两组，每组设组长 1 人，分两路出发，东路由湖南选派先进单位领导 1 人，吉林、福建各选派优秀扫盲教师 1 人，浙江选派优秀语文教师 1 人，内蒙古选派优秀数学教师 1 人参加；西路由黑龙江选派业余教育先进单位领导 1 人，甘肃、广西各选派优秀扫盲教师 1 人，四川选派优秀数学教师 1 人，云南选派优秀语文教师 1 人参加。二、出发时间及路线：自 9 月 25 日至 11 月 10 日止为期一个半月左右。东路于 9 月 24 日持本省林业厅介绍信（请注明是否党、团员）到安徽合肥市安徽林业厅报到，然后去福建、广东，最后到湖南做总结工作。西路于 9 月 24 日持本省介绍信（请注明是否党、团员）到四川成都四川林业厅报到，然后去贵州，最后到广西作总结工作。三、工作方法：（1）每到一个省首先听取省林业厅关于职工业余教育工作汇报，并选择先进单位 1 个，后进单位 1—2 个。到现场取经送宝，学习推广先进经验，帮助后进单位，进行调查研究，作出规划，提出办法，改进工作。（2）为了贯彻政治挂帅、结合生产、因材施教的原则并做到不给下面增加麻烦，帮助下面做好工作，促进团到基层工作，必须参加半天生产劳动，半天帮助，促进职工业余教育工作。

改革开放以来，随着中国农林工会的恢复，关于工人业务素养的调查和培训进一步展开。1979 年 11 月，中国农林工会作了关于黑龙江省国营农场工会工作的情况汇报。1980 年 2 月，中国农林工会向全国总工会书记处汇报广东省农垦部分农场工会工作情况、内蒙古牙克石林业工会工作情况、松花江林区工会工作情况。1981 年 2 月 27 日，中国农林工会发出了《伊春市总工会关于在全市职工中开展学孟泰、学雷锋、树新风、做好事活动的决议的通知》。1981 年 10 月 30 日，农垦部发出了《关于印发全国农垦系统 1981 至 1985 年职工教育规划纲要（草案）的通知》。1982 年 4 月 20 日，农垦部副部长杨煜、中国农林工会副主席吕保柱先后在全国农垦系统文化工作现场会上讲话。1982 年 4 月 20 日，中国农林工会作了《部分农场、林业职工队伍中存在一些问题》。1982年10月10日，中国农林工会作了《关于云南省国营景洪农场六分场职工队伍的调查报告》。1982年11月30日，中国农林工会作了《关于当前林业职工队伍状况的调查报告》。1982年12月30日，中国农林工会作了《关于农垦企业职工队伍状况的调查报告》。1986年10月20日，中国农林工会副主席吕保柱在全国部分城市农垦（场）工会工作座谈会上作了讲话。1987年6月23日，中国农林工会发出了黑龙江省林业工会《关于在全省森林职工中加强劳动纪律培养职业道德的决议》。1992年，中国农垦水产职工技术协会第一届一次理事会议通过了《中国农垦水产职工技协组织条例》。

由于农林战线工作性质和所处地理位置等特殊原因，同居于城市的其他产业比，存在许多不利因素和特殊困难。为适应改革开放形势的要求，迅速提高工会干部的素质，中国农林工会从1985年开始举办培训班，到1991年共举办七期。参加培训班的学员来自全国各省、市、自治区农林两条战线的基层和基层以上的工会领导干部，还有省市地和基层单位的劳模、先进工作者、职工之友。1992年4月，中国农林工会委托大连市农渔业工会举办深化改革扩大开放研习班，来自农林系统的337名工会干部参加学习，通过学习更新观念，增强了在社会主义市场经济条件下搞好工会工作的信心。1992年12月20日，中国农林工会发出了《开展技协活动、提高职工素质、推进技术进步、促进企业发展活动》的通知。各地工会积极落实，例如，1995年9月2日，新疆生产建设兵团农一师技协开展了提高职工素质、推进技术进步、促进企业发展的技协活动。1998年3月18日，新疆生产建设兵团工会实施职工素质工程，为再造兵团辉煌建设一支“四有”职工队伍。2001年5月1日，新疆生产建设兵团工会开展了“抓培训 强素质 为屯垦戍边事业建功立业”活动。2006年6月15日，中国农林水利工会作了《保安系统工会亟待明确产业领导关系》

的报告。2006 年 8 月 15 日，全国总工会办公厅发出了《关于对保安系统职工队伍和工会工作状况进行调研的通知》。2008 年 6 月 27 日，中国农林水利工会副主席江南在全国气象部门工会主席研讨会上作了《提高职工素质 打造一流队伍 扎实推动“创争”活动深入开展》的讲话。

党的十八大以来，中国农林水利气象工会积极响应全国总工会号召，开展了一系列卓有成效的技能竞赛和培训活动，为农林水利气象系统职工的成长成才搭建了交流平台、提供了展示舞台。2013 年 3 月 29 日，中国农林水利工会发出了《关于开展农、林系统职工就业与培训情况调研的通知》。2015 年 7 月 27 日至 31 日，中国农林水利工会送教下基层，和兵团工会在兵团党校举办了一期兵团团场企业工会主席培训班。全国总工会书记处书记郭军亲自为此培训授课，全国政协委员、中国农林水利工会主席盛明富出席了培训班开班仪式并作讲话。2016 年 8 月 3 日，中国农林水利气象工会发出了《关于邀请水利部专家莅临 2016 年中国农林水利气象工会“送教下基层”活动授课的函》。2016 年 8 月 9 日，中国农林水利气象工会发出了《关于在黄河水利委员会开展“送教下基层”活动有关情况的通知》。2017 年 3 月 23 日，中国农林水利气象工会发出了《关于对全国林业系统职工队伍状况和工会组织建设情况进行调研的通知》。2017 年 6 月 16 日，中国农林水利气象工会发出了《关于开展基层混岗单位事业人员现状与发展前景调研的函》。2017 年 6 月 30 日，中国农林水利气象工会发布了《2017 年“送教到基层”活动方案》。2019 年 5 月 13 日，中国农林水利气象工会发出了《关于举办全国总工会“送教到基层”活动的通知》。2019 年 9 月 18 日至 20 日，中国农林水利气象工会“送教到基层”兵团总工会干部培训班在三师图木舒克市举办。2021 年 10 月，中国农林水利气象工会“送教到基层”活动暨呼伦贝尔农垦集团公司工会干部业务能力素质提升培训班举办。2022 年 9 月 5 日至 9 日，由中国农林水利气象工会主办、黄河水利委员会承办的黄河产业职工技能培训班在河南省郑州市河南黄河河务局干部学校正式开讲。来自黄委水文局机关和勘察测绘局、河南水文水资源局等单位的 59 名学员参加培训。2023 年 5 月 29 日至 6 月 2 日，中国农林水利气象工会在江苏省江都水利工程管理处举办全国水利系统闸门运行工技能培训班，中国农林水利气象工会副主席、分党组成员刘飞，水利部运行管理司有关负责同志出席开班仪式并讲话，江苏省水利厅副厅长王冬生致辞，来自全国各地基层闸站的 70 余名水利职工参加培训。2023 年 6 月 27 日至 29 日，中国农林水利气象工会在四川省林草系统工会开展“送教到基层”活动，全省 20 多个单位 60 余名学员参加培训。2023 年 7 月 10 日，中国农林水利气象工会“农业强国 复兴有我”工匠之星实训营在江苏南京开营，这是深入学习贯彻习近平新时代中国特色社会主义思想和党的二十大精神、深化产业工人队伍建设改革、扎实推进“暖边绿境”关爱职工专项行动的具体举措。2023 年 11 月 21 日，中国农林水利气象工会赴中国南水北调集团江汉水网建设开发有限公司就南水北调后续工程（引江补汉）劳动和技能竞赛筹备情况进行座谈交流。中国南水北调集团有限公司党组副书记、副总经理、工会主席于合群出席座谈会。座谈会上，中国农林水利气象工会介绍了全国总工会深入开展“十四五”全国引领性劳动和技能竞赛情况。江汉水网公司介绍了引江补汉工程建设情况和《南水北调后续工程（引江补汉）劳动和技能竞赛实施方案（讨论稿）》，大家围绕竞赛组委会构成、竞赛内容、竞赛方式等内容进行了充分讨论。全国引领性劳动和技能竞赛是工会围绕中心、服务大局的重要载体，是团结动员广大职工贯彻落实党中央决策部署、服务国家重大战略实施的有力抓手。要认真贯彻落实中国工会十八大精神，坚持高标准、严要求，建立党政支持、工会牵头、职工参与、社会认可的竞赛格局，充分发挥竞赛的示范引领作用，积极号召职工为国家水网建设贡献智慧和力量。

2024 年 3 月 28 日，中国农林水利气象工会联合国家林业和草原局管理干部学院在北京举办首期全国林草系统职工网上工匠学院技能培训班。本次培训是贯彻落实中国工会十八大精神、落实全国总工会十八届二次执委会议提出的“559”工作部署和推动全国林草系统产业工人队伍建设改革的一项重要举措。要以职工培训为抓手，深入推进产业工人队伍建设改革。鼓励劳模工匠在全行业发挥示范引领作用，使产业工人队伍不断壮大，综合素质明显提高，各项保障制度更加健全，职工合法权益进一步提升，劳动光荣、技能宝贵、创造伟大的时代风尚更加浓厚。要以此次培训为契机，着力提升林草职工数字技能，明确培训任务，确定培训指标，以培训成果的“数字化”“可视化”，实现工会工作的“五化”——服务化、体系化、品牌化、创新化和数智化。要牢牢把握推动高质量发展的主题和任务，构建绿色低碳循环经济体系，以培训推动林草职工到林草工匠的升华，在全行业形成大国工匠带头引领，绿色生态工匠不断涌现，广大职工积极走技能成才、技能报国之路的良好局面。4 月 22 日至 26 日，中国农林水利气象工会与中国气象局机关党委（巡视办）在广东珠江三角洲地区联合举办“边疆内地心连心”气象职工学习交流活动。来自内蒙古、黑龙江、吉林、辽宁、广西、云南、西藏、甘肃、新疆等 9 省（区）边境气象局（站）的 50 名一线职工代表参加活动。

2024 年 4 月 23 日至 26 日，中国农林水利气象工会赴海南省农垦投资控股集团有限公司开展 2024 年“送教到基层”活动，来自海垦集团各企业近 120 名工会干部参加培训。4 月 25 日，中国农林水利气象工会、全国水产技术推广总站指导举办全国水产技术推广体系劳模和工匠人才创新工作室联盟交流活动。5 月 7 日至 11 日，中国农林水利气象工会在上海举办 2024“农业强国复兴有我”工匠之星实训营。本次实训营由中国农林水利气象工会主办，光明食品集团工会承办，来自吉林、黑龙江、北大荒、广西、甘肃、云南和新疆生产建设兵团以及海南省纳入兴边富民行动政策扶持范围地区的50名农牧渔业工匠人才、高技能人才参加此次实训。中国农林水利气象工会副主席、分党组成员姜晓捷强调本次“农业强国 复兴有我”工匠之星实训营是扎实推进“暖边绿境”关爱职工专项行动的一项具体举措，也是贯彻落实党中央关于推进农业高质量发展、建设农业强国战略的具体行动，目的是为边境地区工匠、技能型人才成长成才搭建平台、提供舞台，促进边境地区人才开发和素质提升。她从加快建设农业强国、助力边境地区乡村振兴等方面对各位学员提出了殷切期盼，进一步增强了学员们在强国建设、民族复兴的新征程上充分发挥主力军作用的责任感、使命感。

2024年5月28日至6月1日，中国农林水利气象工会在广西北海举办“暖边绿境”边境地区生态护林员技能提升培训班。本次培训由中国农林水利气象工会主办，国家林业和草原局管理干部学院承办，中国农林水利气象工会副主席、分党组成员姜晓捷出席开班仪式并讲话，国家林业和草原局林业工作站管理总站副总站长高静芳在开班仪式上作了动员讲话，国家林业和草原局管理干部学院党委副书记郑欣民、广西壮族自治区林业局二级巡视员李贵玉在开班仪式上致辞。来自内蒙古、辽宁、吉林、黑龙江、广西、云南、西藏、甘肃、新疆和海南等省（区）的近60名从事生态护林员队伍建设的管理人员、骨干生态护林员参加培训。中国农林水利气象工会以此次培训为契机，深入落实全国总工会“559”工作部署和国家林草局、中国农林水利气象工会第二十二次联席会议要求，进一步深化“暖边绿境”关爱职工专项行动，助力边境地区乡村振兴，建设绿色生态屏障，服务国家发展建设。培训邀请了长期负责生态护林员建设的行政领导、研究林草行业发展的专家、基层林场站管理者进行了授课，帮助学员在培训过程中找差距、补短板、强弱项，精业务、强本领、促提升，为边境地区乡村振兴和林草行业高质量发展提供人才保障。

2024 年 6 月 25 日至 27 日，中国农林水利气象工会“送教到基层”活动在中林集团重庆林投公司举办。中国农林水利气象工会根据中林集团工会工作需要和诉求，精心谋划，开展专题授课。课程内容涵盖推进产业工人队伍建设改革、提升新时代企业民主管理水平、基层工会组织规范化建设、组织开展劳动和技能竞赛、工会参与劳动争议处理、基层工会经费收支预算管理等。2024 年 7 月 29 日至 8 月 2 日，由中国农林水利气象工会、国家林草局宣传中心主办，国家林草局管理干部学院承办，浙江省林业局协办的建设“美丽中国”青年工匠人才实训营在浙江举办。为期五天的实训营以践行“两山”理念、建设美丽中国为主题，由劳模工匠、行业专家为学员进行授课，就重温“两山”理念践行绿色发展、创新“以竹代塑”新模式、国有林场高质量发展等 5 个专题进行现场教学。来自 20 个省（区、市）的近 90 名林草系统青年工匠人才、优秀青年技术技能人员参加此次实训。

三、发挥劳动模范示范引领

大力弘扬劳模精神、劳动精神、工匠精神。开展“绿色生态工匠”“绿色生态最美职工”典型选树，树立对劳动者礼赞、对工匠人才褒扬的鲜明导向。向《人民日报》、新华社、中央广播电视总台、《工人日报》等中央媒体推荐宣传丛慧敏、郁非、杨德军、于长青、徐立军等产业优秀一线劳模代表的事迹。推荐黄河水利委员会职工林喜才入选 2022 年“大国工匠年度人物”提名人选，推荐北京首农食品集团一名基层工匠人才获得“中国质量工匠”称号。在塞罕坝林场建立第五处全国林业英雄林。上海市水务局分三年在系统内培养选树30名基层一线具有专业代表性的“身边匠人”。大力开展劳模和工匠人才创新工作室联盟创建活动，在服务绿色发展、加快建设农业强国、全方位夯实粮食安全根基的大局中积极发挥工会组织作用，2021年中国农林水利气象工会创建农林水利气象系统首个跨地区、跨企业联盟——中国农垦乳业劳模和工匠人才创新工作室联盟。2022年创建生猪产业劳模和工匠人才创新工作室联盟。2023年与水利部召开第十二次联席会议，明确在长江经济带创建水利系统劳模和工匠人才创新工作室联盟；与农业农村部相关司局制定联合工作方案，方案中明确探索推进联盟建设。中国农林水利气象工会先后制定并下发《关于开展长江经济带劳模和工匠人才创新工作室联盟创建工作的通知》《关于深化全国农垦渔业畜牧系统劳模和工匠人才创新工作室及联盟创建工作的意见》，对创新工作室及联盟的创建工作提出总体要求、给出目标任务、作出明确指导。在中国农林水利气象工会召开的五届三次常委会上，将推进创新工作室及联盟的创建作为重要议题进行安排部署，进一步加强对已成立联盟的支持力度，并积极开展新联盟的筹备工作。在广泛调研、充分研讨、多方谋划的基础上，2023年9月联合全国水产技术推广总站召开全国水产技术推广体系劳模和工匠人才创新工作室联盟筹备会，凝聚联盟建设共识。2023年11月，创建全国水产技术推广体系劳模和工匠人才创新工作室联盟，健全完善水产技术成果展示、发布和推广新机制。2023年11月，联合水利部成立长江经济带劳模和工匠人才创新工作室联盟，成员单位遍及长江经济带全域，涵盖水利水电、环境工程、物联网、无人机应用技术、文化传播等类别，初步构建起了全面系统的联盟矩阵。四个联盟的建立与发展，为产行业职工创新活动搭建起了平台和载体，也成为产业工会推动产行业高质量发展的有效抓手。

2023年11月，“暖边绿境”绿水青山画卷守护者摄影发布活动在广东中山市隆重举行。发布活动旨在宣传展示边境地区林草系统职工守护绿水青山的动人场景，弘扬不畏艰难的劳动精神。七位来自祖国边境地区的获奖代表用 PPT 做了摄影作品展示和介绍。

2023 年“最美生态护林员”推荐及宣传活动海报正式发布。2023 年“最美生态护林员”推荐及宣传活动由国家林业和草原局、全国总工会联合主办，国家林业和草原局林业工作站管理总站、宣传中心，中国农林水利气象工会全国委员会承办。“最美生态护林员”称号是对坚守在林草管护一线生态护林员的充分肯定和鼓励，发掘宣传“最美生态护林员”典型，是讲好基层林草故事，争取更广泛社会认同和民众支持的一项重要举措。

2023 年，为深入推进全国林草系统产业工人队伍建设改革，中国农林水利气象工会依托国家林草局管理干部学院，精心打造全国林草系统网上工匠学院云端课堂，由国内多名专家学者录制，涵盖林草系统发展形势、重点工程规划介绍、重点工种专业技能、林草信息化应用等多类课程。首期培训班面向内蒙古森工集团一线千余名职工进行培训。激励劳模工匠在全行业发挥示范引领作用，使产业工人队伍不断壮大、综合素质明显提高，各项保障制度更加健全，职工合法权益进一步提升，劳动光荣、技能宝贵、创造伟大的时代风尚更加浓厚。

2024 年，首期全国林草系统职工网上工匠学院技能培训班在北京举办。本次培训是贯彻落实中国工会十八大精神、落实全国总工会十八届二次执委会议提出的“559”工作部署和推动全国林草系统产业工人队伍建设改革的一项重要举措。

2024 年 7 月至 8 月，由中国农林水利气象工会、国家林草局宣传中心主办，国家林草局管理干部学院承办，浙江省林业局协办的建设“美丽中国”青年工匠人才实训营在浙江举办。本次实训营是深入贯彻落实习近平生态文明思想和习近平总书记关于工人阶级和工会工作的重要论述的具体行动，是贯彻落实党的二十届三中全会提出聚焦建设美丽中国重大部署的具体举措。为期五天的实训营以践行“两山”理念、建设美丽中国为主题，由劳模工匠、行业专家为学员进行授课，就重温“两山”理念践行绿色发展、创新“以竹代塑”新模式、国有林场高质量发展等五个专题进行现场教学。

四、开展水利职工教育培训

中国近代的水利职工教育，可以追溯到1908年成立的永定河道河工研究所（地址在河北省固安县）对河工职员进行的技术培训活动。1915年，河海工程专门学校成立后，也不同程度地开展过一些类似的专业技术培训活动。中华人民共和国成立并组建水利部后，由于江河治理及水利建设的需要，针对技术干部缺乏、工人文化技术水平低的情况，兴办了一批水利干部职工学校，安排干部、职工和新招收的青工进行数月至一年的业务技术培训，多数单位则组织职工在勘测、施工等现场学习文化技术。1952年以后，水利干部学校多数发展为水利中等专业学校，但仍承担在职干部、职工的培训任务。直到1966年，由于大量吸收农民、转业军人组建和充实水利建设队伍，水利职工教育仍以干部、党团员、劳动模范、积极分子为主要对象，以业余教育为主要形式，以大力开展识字扫盲、政治文化教育和结合生产需要开展现场技术培训为主，授课任务主要由专业技术人员承担。1966年至1976年，水利职工教育受到严重冲击，但不少单位仍通过“七二一大学”等形式积极举办了一些相应的教育培训。1978年以后，水利职工教育得到迅速恢复和发展，在大规模开展青工文化技术补课的同时，各类职工教育（包括中高等学历教育）得到蓬勃发展。1986年以后，水利职工教育逐渐向以岗位职务培训和继续教育为重点的方向发展。20 世纪 90 年代以后，水利职工教育更加紧密围绕水利改革发展需要，以提高干部职工的整体素质为目标，开展多形式、多渠道、多层次、多规格的教育培训，取得了巨大成绩，为水利事业的持续、健康、快速发展作出了重要贡献。仅 1994 年至 1998 年，水利行业平均每年培训干部职工 40 多万人次。到 1999 年，水利职工中具有中专以上文化的比例从 1994 年的 16%上升为 24%，水利职工的平均受教育年限由 1994 年的 9 年增加到 11. 8 年。

建立组织管理体系。1949 年，水利部组建后，尽管国家机构多次调整重组，水利、电力两部数度合分，但均保留管理教育培训的职能司局。1977 年后，无论是水利部还是水利电力部时期，均设有独立的教育司和专门的职工（成人）教育处，归口负责全系统的职工教育培训。1981 年，水利电力部还成立了“水利电力职工教育管理委员会”，秘书处设在职工教育处。1988 年重组水利部后，重新组建科技教育司，并设立成人教育处归口负责全行业的在职教育工作。同期又成立了“水利部教育培训领导小组”，办公室设在成人教育处。1998 年机构调整后，成人教育处与学校教育处合并为教育处。20 世纪 80 年代末以后，各类水利职工教育派生机构和中介组织也得到较大发展：1988 年成立“全国水利职工教育学会”；1989 年与农业部、林业部及农业银行共同组建了“农林水部门国际合作培训协调委员会”；1994 年，先后成立了“水利行业职工教育教材编审协调委员会”和“全国水利行业中专自学考试管理中心”；1999 年，水利部人教司与中央广播电视大学联合建立水利水电工程专业开放办学试点时，又设立了“水利行业电大开放办学试点办公室”。与此相应，各流域机构，各省、自治区、直辖市水利行政部门，大中型水利企事业单位等也纷纷设立相应的职工教育组织管理机构。在此基础上，通过制定、印发《水利行业职工教育条例》等一系列政策管理规定和开展评估检查等手段，形成了“以行业为主导、企事业单位为主体”，“归口管理、分级负责”的水利职工教育组织管理体系。

建成培训办学体系。新中国成立之初，水利职工教育培训基地十分缺乏，多数单位都是利用生产、工作场地举办干部训练班、识字班、文化补习班和业务技术培训。20 世纪 50 年代，黄河水利委员会和长江流域规划办公室先后建立了黄委会职工业余学校和武汉工程学校，随后在此基础上组建了黄委会业余职工大学和长江工程大学。同期，各省、自治区、直辖市也陆续兴办了一批水利水电学校，初步建立起水利教育培训体系的基本框架。到 1999 年，水利行业已拥有各类职工教育培训基地 200 多个，职工教育工作者达 6100 人，形成了门类比较齐全、布局比较合理、办学条件比较完备的多层次、多规格、多形式的水利职工教育培训网络体系。

开展岗位培训。岗位培训是根据岗位工作需要，对从业人员进行以提高思想政治素质、业务技术水平和实际工作能力为目标的定向培训。培训对象是即将上岗、已经在岗或即将转岗的职工。培训类型分为干部岗位培训、工人岗位培训以及相应的资格性岗位培训和适应性岗位培训。资格性岗位培训是按照岗位规范要求进行，取得上岗（在岗）、转岗、晋升任职资格的培训；适应性岗位培训是根据生产（工作）需要进行的各种应急性、专项性培训。1986 年以后，水利职工教育以岗位培训为重点，并在试点基础上逐步推开。1991 年至 1993 年，水利部人劳司、科教司牵头组织编写制定了 7 个系列、180 多个水利干部、工人岗位规范。1994 年至 1998 年，全行业平均每年培训干部职工 40 多万人次，5 年累计培训 200 余万人次。其中，1996 年至 1998 年，推行具有岗位培训性质的“蓝色证书”制度，共培训 5 万名基层水利职工。

开展继续教育。继续教育一般指对大专毕业或具有初级职称以上专业技术人员进行更新、扩展知识，提高业务技术水平的教育形式，是对普通高等教育的补充、延伸和发展。根据水利行业的实际情况，水利继续教育的对象确定为具有中专以上学历或技术员以上职称的专业技术和管理人员，目的是提高业务技能，适应水利改革发展需要。水利继续教育一般结合本单位的科技推广应用、技术改造、科技攻关或技术引进项目，采取脱产进修、在职自学以及举办高研班、短期培训等多种形式进行。1990 年以后，水利部先后发出了《关于将干部岗位培训与继续教育相结合的通知》《关于推行继续教育登记制度的通知》等文件，在试点基础上面向全行业积极推行继续教育制度。水利部还以举办“部办培训班”的方式，每年结合水利中心任务，组织各业务司局面向行业举办数十期短训班、高研班，每年培训 2000—3000 人次。

开展工人培训。1981 年开始，根据《中共中央、国务院关于加强职工教育工作的决定》精神，水利系统全面开展青壮年工人文化、技术补课工作，大面积提高了青年工人的文化程度和业务技术水平。随后，又较大规模和较长时间地开展工人技术等级教育培训。到 1985 年，参加工人技术等级培训并取得合格证书的中级工和高级工占工人总数的 20%左右。进入 20 世纪 90 年代，大面积的工人技术等级教育基本结束，工人培训逐步转为结合职业技能鉴定开展培训。1994 年，经劳动部批准成立了水利部职业技能鉴定中心。1995 年至 1996 年，水利行业建立了 52 个职业技能鉴定站，水利职业技能鉴定工作步入规范化轨道。1994 年至 1998 年，全行业累计培训技术工人 120 余万人次。

开展学历教育。学历教育是对在职职工进行中等、高等层次专业技术培养，改善职工队伍专业知识、学历结构，提高业务和管理水平的一种教育形式。职工通过规定的考试，可进入职工中等专业学校、职工大学、管理干部学院、函授学院、夜大或普通院校成教部学习，修业期满、成绩合格者可获得国家承认的相应学历。水利职工中等专业学校一直由水利部自订计划进行审批录取、毕业验印；职工高等教育从 1993 年起由国家统一组织考试，由省级地方教育行政部门负责验印，但给予水利职工照顾 15—30 分的优惠政策。1995 年后，水利职工学历教育又增加了中专自学考试、电大开放办学和在职研究生课程进修等形式，拓宽了职工学习提高的领域与渠道。

开设职工大学。职工大学是使职工较系统地接受基础知识和专业知识训练的一种成人高等教育办学形式。水利职工大学分别由水利部直属单位和有关省、自治区水利厅（局）分级主办，主要招收 40 岁以下、具有高中毕业文化程度和 2 年以上工龄的水利职工进行脱产学习，修业年限为 2—3 年，毕业可获成人大专毕业证书。全国共有水利职工大学 12 所，其中水利部直属的有 4 所。

开展函授教育。函授教育指按一定教学计划和教学大纲，有计划地寄发教材及辅导资料，引导学员在职学习的一种远程教育方式。1956 年，北京水力发电函授学院成立，成为全国独立设置的三所函授学院之一。1981 年，水利函授教育重新恢复，在北京成立了北京水利电力函授学院。1983 年后，多数水利类高校也陆续面向行业职工举办函授教育。函授本科教育修业年限为 5—6 年，专科为 3—4 年，毕业可获相应的成人高等教育毕业证书。1986 年后，部分水利中等专业学校也举办了中专层次的函授教育。

开展职工中等专业教育。职工中等教育指主要为企事业单位培养中等专业技术人才的一种成人教育形式。水利职工中等专业教育由水利厅（局）和企事业单位单独或依托普通中专、技工学校举办，列入水利部或所在省的招生计划，招收 35 岁以下、具有初中毕业文化程度、2 年以上工龄的职工或职工子女入学学习，修业年限为 2—3 年，毕业可获成人中专毕业证书。水利行业共有职工中专办学单位 36 个，其中独立设置的职工中专学校 12 所。1986 年至 1989 年，水利行业组织开展水利工程与管理专业中专自学考试，1 万余名基层职工参加了学习考试。

开展专业证书教育。专业证书教育是为使已在专业技术岗位或专业性较强的管理岗位工作的人员达到岗位任职要求的专业知识水平，有针对性地举办的特定专业知识教育形式。专业证书不等于岗位培训证书，也不等于大专学历证书，只在本行业专业工作范围内在评定、聘任专业技术或管理职务时作为重要依据之一。1988 年至 1990 年，根据国家教育委员会、人事部规定精神，水利部共委托普通院校举办近 50 期专业证书班，累计培养 4000 多名干部，为提高年龄偏大业务干部的专业知识水平作出了积极贡献。1992 年后，由于政策调整，举办专业证书教育的规模、数量明显减少。

第六章
开展劳动技能竞赛和技术创新

一、开展劳动竞赛

劳动竞赛是社会主义生产关系的重要体现，起源于苏联的“共产主义星期六义务劳动”。在我国，劳动竞赛从中央苏区时期发展至今，一直是中国工会围绕中心服务大局的重要载体，有着悠久的历史和与时俱进的时代内涵。通过开展劳动技能竞赛，提升工人业务素质，是我们党开展工人运动的一项重要举措。

新民主主义革命时期，党领导广大群众主要围绕保障供给、支援前线的目标开展生产竞赛。我国最早的劳动竞赛是 1932 年至 1934 年中央苏区开展的群众性竞赛活动。如 1934 年 7 月 7 日，湘赣省农业工人工会永新县委员会就曾发布了 7、8、9 三个月革命竞赛条约。全民族抗战时期，劳动竞赛有了更广泛的发展。从 1939 年在延安开展起来，并逐步向晋冀鲁豫、晋西北等抗日根据地扩展的大生产运动是一场规模宏大的竞赛活动。1941 年陕甘宁边区发起的“五一”生产大竞赛，极大地提高了边区生产效率并涌现出一批劳动英雄。解放战争时期，各解放区工会动员广大工人群众积极生产、巩固后方、支援前线，组织开展了“增产立功运动”等“新英雄主义的竞赛”，为“迎接中国革命的新高潮”提供了物质支援。1948 年，东北林业生产开始恢复与发展，工会组织领导全体职工开展献纳器材、生产竞赛、反浪费、创造新纪录与建立生产责任制等运动，完成并超过了国家任务，有力支援了解放战争与经济建设。生产发展了，工人的物质及文化生活也得到了改善。内蒙古林业职工总会成立后，于 1949 年 9 月至 10 月派出工作组到阿尔山、白泉、扎兰屯、绰尔、牙克石等地开展工人启蒙教育，提高工人政治觉悟，将振兴林业看作应尽的职责，全林区全面掀起了伐木工人的劳动竞赛热潮。

新中国成立初期，各国营工厂企业以医治战争创伤、迅速恢复国民经济为目的，广泛开展劳动竞赛。以“创造新纪录”为主要内容的增产节约运动从东北发起，陆续推广至全国。抗美援朝战争开始后，全国总工会于 1951 年 2 月作出在全国开展马恒昌小组竞赛运动的决议，并将劳动竞赛逐步扩展到私营工厂企业。1951 年 4 月 10 日，农业部发出关于发动各级农场参加爱国主义丰产竞赛运动的通知。1952 年 7 月，中共中央东北局召集的国营农场会议提出，农场的工会应经常组织与发动劳动竞赛，开展合理化建议，推广先进经验，使职工的劳动热情，永远是饱满的。从 1953 年起，我国开始实施第一个发展国民经济五年计划。工会在全国职工中进一步开展劳动竞赛，并先后开展了技术革新运动和先进生产者运动等活动，掀起“比学赶帮超”的热潮。1953 年 10 月 31 日，全国总工会批示了中国农林水利工会工委关于东北森林工业系统增产节约竞赛的报告，对工作予以肯定并提出意见。中国农林水利工会工委在 1953 年度工作总结中指出，一年来，群众性劳动竞赛是逐步深入了，特别是党中央和全国总工会号召开展增产节约全面完成国家计划后，从 9 月份开始，东北、内蒙古森林工业工会，华南垦殖工会，黄河、长江、河南治淮水利工会以及各地国营农场工会等都自上而下地作了动员和布置。据初步统计，全国森林工业系统增产节约数字达 7000 亿元；芦台、双桥等 10 个国营机械农场计划增产节约数近 100 亿元；黄河可超额完成增产节约计划100余亿元。1954年，华北行政委员会农林局发出了《关于华北区1953年国营机械化农场工作情况与今后意见》，要求开展爱国生产竞赛及增产节约劳动竞赛运动。1954年7月26日，中国农林水利工会工委发出了《关于伊春双子河第二伐木场开展劳动竞赛（推行作业计划）情况报告的通报按语》。1955年3月，中国农林水利工会工委召开第一次全国林业工会工作会议，就几年来落实全国总工会《关于把劳动竞赛向前推进一步的决议》开展劳动竞赛的情况进行总结。1955年4月3日，中国农业水利工会筹委会召开会议，提出“进一步贯彻第一次全国农业工会工作会议精神，把劳动竞赛正常地开展起来”。1954年6月，《机械化农业》刊载了《东北国营机械农场积极改进生产经营措施》，总结宣传组织爱国主义增产节约劳动竞赛的经验。1955年3月，中国林业工会成立，中国林业工会筹委会在工作总结报告中指出，当年主要工作包括在国民经济的第一个五年计划的基础上，把劳动竞赛不断引向广泛、深入。1955年7月21日，中国林业工会筹委会作了《关于东北、内蒙省区工会主席座谈会问题向全总书记处的报告》，其中总结了劳动竞赛方面取得的进步和经验。

1955年7月31日，毛泽东《关于农业合作化问题》的报告和党的七届六中全会（扩大）《关于农业合作化问题的决议》公布以后，社会主义革命运动突飞猛进地向前发展，广大群众建设社会主义的劳动热情空前高涨。农业、林业企业和水利建设单位的全体职工，在农业合作化运动和社会主义建设事业中，担负着巨大而光荣的责任。1955年8月22日，中国农业水利工会筹委会召开第二次筹委扩大会议，指出劳动竞赛比去年广泛，并开始深入。1955年8月25日，中国林业工会筹委会通报了绥化铁路运输分局与林业部门联合协作劳动竞赛开展情况。1955年10月7日至14日，中国农业水利工会筹委会召开全国水利工会工作会议，交流了劳动竞赛与组织建设方面的情况和经验。

1956 年 1 月 14 日，中国农业水利工会筹委会召开第三次筹委扩大会议，总结各地劳动竞赛开展情况。1956 年 1 月，中国农业水利工会筹委会召开第四次筹委扩大会议，指出社会主义竞赛较之过去已经具有比较广泛的群众性，开展先进生产者运动已经开始成为职工群众的自觉行动。1956 年 2 月 1 日，农业部、水利部、中国农业水利工会发布了《关于在全国农业企业和水利建设单位开展场（站）际和同工种社会主义竞赛的联合决定》。1956 年 2 月 1 日，中国林业工会筹委会第三次会议（扩大）总结了各地工会深入开展劳动竞赛的工作成绩，通过了《关于全面开展林业中社会主义竞赛的决议》，并于 3 月 5 日向全国总工会作了《中国林业工会第三次筹委扩大会议的报告》。1956 年 3 月 9 日，林业部、中国林业工会筹委会联合决定在木材工业全面开展森工局和制材厂局厂际竞赛。1956 年 4 月 7 日，中国林业工会筹委会通报了马永顺小组倡议全国手工采伐同工组竞赛的情况。1956 年 4 月 17 日，何英才在全国农业水利先进生产者代表会议上作了报告，总结、交流和推广了包括开展劳动竞赛在内的各方面先进经验。1956 年 8 月 15 日至 27 日，中国林业工会筹委会召开第四次筹委扩大会议，总结第一季度开展全国性的局际竞赛、同工种竞赛和厂际竞赛的情况，并于 9 月 1 日向全国总工会作了《中国林业工会第四次筹委扩大会议的报告》。

1957 年 3 月 21 日，森林工业部和中国林业工会筹委会联合转发《全国胶合板厂厂际竞赛组织办法》。1957 年 4 月 13 日，中国林业工会筹委会发布了 1956 年工作报告，总结 1956 年组织开展局际、厂际及同工种竞赛情况。1957 年 6 月 7 日，中国林业工会筹委会发布了《关于进一步开展增产节约运动的指示》。1957 年 6 月 18 日，水利部、中国农业水利工会筹委会颁发《水利系统事业单位社会主义竞赛评比奖励办法》。1957 年 7 月 25 日，森林工业部和中国林业工会筹委会发布了《关于组织南方林区开展全国性社会主义劳动竞赛的意见》。1957 年 11 月 8 日，中国林业工会筹委会发出了《关于在整风和社会主义教育运动中如何发挥工会组织作用的意见》，要求深入开展先进生产者运动及增产节约竞赛。1957 年 12 月 24 日，中国林业工会筹委会发布了《关于森工企业整风和社会主义教育运动的报告》，总结在整风运动中进一步开展工段之间、工组之间、个人之间的社会主义竞赛情况。

1958 年 2 月 5 日，中国农业水利工会第一次全国代表大会通过决议，要求农业水利工会各级组织都必须切实地把社会主义竞赛蓬勃地开展起来，推动农业水利生产建设的全面高涨。1958 年 2 月 26 日，林业部、中国林业工会筹委会颁发《南方各省林业社会主义竞赛组织办法》。1958 年 11 月 4 日，中国水利电力工会黄河委员会发布了《关于黄河工会体制和几项具体工作初步意见的报告》，指出工会今后的主要任务包括在生产上进行宣传鼓动和调查研究，总结经验，传播经验，开展社会主义竞赛运动。

1959 年 3 月 27 日，林业部和中国农林工会发出了《关于开展木材生产社会主义劳动竞赛的通知》。1959 年 5 月 16 日，中国农林工会分党组作了《关于公社化后国营农场工会组织的变化情况向全总党组的报告》，指出在党委的领导下，工会作为党的助手，在发动群众、开展竞赛、教育工人和搞好职工生活等方面，使党委增加了一份力量。1959 年 6 月 30 日，中国农林工会抄发了福建省林业厅顺昌贮木场工作经验，内容包括深入开展劳动红旗竞赛，有力推动生产任务的完成。1959 年 9 月 16 日，农垦部、中国农林工会发出了《关于进一步掀起增产节约运动新高潮的通知》。1959 年 9 月 24 日，林业部、中国农林工会发出了《关于热烈响应党的八届八中全会的号召深入开展增产节约运动的通知》。1959 年 10 月，中国水利电力工会主席黄民伟在全国群英会水利电力先进经验交流会上讲话，提出要广泛深入地开展比先进、学先进、赶先进、帮后进的社会主义劳动竞赛。1959 年 11 月 12 日至 21 日，中国水利电力工会召开了重点基层和地区组织干部座谈会，交流了开展社会主义劳动竞赛等 19 项经验。

1960 年 9 月 19 日，永定河水电工程局、西大洋水库、王快水库、北京勘测设计院、郑州机械厂等五个单位向全国水利电力建设兄弟单位发出倡议书。1960 年 10 月，水利电力部与中国水利电力工会发出了联合通知，要求各单位广泛发动群众、响应石景山电厂等单位的倡议，进一步开展社会主义劳动竞赛。

1961 年 7 月 19 日，水利电力部、中国水利电力工会发出了《关于对 1960 年优秀单位进行表扬问题的通知》，要求在电力生产、电力建设及水利水电建设中开展社会主义劳动竞赛，进一步提高竞赛的质量，以班组竞赛为基础，开展同工种同业务的竞赛，及时做好检查、总结、评比、奖励工作，以促进水利电力的生产、建设工作。1962 年 1 月 16 日，中国水利电力工会黄河委员会作了《关于恢复健全黄河水利工会建制的请示报告》，提出恢复工会组织有利于适应治黄战线不同特点的需要开展劳动竞赛。1962 年 6 月 13 日，中国农林工会发出了《关于牡丹江农垦局工会组织和职工生活情况的报告》，总结开展以“五好”生产队为中心（包括各种“五好”集体和个人）的社会主义劳动竞赛的经验。1963 年 3 月 18 日，广东省农垦工会筹委会作了《关于广东农垦系统工会组织状况和对几个问题的请示报告》，提出工会主要任务有劳动竞赛的组织、检查、评比。1963 年 4 月 16 日，东北林业总局公布了《开展“五好”厂际竞赛的规定》。

1964 年 3 月 24 日，黑龙江省国营农业系统公布了《开展“五好”集体和“五好”职工评选活动的规定》。农业林业企业和水利建设单位的职工，广泛地参加劳动竞赛，并获得了一定成绩，对于促进企业的发展，保证完成历年来的生产和建设任务起了很大作用。可以说，全力开展农业、林业、企业和水利建设单位的社会主义竞赛，进一步有组织地发挥全体职工的劳动积极性和创造性，保证全面地提前和超额完成五年计划，加速国家社会主义建设事业发展，已成为农业企业和水利建设单位所有组织和全体职工奋斗的根本目标。1964 年 10 月 23 日，江苏省射阳县总工会向全国总工会和省总工会的请示报告中汇报了积极开展以“增产节约”为中心、“五好”为目标的社会主义劳动竞赛运动成绩。1965 年 3 月 15 日，中国农林工会作了《关于东北、内蒙古林区工会工作中几个问题向全总书记处书记马纯古并全总党组的报告》，提出工会应当发动群众开展比学赶帮劳动竞赛，搞好职工教育，提高觉悟水平。全国总工会书记处书记赵国强在伊春林区检查工作时谈道，通过“五好”竞赛，把企业的各项工作都能带动起来。1973 年 4 月，江西省水电企业逐步恢复工会组织，恢复工会活动，通过了“小指标竞赛”方案。

改革开放初期，全国各系统和行业陆续组织开展“双增双节”、挖潜增效和为四化立功等劳动竞赛。中国工会九大之后，增产节约运动在各行各业普遍开展。各级工会组织在党的领导下，对开展社会主义劳动竞赛的必要性和重要性有了进一步的认识，方向更加明确，行动更加自觉。1978 年 9 月 21 日，国家林业局发布了《关于颁发贮木场、林场（所）、王仁宽式包车组（先进个人）竞赛评选条件等的通知》。1978 年 12 月 30 日及 1979 年 1 月 9 日、12 日，全国总工会批示了中国水利电力工会《关于整建中国水利电力工会全国委员会的请示报告》，要求重点抓劳动竞赛。1979 年 6 月 24 日，林业部副部长唐子奇在全国贮木场场长会议上作了讲话，丰林林业局公布了开展劳动竞赛的效果和主要做法，牙克石林区工会公布了组织职工开展增产节约运动的特点。1981 年 9 月 29 日，河南省水利厅向全国总工会发出了《关于恢复河南省水利工会的函》，提出工会可根据水利系统工作特点在生产、劳动竞赛等方面发挥作用。

1982年8月，葛洲坝水电工程局工会发布了《开创四化建设新局面为高速优质地建成万里长江第一坝而奋斗》。1982年12月16日，中国农林工会作了《关于召开全国农垦系统社会主义“文明村”建设现场会向全总书记处的请示报告》，汇报农业部发出《关于发动各级农场参加爱国主义丰产竞赛运动的通知》后关于劳动竞赛的情况。1983年6月4日，新疆生产建设兵团党委发出《关于组建兵团各级工会的决定》，指出工会的主要任务包括开展社会主义劳动竞赛，全面完成和超额完成国家计划。1983年6月7日，新林林业局工会介绍怎样开展社会主义劳动竞赛。1983年6月7日，内蒙古林业工会开展了以提高经济效益为中心的劳动竞赛活动。1984年6月，北京市农垦系统工会发布了开展竞赛活动的规定；1984年7月18日，北京市农场局组织城市郊区农林牧渔企业和职工开展具有特色的劳动竞赛。1984年10月，中国农林工会作了《关于林业工会工作座谈会的情况向全总书记处书记王申详的汇报》，对新形势下开展劳动竞赛和双先活动的有益探索进行总结。1985年1月3日，安徽省农牧渔业厅、省农林水工会发出了《关于印发安徽省八市畜牧业“创最佳经济效益”局际竞赛试行办法的通知》。1985年8月26日，林业部《林业简报》（企业整顿改革专刊第4期）刊载了《关于加强林业企业职工思想政治工作情况和今后工作意见》，要求开展评比竞赛，建立和健全岗位责任制，工作好坏与经济利益挂钩，奖勤罚懒，调动政工干部的积极性和创造性。1985年12月12日，中国农林工会召开全国农垦系统改革中工会工作经验交流会，指出要积极响应全国总工会十届三次执委会号召，广泛深入地开展当改革主力，为四化立功的社会主义劳动竞赛。

1986年10月20日，中国农林工会召开全国部分城市农垦（场）工会工作座谈会，总结了围绕为城市人民提供更多更好的生活必需品开展社会主义劳动竞赛的经验和特点：一是形式多样，内容广泛，生动活泼；二是围绕改革，开放、搞活，在生产经营的各个环节开展竞赛，效果明显；三是不少单位建立了有行政领导参加的竞赛委员会，组织领导大大加强。这次会议介绍了很多有关竞赛的经验。许多同志反映，上海农场管理局工会、北京牛奶公司工会、昆明市春城农工商联合企业公司工会和沈阳总工会农林水工委的经验较好，值得大家学习、借鉴。

1987 年 8 月，中国农林工会、农牧渔业部水产局发出了《关于加强海洋渔业捕捞企业工会工作的意见》，提出要组织同行业、同工种的社会主义劳动竞赛。1987 年 10 月 26 日，中国农林工会举办了全国部分城市农牧渔业系统工会领导干部研讨班，新疆生产建设兵团工会作发言《抓好兵团驻乌商业、饮服行业“三优一学”竞赛活动》，中国农林工会就有关举办情况向全国总工会书记处、农业部作了报告。1987 年 11 月 20 日，《农林工会调研》(1987）第七期刊载了安徽省总农林工委在全国部分城市农牧渔工会领导干部座谈会上的发言《开展跨行业“菜篮杯”联合竞赛的尝试》和《北京市总农林工委组织“三金杯”竞赛的几点体会》。1987 年 11 月，《庭院经济大有可为》介绍了新疆生产建设兵团工会开展劳动竞赛的经验。《广东省志·农垦志》记载了 1979 年至 1987 年的九年里广东农垦开展社会主义劳动竞赛的情况。1987 年，北京市农工商联合总公司开展“三金杯”“五金杯”“菜篮子”“米袋子”劳动竞赛活动，并作了关于北京农工商总公司系统职工劳动竞赛工作总结。1988 年，新疆生产建设兵团工会、兵团农业局联合拟定了开展小麦、玉米、水稻、棉花、甜菜“五大作物”丰产攻关竞赛办法。1989 年 10 月 15 日，四川省林业工会发布了《四川林业工人运动与工会工作》，介绍开展社会主义劳动竞赛的做法与成效。

1990 年 1 月，全国总工会召开了全国工会职工思想政治工作会议，中国农林工会调查报告《国营人民大垸农场是如何把职工思想政治工作做实做活的》被选为会议经验材料之一。1990 年 12 月，海洋出版社出版了《当代中国的产业职工和产业工会》，介绍了这一时期农林企业工会围绕服务城市改革、服务城市人民生活开展的竞赛活动。1990 年 12 月 30 日，水电工会《情况交流》1990 年第 12 期刊载了山东省聊城地区水利工会发表的《理顺工会工作关系，深入开展劳动竞赛》。1991 年 1 月，中国农林工会发布了工作计划，要求围绕“质量、品种、效益年”活动，广泛深入开展社会主义劳动竞赛。《中国农林工会工作通讯》1991 年第 10 期刊载了中国农林工会主席王一凡在延边州林管局工会发展庭院经济经验交流会上的讲话，提出抓竞赛，把竞赛机制引入家庭经济，抓激励、表彰。1991 年 10 月 14 日，中国农林工会在全国农垦宣传工作会议暨中国农垦职工思想政治工作研究会年会上提出，开展“学演展赛”、合理化建议和劳动竞赛、民主管理等活动。

《中国农林工会工作通讯》1992 年第 5 期刊载了大连海洋渔业公司工会班组思想政治工作的新模式，通过开展“争当合格主人达标竞赛活动”，从而为班组思想政治工作建立了新模式、注入了新的生机与活力；第 6 期刊载了延边州林管局工会关于深入发展家庭经济的几点意见向林管局党委的报告，提出发展家庭经济与开展社会主义劳动竞赛相结合，在人与人之间，户与户之间，联户与联户之间开展竞赛。1993 年 7 月，全国总工会副主席杨兴富在中国农林工会第二届全国委员会第一次全体会议上讲话，指出社会主义劳动竞赛有利于解放和发展生产力，在发展社会主义市场经济的新形势下要继续做好这方面工作，使之不断丰富内容，拓宽领域，更新机制，从而更好地为加快农林经济发展服务。工作报告提出，工会恢复工作以来开展了各种具有鲜明产业特点的社会主义劳动竞赛活动，要坚持开展社会主义劳动竞赛，改进活动内容、活动方式和运行机制，努力提高竞赛的实效性。1993 年

11月，中国水产总公司舟山海洋渔业公司工会组织全公司职工开展以质量为主要内容的“五优”杯劳动竞赛。1994年9月25日，西安棠滩农场工会尝试开展在市场经济体制下的劳动竞赛。1994年10月7日，沈阳光辉畜牧场工会开展了送温暖、搞竞赛促进农场经济发展的活动。

经过多年来的摸索和改进，全国各地的劳动竞赛有了比较广泛的开展，而且开始走向深入。一是明确了劳动竞赛的目的和方向，对工作完成起了很大保障作用。二是各系统在劳动竞赛中都推广了不少先进经验，发挥了先进经验的作用，合理化建议的工作也有重要进展。进入21世纪，国家实行自主创新发展新战略，全国掀起了以创建“工人先锋号”为载体的主题竞赛热潮。2011年1月，全国总工会制定并颁布《2011—2015年劳动竞赛规划》。这是我国制定的第一个全国性五年劳动竞赛规划，标志着劳动竞赛的系统性和科学性有了重大发展。

进入新时代，习近平总书记对工人阶级和工会工作作出一系列重要论述，明确提出劳动竞赛在新时代要注入新内涵。劳动竞赛横向与产改、技能提升、安全生产、质量规范、生产进度等连为有机一体。2013年5月13日，中国农林水利工会与国家林业局联合召开“加强节能减排、促进生态建设”竞赛活动表彰大会。2016年9月，全国总工会下发《2016—2020年劳动和技能竞赛规划》，首次把技能竞赛与劳动竞赛的概念相融合，体现了党和国家对职工技能提升、企业技术创新的高度重视。2018年3月26日至28日，中国农林水利气象工会与国家林业局宣传办公室在上海联合召开全国林业系统职工劳动竞赛经验交流暨现场会。2018年5月17日上午，全国气象行业职工经济技术创新工作研讨会在浙江省杭州市胜利召开。2018年7月18日，中国农林水利气象工会在四川成都举行“助推绿色发展 建设美丽长江”全国引领性劳动和技能竞赛启动仪式。2019年3月6日上午，长江经济带“助推绿色发展 建设美丽长江”全国引领性劳动和技能竞赛组委会第三次会议在全国总工会机关召开。2019 年 5 月 27 日，长江经济带劳动和技能竞赛推进会在湖北省武汉市召开。2020 年 9 月 7 日，由水利部、中国农林水利气象工会主办，北京市水务局具体承办的“人水和谐·美丽京津冀”创新示范引领劳动竞赛的赛前调研会在北京召开。2021 年 7 月，全国总工会下发《劳动和技能竞赛规划（2021—2025 年）》，首次提出在推动高质量发展中充分发挥工人阶级主力军作用的竞赛基本原则。党的二十大后，面对新的机遇和挑战，劳动和技能竞赛进一步向新业态延伸，内容不断丰富、形式更加多样、领域不断拓展。2021 年 7 月 8 日，由中国农林水利气象工会举办的全国水利系统第 31 届工会主席联席会议暨“助推绿色发展 建设美丽长江”全国引领性劳动和技能竞赛总结大会在江苏省江都水利枢纽召开。2023 年，中国农林水利气象工会启动“十四五”期间大小兴安岭“生态保护与转型发展”、南水北调国家水网工程建设全国引领性劳动和技能竞赛。中国农林水利气象工会完成全国农垦提单产“大比武”劳动竞赛。

二、开展技能竞赛

《广东省志·农垦志》记载的 1979 年至 1987 年广东农垦职工的劳动竞赛与技协活动，提到与劳动竞赛同步开展了着眼于提高职工素质的群众性技术练兵比武的“技术对手”赛。1986 年 12 月 13 日，中国农林工会作了关于国有林区开展合理化建议和技术革新活动情况汇报，总结练兵比武活动开展情况。1991 年 7 月 5 日，中国农林工会发出了《关于加强农垦水产系统职工技协工作的通知》，要求结合本企业或本地区实际，开展技术练兵、技术比赛、技术培训、技术攻关、技术革新、技术交流和技术协作及合理化建议等活动。1992 年 11 月，中国农林工会召开了中国农垦水产职工技术协会成立大会暨工会企事业工作会议，上海东海农场工会、新疆生产建设兵团工会、福州市农林水工会等交流了技术比武、岗位练兵、技能竞赛相关经验。1993 年 11 月，中国水产总公司舟山海洋渔业公司工会在全国水产系统部分工会主席联谊会上介绍了通过技术比武和岗位练兵提高职工技能水平的经验。

新时代以来，技能竞赛的一大特征是与创新紧密结合，围绕贯彻新发展理念、推动经济高质量发展，突出技术创新和素质提升，大力弘扬劳模精神、劳动精神、工匠精神，动员广大职工做新时代的见证者、开创者和建设者。竞赛既有传统、又有时尚，涵盖职业技能竞赛、行业发展、技术攻关等多项内容，主题一直在与时俱进，已由“速度型”“体力型”逐步向“效益型”“智力型”转变。

2013 年 5 月，国家林业局、中国农林水利工会整理了《全国五一劳动奖状及全国工人先锋号表彰暨“加强节能减排、促进生态建设”竞赛活动电视电话会议材料汇编》。2013 年 6 月 14 日，国家林业局办公室、中国农林水利工会发出了《关于举办首届国有林场职业技能竞赛的通知》。2013 年 6 月 28 日，农业部办公厅、全国总工会办公厅发出了《关于举办第二届全国农产品质量安全检测技能竞赛的通知》。2013 年 7 月 17 日，中国农林水利工会发布了《关于授予第四届全国水利行业职业技能竞赛决赛第二、三名选手全国农林水利产（行）业劳动奖章的决定》。2013 年 10 月 9 日，农业部、全国总工会发出了《关于印发〈全国第四届割胶工技能大赛方案〉的通知》。2013 年 10 月 10 日，中国农林水利工会发出了《中国气象局办公室关于举办 2014 年中国技能大赛——第九届全国气象行业职业技能竞赛的通知》。

2014 年 6 月 13 日，国家林业局办公室、中国就业技术培训指导中心、中国农林水利工会发布了《关于 2014 年中国技能大赛——全国林业行业国有林场职业技能竞赛获奖名单的通报》。2014 年 7 月 11 日，农业部办公厅、全国总工会办公厅、中国就业培训技术指导中心发出了《关于举办 2014 年中国技能大赛——第三届全国沼气生产职业技能竞赛的通知》。

2015 年 1 月 28 日，中国农林水利工会、中国气象局发布了《中国气象局关于第九届全国气象行业职业技能竞赛结果的通报》。2015 年 2 月 5 日，中国农林水利工会、中国气象局发布了《2014 年中国技能大赛——第九届气象行业职业技能竞赛总结》。2015 年 5 月 25 日，国家林业局办公室、中国就业培训技术指导中心、中国农林水利工会发出了《关于举办 2015 年中国技能大赛——全国国有林场职业技能竞赛的通知》。中国农林水利工会、国家林业局办公室发布了《2015 年中国技能大赛——全国国有林场职业技能竞赛工作总结》。2015 年 8 月 18 日，农业部办公厅、全国总工会办公厅发出了《关于举办首届全国水产技术推广职业技能竞赛的通知》。2015 年 8 月 26 日，农业部办公厅、中国农林水利工会、中国就业培训技术指导中心发出了《关于举办 2015 年中国技能大赛——“中联重科杯”全国农业职业技能竞赛的通知》。2015 年 12 月 23 日，农业部办公厅、全国总工会办公厅发出了《关于首届全国水产技术推广职业技能竞赛结果的通报》《2015 年首届全国水产技术推广职业技能竞赛活动总结》。2015 年 12 月 29 日，农业部办公厅发布了《关于 2015 年中国技能大赛——“中联重科杯”全国农业职业技能竞赛获奖情况的通报》。

2016 年 1 月 11 日，中国气象局办公室、中国就业培训技术指导中心、中国农林水利工会发出了《关于举办 2015 年中国技能大赛——第十届全国气象行业职业技能竞赛的通知》。2016 年 1 月 13 日，中国农林水利工会发出了《关于报送 2016 年度产业工会举办职工职业技能比赛计划的通知》《关于报送 2016 年计划开展的劳动竞赛项目的通知》。2016 年 4 月 7 日，国家林业局办公室、中国农林水利工会发出了《关于举办 2016 年“五台山杯”全国国有林场思想政治工作主题演讲大赛的通知》。2016 年 5 月 30 日，国家林业局办公室、中国就业培训技术指导中心、中国农林水利工会发出了《关于举办 2016 年中国技能大赛——全国国有林场职业技能竞赛的通知》。2016 年 6 月 6 日，中国农林水利工会、中国林业产业联合会发出了《关于开展第三届“中国林业产业突出贡献奖、创新奖”申报征集工作的通知》。2016 年 10 月 9 日，农业部办公厅、全国总工会办公厅、中国就业培训技术指导中心发出了《关于组织开展 2016 年中国技能大赛——全国农业行业职业技能竞赛的通知》。2016 年 10 月 12 日，国家林业局办公室、中国农林水利气象工会全国委员会发出了《关于 2016 年中国技能大赛——全国国有林场职业技能竞赛获奖名单的通报》。

2018 年 2 月 8 日，中国农林水利气象工会发出了《关于围绕长江经济带发展开展“助推绿色发展 建设美丽长江”劳动和技能竞赛的通知》。2018 年 3 月 1 日，中国农林水利气象工会发出了《关于召开全国林业系统职工劳动竞赛经验交流暨现场会的通知》。2018 年 3 月 1 日，中国农林水利气象工会整理了《全国林业系统职工劳动竞赛经验交流暨现场会材料汇编》。2018 年 3 月 1 日，中国农林水利气象工会发布了《全国林业系统职工劳动竞赛经验交流暨现场会会议指南》。2018 年 3 月 28 日，中国农林水利气象工会发出了《关于联合开展京津冀水利行业劳动和技能竞赛落实工作的调研通知》。2018 年 6 月 4 日，中国农林水利气象工会发出了《关于召开“助推绿色发展 建设美丽长江”劳动和技能竞赛组委会第一次会议的通知》。2018 年 7 月 5 日，中国农林水利气象工会发出了《关于召开“助推绿色发展 建设美丽长江”劳动和技能竞赛组委会启动会议的通知》。2018 年 7 月 10 日，中国农林水利气象工会发出《关于召开京津冀水利行业劳动和技能竞赛研讨会的函》。2018 年 7 月 20 日，农业农村部、人力资源和社会保障部、全国总工会发出了《关于举办 2018 年中国技能大赛——全国农业行业职业技能大赛的通知》。2018 年 8 月 3 日，国家林业和草原局办公室、中国就业培训技术指导中心、中国农林水利气象工会全国委员会发出《关于举办 2018 年中国技能大赛——全国林业行业职业技能竞赛的通知》。2018 年 8 月 10 日，中国农林水利气象工会发出了《关于印发〈长江经济带重大水利工程建设劳动和技能竞赛实施办法〉的通知》。2018 年 8 月 14 日，中国农林水利气象工会发出了《关于印发〈长江经济带建设最美河流湖泊劳动和技能竞赛实施办法〉的通知》。同日，长江经济带全国引领性劳动和技能竞赛组委会宣布，“助推绿色发展建设美丽长江”全国引领性劳动和技能竞赛工作正式启动。2018 年 9 月 13 日，中国农林水利气象工会发出了《关于请中国农林水利气象工会长江委员会协助承办“助推绿色发展 建设美丽长江”全国引领性劳动和技能竞赛第一次办公会议的函》。2018 年 9 月 30 日，中国农林水利气象工会发出了《关于围绕京津冀协同发展开展“人水和谐·美丽京津冀”劳动和技能竞赛的通知》《关于开展“人水和谐·美丽京津冀”水生态环境监测技能竞赛的通知》。2018 年 11 月 2 日，中国农林水利气象工会发出了《关于深入推进“助推绿色发展 建设美丽长江”全国引领性劳动和技能竞赛的通知》。2018 年 11 月 12 日，国家林业和草原局办公室、中国农林水利气象工会全国委员会发布了《关于 2018 年中国技能大赛——全国林业行业职业技能竞赛获奖名单的通报》。2018 年 11 月 23 日，中国农林水利气象工会发出了《关于“助推绿色发展 建设美丽长江”全国引领性劳动和技能竞赛组委会人员调整的通知》。

2019 年 3 月 11 日，中国农林水利气象工会发出了《关于建议授予“助推绿色发展 建设美丽长江”全国引领性劳动和技能竞赛优胜者全国水利技术能手的函》。2019 年 3 月 25 日，中国农林水利气象工会、水利部办公厅发布了《关于“助推绿色发展 建设美丽长江”全国引领性劳动和技能竞赛2018年度竞赛考核评比结果的通报》。2019年4月30日，中国农林水利气象工会发出了《关于开展“人水和谐·美丽京津冀”河道修防工技能竞赛筹备情况调研的函》《关于请水利部协助召开“助推绿色发展 建设美丽长江”水质监测技能竞赛技术交底视频会议的函》。2019年5月20日，中国农林水利气象工会发出了《关于召开长江经济带劳动和技能竞赛推进会的通知》。2018年8月14日，中国农林水利气象工会、水利部办公厅发出了《关于组织开展“助推绿色发展 建设美丽长江”水质监测技能竞赛的通知》。同日，中国农林水利气象工会作了《关于与农业农村部、人力资源和社会保障部联合举办2019年中国技能大赛——第二届全国农业行业职业技能大赛的请示》。2019年7月18日，中国农林水利气象工会、水利部办公厅发布了《关于“助推绿色发展 建设美丽长江”水质监测技能竞赛结果的通报》。2019年7月22日，中国农林水利气象工会发布了《紧抓水质中心 保卫长江生态——关于开展“助推绿色发展 建设美丽长江”水质监测技能竞赛的报告》。2019年8月20日，中国农林水利气象工会、水利部办公厅发出了《关于开展“人水和谐·美丽京津冀”河道修防工技能竞赛的通知》。2019年9月6日，中国农林水利气象工会发出了《关于开展“人水和谐·美丽京津冀”河道修防工技能竞赛技术标准和赛场状况调研的函》。2019年10月15日，中国农林水利气象工会、水利部办公厅发出了《关于举办“人水和谐·美丽京津冀”河道修防工技能竞赛决赛的通知》。2019年11月7日至8日，由水利部人事司、中国农林水利气象工会全国委员会、中国就业培训技术指导中心联合举办的2019年中国技能大赛——第七届全国水利行业职业技能竞赛决赛在丹江口水利枢纽开赛。此次竞赛为全国首次举办的水工监测工工种竞赛。竞赛按照国家职业技能标准《水工监测工》高级工及以上的理论知识和技能操作要求，分为理论知识考试和技能操作比赛两部分进行。经水利部直属有关单位、各省级水行政主管部门预赛选拔，共有 51 名水工监测工参加了本次竞赛决赛。2019 年 11 月 19 日，中国农林水利气象工会发出了《关于建议授予“人水和谐 · 美丽京津冀”劳动和技能竞赛优胜者全国水利技术能手的函》。2019 年 12 月 23 日，中国农林水利气象工会、水利部办公厅发布了《关于“人水和谐 · 美丽京津冀”河道修防工技能竞赛结果的通报》。

2020 年 10 月 16 日，中国农林水利气象工会、水利部发出《关于开展“人水和谐 · 美丽京津冀”创新示范引领劳动竞赛的通知》。2020 年 11 月 17 日，中国农林水利气象工会作了《关于第三届全国农业行业职业技能大赛有关情况的报告》。2020 年 11 月 30 日，中国农林水利气象工会、水利部发布了《关于“人水和谐 美丽京津冀”创新示范引领劳动竞赛结果的通报》。2020 年 12 月 6 日，中国农林水利气象工会作了《发挥引领特性 广泛开展竞赛——“助推绿色发展 建设美丽长江”全国引领性劳动和技能竞赛活动工作总结》。可以说，不断丰富劳动竞赛内涵、创新活动形式，增强对职工群众的吸引力，推动“比学赶超”活动蓬勃开展，着力打造特色品牌，不断总结和推广引领性、示范性竞赛的先进经验，积极培育出一批影响大、带动强的竞赛新品牌，更好发挥示范引领作用，是新时代以来开展劳动竞赛的路径选择。

2022 年 4 月 28 日，全国林草系统重点森工企业推进产业工人队伍建设改革工作视频会议在京召开。2022 年 7 月，国家林业和草原局办公室、中国农林水利气象工会全国委员会联合印发了《关于开展大小兴安岭“生态保护与转型发展”劳动和技能竞赛的通知》，指出在“十四五”期间，由国家林草局和中国农林水利气象工会主办，以大小兴安岭林区为主要实施区域，主要集中在内蒙古森工集团公司、龙江森工集团、大兴安岭林业集团公司、伊春森工集团管理作业的林业，组织区域内林草系统工会和广大职工，围绕“生态保护与转型发展”广泛开展全国引领性劳动和技能竞赛。本次竞赛以促进绿色发展、林区重大工程建设、转变林区发展方式、创新示范引领、职工职业技能提高为内容。充分发挥广大林草职工在生态文明建设中的主力军作用，助力高质量推动大小兴安岭林区生态保护与经济转型，力争到2025年，林区生态环境质量进一步好转，林区职工收入和社会保障持续提高。2022年11月17日，全国农垦渔业畜牧系统产业工人队伍建设改革经验召开。

2023年4月18日至20日，由水利部人事司、中国农林水利气象工会全国委员会、中国就业培训技术指导中心联合举办的第九届全国水利行业职业技能竞赛——全国河道修防工职业技能竞赛决赛在浙江杭州举行。中国农林水利气象工会副主席、分党组成员刘飞在致辞中讲道，广泛深入持久开展劳动和技能竞赛，是组织广大职工建功立业的重要平台和载体，更是贯彻《新时期产业工人队伍建设改革方案》的有效举措。产业工人队伍建设改革启动六年来，中国农林水利气象工会坚持把职业技能竞赛作为提升职工能力素质、助推产业工人队伍建设改革的有力抓手，开展了多项富有成效的工作。

为深入贯彻习近平总书记视察垦区时的重要讲话和重要指示精神，贯彻落实党的二十大精神，2023年5月10日，在中国农林水利气象工会、农业农村部农垦局指导下，北大荒农垦集团工会等单位启动2023年北大荒劳动和技能竞赛（春季）。启动仪式采取北大荒现场+新华社直播的方式进行，新华网客户端有55.8万人，新华社客户端有46.5万人，共计102.3万人线上观看启动仪式和插秧比赛。竞赛启动后，开展劳动竞赛470余次、技能竞赛170余次、“五小”创新竞赛60余次、节能减排竞赛130余次、安康杯竞赛380余次，职工参与率达到85%。

2023年5月22日至28日，第五届全国农业行业职业技能大赛农产品质量安全检测赛项、家畜繁殖赛项、茶叶加工赛项先后在北京、山东潍坊、广西三江成功举办。农业农村部副部长马有祥出席农产品质量安全检测赛项开幕式并讲话，中国农林水利气象工会负责同志出席农产品质量安全检测赛项、茶叶加工赛项开幕式并致辞，农业农村部农产品质量安全监管司、畜牧兽医局、乡村产业发展司等单位负责同志分别出席相关赛项。

2023年5月23日至25日，由中国农林水利气象工会、水利部联合主办，天津市总工会、天津市水务局工会承办的"人水和谐·美丽京津冀"水政执法技能竞赛决赛在天津市举办。竞赛组委会向天津市总工会、天津市水务局工会两家承办单位以及竞赛专家组表示感谢，并高度赞扬了参赛选手的饱满精神风貌和优秀执法水平。"人水和谐·美丽京津冀"劳动和技能竞赛作为围绕京津冀协同发展战略开展的区域性综合赛事，一直得到全国总工会、水利部的高度重视和大力支持。海委和北京、天津、河北水利（水务）厅（局）轮流承办各分项赛事，确保了竞赛的顺利推进，取得显著成效。竞赛为提升职工职业技能素质、激发职工创新创造热情、推动地区水利事业改革发展发挥了积极作用。水利系统各级工会组织要坚持不懈用习近平新时代中国特色社会主义思想凝心铸魂，围绕党政中心任务继续广泛深入持久开展劳动和技能竞赛，造就一支高素质高技能水利人才队伍，为扎实推动新阶段水利高质量发展不懈奋斗。

2023年8月16日，首届全国林草行业森林消防员职业技能竞赛暨大小兴安岭"生态保护与转型发展"劳动和技能竞赛在黑龙江省加格达奇区正式开赛。竞赛由国家林业和草原局、中国农林水利气象工会全国委员会联合主办，以劳模精神、劳动精神、工匠精神为牵引，推动全国林草行业森林消防员队伍专业训练走向深入，强化全国林草行业森林消防员队伍建设。此次竞赛，是全国林草行业近年来举办的规格最高、规模最大、人数最多、科目最全和技战术含量最高、影响带动面最广泛的一场森林消防员职业技能竞赛。赛事设置分团体和个人项目，融个人专业技能、体能、智能和团队组织指挥、力量协同、科技运用为一体，涵盖了无人机航空巡护、水泵接力协同战术、风力灭火协作战术、携装负重越野和理论知识、油锯切割技术、卫星导航设备操作等七个竞赛项目。来自全国各省（区、市）、六大森工集团以及中国林科院的35支代表队350名参赛选手奔赴赛场，进行为期三天的奋勇拼搏。团体项目包含无人机航空巡护、水泵接力协同战术、风力灭火协作战术、携装负重越野四个科目，个人项目包括理论知识考试、油锯切割技术、卫星导航设备操作三个科目。经过三天的激烈角逐，长白山森工集团代表队荣获团体项目一等奖；大兴安岭林业集团代表队苏百成、大兴安岭林业集团代表队王立军和黑龙江省代表队李华峰荣获个人项目一等奖。《人民日报》、新华社等中央及地方媒体共发布及转载报道超过600条次，其中，仅新华社推出音视频专题报道的阅读量就达138万次。全国总工会官方微信公众号，国家林草局官方微博、微信公众号以及今日头条、中国森林草原防火微信公众号、大兴安岭林业集团公司微信公众号等政务新媒体也都发布相关文字和短视频报道。抖音话题5万多条，话题量和关注量持续火热，掀起了全社会关注森林消防员，关注劳动和职业技能竞赛的热潮。

2023年9月13日至14日，由农业农村部、人力资源和社会保障部、全国总工会联合举办的第四、第五届全国农业行业职业技能大赛总决赛在江苏句容举行。农业农村部国家首席兽医师（官）李金祥，中国农林水利气象工会主要负责同志出席大赛总决赛并讲话。全国总工会坚持以习近平新时代中国特色社会主义思想为指导，贯彻落实习近平总书记关于工人阶级和工会工作的重要论述，以深化产业工人队伍建设改革为抓手，大力弘扬劳模精神、劳动精神、工匠精神，推动健全落实高技能人才培养、使用、评价、激励、保障机制，持续培养造就大国工匠和高技能人才。中国农林水利气象工会与农业农村部相关单位密切沟通合作，充分发挥劳动模范、大国工匠的精神引领、创新领军、技能传承作用，激励广大职工见贤思齐、爱岗敬业，铸牢团结奋斗的共同思想根基；全面实施职工素质建设工程，开展高技能人才培训、工匠人才选树、劳动和技能竞赛等活动，合力推动产业工人队伍建设，为服务农业强国建设积极担当奉献，取得了积极进展。

2023 年 9 月 12 日至 15 日，全国总工会、中国气象局在北京联合组织开展 2023 年全国气象行业气象服务职业技能竞赛。全国总工会副主席、书记处书记江广平，中国气象局党组成员、副局长张祖强出席闭幕式并讲话。

2023 年 9 月 25 日至 26 日，由国家林草局联合中国农林水利气象工会、中国就业培训技术指导中心，共同主办的第七届全国国有林场职业技能竞赛在吉林省蛟河市成功举办，中国农林水利气象工会副主席、分党组成员刘飞，国家林草局林场种苗司副司长李岭宏出席闭幕式并讲话，来自全国 30 个省（区、市）、四大森工集团、大兴安岭林业集团和中国林科院的 36 支代表队，共 144 名队员参加了造林更新工和营林试验工两个工种的比赛。经过两天的激烈角逐，湖南省代表队荣获团体一等奖；吉林省代表队的胥剑宇、湖南省代表队的何建国和黑龙江省代表队的王凯荣获造林更新工项目个人一等奖；吉林省代表队的刘志伟、湖南省代表队的方大文和黑龙江省代表队的常春雷荣获实验员（营林试验工）项目个人一等奖。

2023 年 9 月 25 日至 27 日，第二届全国盆景职业技能竞赛在合肥园博园成功举办。本次竞赛是在住房和城乡建设部指导下，经过人力资源和社会保障部批准的国家二类职业技能竞赛，由中国风景园林学会、中国就业培训技术指导中心和中国农林水利气象工会全国委员会共同主办。竞赛得到了全国各省（区、市）广大盆景师从业者的积极响应，全国22个省市经过预赛或者推荐，派出197名选手参加决赛。竞赛以《园林行业职业技能标准》中盆景工三级工以上标准命题并组织。参赛选手需要完成包括中国盆景文化史、美学知识、绘画构图、植物生理、土壤肥料、园林植保、盆景栽培等理论知识的计算机考试，并进行盆景制作实操技艺比赛。盆景制作竞赛分为柏树、杂木、山水、水旱（树石）四个类别，选手根据个人特长自行选择。竞赛的11名裁判由全国各省市按照裁判标准推荐人选，再经过投票产生，兼顾地域分布和风格流派代表性。经过激烈角逐，竞赛产生了100名特等、金、银、铜奖获得者和优秀盆景作品奖。其中，来自重庆市代表队的田飞、湖南省代表队的何建国、河南省代表队的张震获得总分前三名。经过主办单位上报，人力资源和社会保障部将为他们授予“全国技术能手”称号。

2023年10月14日至17日，首届全国花艺环境设计师职业技能竞赛在开封铁塔公园成功举办。本次竞赛是在住房和城乡建设部指导下，经过人力资源和社会保障部批准的国家二类职业技能竞赛，由中国风景园林学会、中国就业培训技术指导中心和中国农林水利气象工会全国委员会共同主办。竞赛得到了全国各省（区、市）广大花艺环境从业者的积极响应，全国15支省、市代表队77名选手参与决赛。竞赛设有理论、实操两个项目，并有选赛项目园艺雕塑。经过激烈角逐，雕塑比赛共24人获奖，其中一等奖3人、二等奖12人、三等奖9人；花境作品共30人获奖，其中一等奖3人、二等奖12人、三等奖15人；综合共30人获奖，其中一等奖3人、二等奖12人、三等奖15人。全国花艺环境设计师职业技能竞赛以“技能成才、技能报国”为主题，是全国园林工程优秀成果的集中亮相，通过以赛促学，以赛促训，为职工搭建展示技艺、交流提升、互学共鉴的舞台，进一步弘扬了劳模精神、劳动精神、工匠精神，带动广大花艺环境设计从业队伍不断提高技术和艺术水平，为推动园林绿化行业高质量发展提供了有力的人才保障，为推动城乡人居环境明显改善、美丽中国建设贡献智慧和力量。

2023 年 11 月 7 日至 11 日，由水利部人事司、中国就业培训技术指导中心、中国农林水利气象工会联合主办的第十届全国水利行业职业技能竞赛暨第七届全国水文勘测技能大赛决赛在广东省韶关市成功举办。水利部党组成员、副部长田学斌出席开幕式并讲话。中国农林水利气象工会始终坚持全面推进产业工人队伍建设改革，着力提升职工队伍整体素质，与水利部、中国就业培训技术指导中心长期联合开展年度行业性职业技能竞赛。此次大赛是水利行业中项目最多、历时最长、参赛人员最多的职业技能竞赛，得到了全国水文各基层单位的高度重视和职工的踊跃参与。经过层层选拔，80 名选手脱颖而出进入决赛，在理论考试、内业操作考试和外业操作考试等项目中接受全面考核。经过紧张角逐，长江水利委员会水文局的杜思源、湖北省水文水资源中心的陈攀、江西省水文监测中心的丁吉昆分别获得决赛前三名。竞赛充分展现了水文职工勤学苦练、深入钻研的良好风貌，激励和带动了一线水文职工自觉树立终身学习理念，走技能成才、技能报国之路，为大力弘扬劳模精神、劳动精神、工匠精神，培养造就一支高素质、强技能的水文人才队伍，支撑新阶段水利高质量发展注入了新的动能。

2023 年 11 月 13 日至 15 日，全国总工会、中国气象局在北京联合组织开展 2023 年全国气象行业天气预报职业技能竞赛。国家气象中心、全国 31 个省（区、市）气象局、新疆生产建设兵团农业农村局，以及解放军气象部门的 36 支代表队、108 名选手参加竞赛。竞赛聚焦历史个例天气预报、强对流天气临近预报、预报专业知识、预报分析与问答等项目。来自河南省气象局的段中夏、河北省气象局的索春男、四川省气象局的蒋文杰分获个人全能前三名，河南省气象局、四川省气象局、上海市气象局分获团体奖前三名，来自解放军某部的林继配获行业代表队个人全能奖，安徽省气象局、海南省气象局、解放军某部获优秀组织奖，中国气象局气象干部培训学院获特别贡献奖。

2023 年 11 月 28 日，全国林草系统产业工人队伍建设改革推进会在广东省中山市召开。会议深入贯彻落实习近平生态文明思想和习近平总书记关于工人阶级和工会工作的重要论述特别是关于产业工人队伍建设改革的重要指示精神，学习贯彻习近平总书记同全国总工会新一届领导班子成员集体谈话时的重要讲话精神和中国工会十八大精神，进一步统一思想、凝聚共识、交流工作经验，持续深化林草系统产业工人队伍建设改革。

2024 年 1 月 9 日，南水北调国家水网工程建设全国引领性劳动和技能竞赛启动仪式在引江补汉工程保康段 8 号平洞现场隆重举行。中国农林水利气象工会主要负责同志在讲话中指出，习近平总书记高度重视劳动和技能竞赛工作，全国引领性劳动和技能竞赛是团结动员广大职工贯彻落实党中央决策部署、服务国家重大战略实施的有力抓手，也是推动产业改革发展、提升职工技能素质的重要平台。在南水北调后续工程建设中同步开展全国引领性劳动和技能竞赛，将为工人阶级展现主人翁担当、彰显主力军风采搭建新的广阔舞台。他希望各参建单位干部职工充分认识工程的重要意义，以此次竞赛为契机，培养造就一支高技能高素质人才队伍，同时要抓好竞赛过程管理，不断提高竞赛水平，推动工程建设目标高质量高标准完成，为加快构建国家水网、全面提升国家水安全保障能力作贡献。

2024 年 5 月 7 日，“建设农业强国 端稳中国饭碗”全国农垦粮油等主要作物单产提升劳动竞赛北大荒行动暨 2024 · 北大荒劳动和技能竞赛（春季）启动仪式在北大荒集团八五〇农场举办。

该年度竞赛以贯穿全作物、全过程、全链条的劳动和技能竞赛为载体，注重培育发展农业领域新质生产力，竞赛内容也更加向信息化、数智化转变，持续巩固提升现代农业发展质量与水平的新实践、新成果，深挖主要作物单产提升潜能，为实现粮食增产增收贡献工会和职工力量，让“中国饭碗”装满更多优质中国粮。

2024 年 7 月 29 日至 30 日，由全国总工会、农业农村部主办，农业农村部渔业渔政管理局、中国农林水利气象工会、农业农村部渔政保障中心、上海海洋大学承办的全国渔业安全生产技能竞赛在上海举行。中国农林水利气象工会主要负责同志在讲话中指出，渔业安全生产是渔业发展的生命线，关系到渔民的生命财产安全、水产品的质量安全和渔业资源的可持续利用，要高度重视渔业安全生产问题。他希望渔业系统各级工会组织要团结动员广大渔业系统职工创先争优，有效维护广大渔业系统职工合法权益，广大渔业系统职工要树立终身学习理念，不断提高科学文化素质和技术技能水平，主动适应新征程渔业高质量发展实践的需要，做有智慧、有技术，能发明、会创新的新时代劳动者。

2024 年 8 月 20 日至 22 日，2024 年度大小兴安岭林业有害生物防治员职业技能竞赛在内蒙古森工集团阿尔山森工公司举办。本次竞赛是全国引领性劳动和技能竞赛——大小兴安岭“生态保护与转型发展”劳动和技能竞赛的组成部分，由中国农林水利气象工会与国家林业和草原局生物灾害防控中心联合主办，内蒙古森工集团承办，阿尔山森工公司协办。竞赛旨在以劳模精神、劳动精神、工匠精神为牵引，推动林业有害生物防治员队伍专业训练走向深入、提升层次、树立标杆、激励先进，进而通过竞赛培养和选拔林业有害生物防治高技能人才，强化队伍建设，提升林业有害生物防治工作的专业化和科学化管理水平，激发全行业更好地履行保护森林资源的职责使命。赛事分基层选拔赛、省级选拔赛、全国决赛三个阶段，设置团体项目和个人项目，涵盖了无人机飞防、诱捕器布设、背负式喷烟机作业、松材线虫病检验、手持式高枝剪操作和理论知识考试等6个竞赛项目，1.4万名职工参加基层选拔赛和省级选拔赛，全国决赛阶段6支代表队36名队员经激烈比拼，内蒙古森工集团代表队获得团体项目一等奖，内蒙古森工集团的李双喜获得个人项目一等奖。

2024年8月，中国农林水利气象工会印发《中国农林水利气象工会 中国气象局办公室关于印发2024年全国气象行业职业技能竞赛组织实施方案的通知》。

2024年9月，中国农林水利气象工会印发《关于开展黄河流域生态保护和高质量发展劳动和技能竞赛的通知》和《关于印发〈黄河保护法知识竞赛实施方案〉的通知》。

三、鼓励和支持经济技术创新

新中国成立后，工会注重组织广大工人开展经济技术创新活动，取得了一些经验和成绩。但在一些单位中，不少领导干部和技术人员，对技术革新运动的重要意义认识不够明确，对工人提出的合理化建议未能引起重视和给予大力支持。鉴于此，中国农林水利工会在党的领导下，教育全体职工认真学习技术革新文件，结合各行业具体情况，以解决生产关键问题和薄弱环节为中心，发动群众提合理化建议和推广先进经验，广泛而深入地开展技术革新运动。

1952年11月24日，东北森工工会发布的《推广新式工具几个问题的总结》中指出，新工具已在黑龙江小兴安岭各林区扎了根，有重点地推广了这一经验，同时也取得了一定的成绩和经验。在当前看来，已形成了普遍性的推广使用新式工具，并在推广的基础上有许多改进和新的创造，明确了干部和工人奋斗的方向，奠定了长年作业的基础，打破了保守思想，给明年大力推广创造了良好条件。1954 年 10 月 7 日，中国农林水利工会工委发布了《关于苇河林区开展技术革新运动情况的调查报告》。1955 年 3 月，中国农林水利工会工委召开第一次全国林业工会工作会议，指出全国总工会提出开展技术革新运动以后，这对职工群众的创造积极性起了很大的推动作用，并取得了一些实际成绩。不少单位先后设立了合理化建议委员会和专职人员，开始有课题地把职工的智慧引向解决生产中的关键问题。群众学习技术的劲头也比较足，群众性的合理化建议越来越多。1955 年 12 月 1 日，中国农业水利工会召开全国水利工会工作会议。1956 年 4 月 17 日，中国农业水利工会筹委会在全国农业水利先进生产者代表会议上指出，社会主义劳动竞赛新高涨特点之一就是先进生产者的大量涌现和技术改进、发明创造、合理化建议的显著增加。1956 年 10 月 5 日，林业部、中国林业工会筹委会发布了为进一步贯彻《有关生产的发明技术改进及合理化建议的奖励暂行条例》的联合指示。1957 年 7 月 22 日，森林工业部、中国林业工会筹委会通报 1956 年竞赛评选结果。1957 年 7 月 25 日，森林工业部、中国林业工会筹委会发布了《关于鉴定总结先进经验的意见》。1958 年 7 月 2 日，三门峡工程局工会召开三门峡工地七个分局工会主席和生产委员座谈会，交流开展技术革新运动的经验。

1959 年 2 月，水电工程十四局第三届职工代表大会提出开展以技术革新和技术革命为主要内容的“大会战”。1959 年 3 月 27 日，林业部、中国农林工会发出了《关于开展木材生产社会主义劳动竞赛的联合通知》，指出在社会主义竞赛中要发动与支持群众大胆发明创造，提合理化建议，提高技术水平，改革工具、改善劳动组织，同时注意在竞赛中通过现场会议、先进技术表演、先进生产经验展览以及通过各种宣传工具，及时总结与推广先进生产经验，改进生产，提高劳动生产率。1959 年 5 月 25 日，河南省农业水利工会发出了《关于1959年开展红旗竞赛的意见》，提出在竞赛运动中必须明确以提高劳动生产率为目标，以技术革命和技术革新为中心内容，善于发动群众，启发群众智慧，把群众的高涨热情和智慧及时地组织到生产中来，引向“改进技术，提高技术，学习并掌握新技术”。1959年7月6日，中共内蒙古大兴安岭西尼气林业局委员会发布了《关于开展职工业余教育工作的经验总结》。1959年9月16日，农垦部、中国农林工会在《关于进一步掀起增产节约运动新高潮的联合通知》中提出，继续深入开展以工具改革为中心的技术革新和技术革命运动。1959年9月24日，林业部、中国农林工会在《关于热烈响应党的八届八中全会的号召深入开展增产节约运动的联合通知》中提出，继续深入开展以工具改革为中心的技术革新和技术革命运动，因地制宜地积极改革生产机具，推广一切行之有效的集运材新工具，创造与改革施工工具，改进操作方法，学习与掌握新技术，以节约劳力提高劳动生产率。在物资器材上要尽量就地取材，自力更生，以适应当前生产的需要。1959年10月，中国水利电力工会、水利电力部召开全国群英会水利电力先进经验交流会，指出技术革新与技术革命是增产节约运动的中心内容，是提高劳动生产率的重要方法，也是实现增产节约任务的有效措施，工会组织要深入生产、深入群众，和群众打成一片，要善于发现和大力支持群众的革新创举，认真总结和推广先进经验，树立标兵，表扬先进，鼓励先进。1960年2月，中国农林工会主席何英才在全国农垦会议上的讲话中指出，过去的无数事实证明，只要我们在生产工具和操作方法上进行技术革新和技术革命，劳动效率就能成倍甚至几十倍地提高。黑龙江省九三荣军农场，改装成功的综合铲趟锄草机，比人工锄草提高效率120倍。河北省静海农场，用木质试制成功的饲料粉碎机比畜力磨碎饲料提高工效330倍。这充分说明了农垦系统技术革新和技术革命有很大的潜力和广阔的前途，也充分证明了群众的智慧是无穷无尽的。只要充分发挥群众的智慧，大力支持群众的创举，对于新鲜事物给予热情的关注，就一定能使技术革新和技术革命成为一个广泛的群众性的运动。同月，水利部、中国农业水利工会筹委会颁发《水利系统事业单位社会主义竞赛评比奖励办法》。

1960年4月9日，河北省组织国有农牧场推广技术革新和技术革命先进经验。中国农林工会抄发了河北省总农林水利工会、省农林厅关于组织国营农牧场推广先进经验的报告。1960年4月15日，中国农林工会推广了黑龙江省总农林工委总结铁力林业局关于革新拖拉机综合利用的十大经验。1960年4月22日，中国农林工会在农垦部部务会上的汇报纪要中介绍了红旗农场通过创新实现生产自动化的经验。1960年9月9日，林业部、中国农林工会发出了《关于贯彻全国业余教育天津会议的通知》，提出巩固提高和发展业余中等教育和高等教育，逐步建立由小学到大学“一条龙”的业余教育体系。要注意思想教育；要加强领导；要搞好教学改革；要和林场、工厂中的技术革新、技术革命运动紧密结合，使业余学校成为生产、教学、科学研究三结合的基地，积极解决生产中的关键问题和尖端问题。1960年9月19日，永定河水电工程局、西大洋水库、王快水库、北京勘测设计院、郑州机械厂等五个单位在向全国水利电力建设兄弟单位的倡议书中，提出大搞技术革新与技术革命、不断提高工效、攻下隧洞开挖、砌、尾水渠开挖、出渣和钢筋绑扎等关键环节。

1961年8月，中国农林工会在东北、内蒙古林业工作会议上提出《关于改进基层工会工作几点意见》，指出要开展技术革新和技术革命运动，使木材生产和森林更新中的笨重体力劳动逐步实现机械化和半机械化，充分利用冰雪槽道和各种集材新工具，提高劳动生产率。1962年1月16日，中国水利电力工会黄河委员会作了《关于恢复健全黄河水利工会建制的请示报告》，提出恢复工会组织有利于开展技术革新，交流先进生产经验。1962年1月20日，《工人日报》刊载了中国农林工会文章《芦连岩小组革新技术工效显著提高》。1963年4月16日，林业部东北林业总局在《关于开展林产工业“五好”企业厂际竞赛的通知》中将加强技术管理、有效开展技术革新、不断创造与认真推广先进经验列入评比条件。1964年3月21日，中国水利电力工会黄河委员会发出了《关于在全河范围内开展增产节约“五好”竞赛的意见》，增设“革新能手”评比，并提出要发动群众大练基本功，开展技术革新和技术革命。1964年3月24日，中共黑龙江省委农村工作部、黑龙江省农村工作委员会、黑龙江省总工会发出了《关于评选国营农业企业“五好”集体和“五好”职工的联合通知》，增设“革新能手”荣誉称号。

开展技术革新活动，是新时期推进改革和增强企业活力的需要，是吸引职工参加企业民主管理，开发智力资源，挖掘企业潜力的有效途径。工会采取各种行之有效的形式，向广大职工进行宣传教育，使职工群众认识到提建议、搞革新，为两个文明建设献计出力，是发扬工人阶级主人翁精神的具体表现，是义不容辞的责任。各级管理部门和中国农林工会组成由党、政、工、团各方面负责同志参加的技术革新评审委员会，日常工作指定有关部门和专人负责，认真做好技术革新建议的征集、审定、实施和奖励等工作。很多干部和工人发扬主人翁精神，热心技术改革，使科学技术变成强大的生产力，从而改善了劳动条件，提高了生产效率，为国家节省了大量资金。同时在改进经营管理、进行技术革新、搞好安全生产、改善职工生活等方面，积极向本单位领导提出合理化建议，以实现企业的挖潜、革新、改造。

1979年4月17日，广东省农垦总局办公室《情况反映》第八期刊载了《关于1978年广东农垦知识青年工作情况》，介绍了广东省农垦知识青年大搞技术革新的经验。1982年8月，葛洲坝水电工程局工会发布了《开创四化建设新局面 为高速优质地建成万里长江第一坝而奋斗》，总结了将提合理化建议和技术革新作为立功竞赛重要内容的经验，全局在一期工程期间，完成革新改造 3800 多项，采纳合理化建议 800 多条，有三项科研成果获全国科学大会奖，十项成果获湖北省科学大会奖，节约了大量的人力、物力，仅合理化建议估价就达 1 亿多元。1984 年 6 月，北京市农场局工会在《北京市农垦系统工会开展竞赛活动的规定》中，将“积极开展创高产、战高温、节约原材料、改进企业管理、技术革新、降低成本、提高经济效益的立功活动”列入评分标准。1985 年 2 月，沙洲县水利工会发布了《在改革中探索水利工会工作新途径》，总结工会配合行政大搞技术革新，提高技术水平，增加经济效益的经验。

1986 年 6 月，国务院修订发布了《合理化建议和技术改进奖励条例》。同年 9 月，国家经委和全国总工会又发出了《关于深入开展以提高质量，降低消耗为重点的合理化建议和技术革新活动的通知》。为了认真贯彻落实国务院《条例》，动员林区广大职工为四化建设献计出力，林业部和中国农林工会研究决定，在全国国有林区进一步开展合理化建议和技术革新活动。1986 年 10 月 20 日，中国农林工会召开全国部分城市农垦（场）工会工作座谈会，总结了开展合理化建议和技术革新、技术改造活动的经验，指出劳动竞赛要同“合理化建议”“技术革新”“技术改造”“技术攻关”和“立功活动”结合起来进行。1986 年 12 月 13 日，中国农林工会作了《关于国有林区开展合理化建议和技术革新活动情况汇报》，介绍了各重点林区的工会组织配合行政有关部门，建立健全职工技协组织，对技协工作做了不少改革、创新，探索出一条新路子。1986 年 12 月 18 日，林业部、中国农林工会起草《国有林区加强企业管理、开展合理化建议和技术改进座谈会会议纪要（讨论稿）》。

1987年1月8日，林业部、中国农林工会正式发布《国有林区加强企业管理、开展合理化建议和技术改进座谈会会议纪要》。1987年1月19日，中国农林工会、林业部发布了《关于在全国国有林区进一步开展合理化建议和技术革新活动的决定》。同时公布了《国有林区部级合理化建议和技术革新先进企业，先进个人评选办法》。1987年2月23日，中国水利电力工会发出了《关于动员水利电力系统职工积极投入增产节约、增收节支运动的通知》。1987年2月25日，中国农林工会转发合江林管局《关于促进改革、振兴合江的合理化建议和技术革新有奖竞赛方案》。1987年5月，四川省水电厅都江堰管理局东风渠管理处工会发布了《加强民主管理充分发挥职代会作用》，总结了职代会围绕优质、低耗、创新、安全，努力提高经济效益，发动职工开展技术协作、技术革新和合理化建议活动的经验。1987年9月30日，中国农林工会发出了《国有林区评选“开展合理化建议和技术革新活动”先进企业及先进个人有关事项的通知》。《广东省志·农垦志》记载的1979年至1987年广东农垦职工的劳动竞赛与技协活动，总结了以技协为平台、以“双增双节”为内容的“五小”（小窍门、小发明、小创造、小革新、小建议）活动经验。1986年各基层技协共组织技术攻关233项，推广新技术147项，搞小技术革新135项，直接为职工家庭农场服务的有902项，局、场两级技协共组织技术培训6.3万人次；1987年组织技术攻关和技术革新486项，开展多种技术咨询和培训活动50项，有11.63万人次参加，推广新技术49项，为家庭农场提供服务800项。黑龙江农垦工会在20世纪80年代开展技术革新和合理化建议活动，也取得了丰硕成果。

1988年1月，中国农林工会在当年工作计划安排中总结了一年来与林业部共同组织的合理化建议、技术革新竞赛活动成绩，决定会同林业部举办竞赛总结和评比、表彰先进单位和先进个人活动。1988 年 3 月 9 日，中国农林工会作了《关于开展合理化建议和技术革新活动表彰形式的报告》。1988 年 4 月 13 日，中国农林工会、林业部发布了《关于表彰国有林区合理化建议和技术革新“先进企业”和“先进个人”的决定、评选结果报告》，对 1987 年在合理化建议和技术革新活动中做出优异成绩的先进企业和先进个人进行表彰，并为 13 个先进企业颁发奖状（其中新林林业局为流动奖杯获得者），为 58 名先进个人颁发奖章和证书。1988 年 12 月 9 日，中国农林工会发布《关于评选国有林区 1988 年度合理化建议和技术革新活动有关事项的通知》。

1989 年，全国各级林业主管部门、各林业企业和工会组织，在“治理整顿，改革开放”方针指引下，紧密围绕提高企业效益，扭转林业资源危机和经济危困，积极组织动员广大职工群众，深入开展了以“双增双节”为主要内容的合理化建议和技术革新活动，对提高质量，降低消耗，挖掘潜力，加强企业管理，增加效益起到了积极的推动作用；对提高职工主人翁责任感，增强企业凝聚力，建设“四有”职工队伍，产生了重要影响。在这项活动中，各级林业主管部门、林业企业和工会组织加强了组织领导。1989 年 3 月 21 日，中国农林工会发出《关于对〈关于在全国国有林区进一步开展合理化建议和技术革新活动的决定〉补充规定的通知》，发布了《林业行业合理化建议和技术革新成果统计表》。同日，中国农林工会、林业部发布了《关于表彰国有林区合理化建议和技术革新先进企业和先进个人的决定》。1989 年 10 月 15 日，四川省林业工会在《四川林业工人运动与工会工作》中，介绍了将社会主义劳动竞赛与学习技术、革新技术、开展合理化建议工作紧密结合的经验。1989 年 11 月 25 日，中国农林工会、湖北省农林水工会、湖北农垦工会发布了《关于五三农场依靠职工办好企业的调查报告》。

1990 年 3 月 27 日，中国农林工会发出了《关于召开林业系统合理化建议技术革新经验交流表彰会议通知、名单》。1990年2月，中国农林工会作了《1989年工作情况和1990年工作安排向全总副主席李沛瑶、全总书记处书记张富有并全总书记处的报告》，提出要进一步总结三年来在全国林业系统开展合理化建议、技术革新竞赛活动的经验。1990年4月18日，中国农林工会发布了《关于表彰林业系统合理化建议和技术革新活动决定》。1990年4月23日，林业部、中国农林工会发布了《关于表彰全国林业系统合理化建议和技术革新先进企（事）业、先进个人及优胜组织单位、优秀组织者的决定》。1990年6月，《内蒙古林业工运史》（1840—1987）记载了广大职工以高度的革命热情和创造精神，不断开展技术革新、技术革命活动的重大成就。1990年6月9日，全国林业系统合理化建议技术革新经验交流暨表彰会议召开。1990年6月15日，中国农林工会向全国人大常委会副委员长、中华全国总工会主席倪志福，全国总工会副主席、书记处第一书记、党组副书记于洪恩，全国总工会书记处书记张富有和全国总工会书记处报告关于全国林业系统合理化建议经验交流暨表彰会议的情况。全国25个省、自治区、直辖市林业厅（局）和林管局（公司）的负责同志，林业系统各级工会组织的负责同志，合理化建议先进企业、先进个人的代表等共140多人参加了会议。会议对今后进一步搞好林业系统合理化建议活动提出了要求：一、进一步提高认识，加强领导。要从全心全意依靠工人阶级，全面贯彻落实党的十三届六中全会精神，搞好治理整顿、深化改革，稳定大局的高度来认识开展合理化建议活动的深远意义，提高自觉性和责任感，建立和完善各级组织机构，同时把这项工作与其他工作有机地结合起来，统筹安排，精心组织。二、搞好宣传发动和职工培训工作。要利用各种宣传阵地，要把宣传党的十三届六中全会精神与开展这项活动紧密结合起来，展开国情、局情的大讨论，让广大林业职工了解开展这项活动的意义，增强主人翁责任感。同时要加强对职工的思想政治、科学文化、业务技术的培训工作，提高职工的整体素质。三、明确目标，抓住重点。各单位要从自己的实际出发，紧紧围绕“治危兴林”“双增双节”的目标和任务来进行，突出发展林业生产，增加森林资源，促进技术进步，提高经营管理水平，增强企业活力，提高经济、社会、生态三个效益等这样一些重点，选准目标，集中攻关，做出成效。四、加强科学管理，逐步使这项活动制度化、规范化、科学化。要把这项工作作为一项长期的工作任务，深入地抓下去。建立和完善有关规章制度，实行目标管理，以便保护职工群众提建议搞革新的积极性，并且做到对职工提的每项建议，条条有回音，件件有着落，能实施的就抓紧落实，并坚持兑现奖励政策。会议强调，要搞好这项工作，关键是从思想认识、组织、措施等各个方面抓好落实工作。会议要求各单位要认真贯彻好这次会议的精神。1990 年 6 月 15 日，中国农林工会发布了《关于林业系统合理化建议表彰会议情况报告》。

1991 年 1 月，中国农林工会在 1991 年工作计划中要求农林系统各级工会广泛深入开展合理化建议、创造发明活动，下功夫发现、总结、推广先进经验。1991 年 5 月，水电工会《情况交流》刊载了黄河工会发动职工广泛开展合理化建议和技术革新活动的经验。1991 年 5 月 23 日，林业部、中国农林工会发出了《关于加强合理化建议和技术革新活动组织管理工作的通知》。1991 年 5 月 23 日，中国农林工会开展了关于加强合理化建议和技术革新活动组织管理的工作。1991 年 5 月 23 日，中国农林工会宣布了《关于表彰全国林业系统合理化建议和技术革新先进企业、先进个人及优胜组织单位、优胜组织者的决定》。1991 年 7 月 5 日，中国农林工会发出了《关于加强农垦水产系统职工技协工作的通知》。

1992 年 1 月 14 日，中国农林工会、林业部发出了《关于继续深入开展合理化建议技术革新活动、做好1991年度评选工作的通知》。1992年4月15日，中国农林工会发出《关于成立“中国农林工会农垦水产技协办公室”的通知》。1992年5月10日，中国农林工会发出《关于成立中国农垦水产职工技协的通知》。1992年7月10日，中国农林工会、林业部宣布了《关于表彰1991年度全国林业系统合理化建议和技术革新先进企业、先进个人及优胜组织单位、优秀组织者的决定》。1992年9月8日，中国农林工会发出了《关于召开中国农垦水产职工技协成立暨工会企事业工作会议的通知》。1992年9月10日，中国农林工会发布了《中国农垦水产职工技协组织条例》。1992年10月30日，中国农林工会在全国农垦农业班组工作研讨会上提出，要广泛开展以“高产、优质、高效”农业为中心，以合理化建议、技术革新、技术协作、发明创造为主要内容的班组竞赛活动，充分调动职工群众的积极性、智慧和创造力，不断提高班组整体管理水平。1992年11月8日，中国农林工会发布了《关于召开中国农垦水产职工技协成立暨工会企事业工作会议的补正通知》。1992年11月10日，中国农林工会公布了中国农垦水产职工技协第一届理事会理事名单。1992年11月10日，中国农林工会公布了中国农垦水产职工技术协会会长、副会长、正副秘书长名单。

1992年11月20日，中国农林工会主席王一凡作了《抓住机遇、加快发展、把职工技协和工会企事业工作推向一个新台阶》的报告，他指出：职工技术协作活动是在特定的历史条件下产生的。20世纪60年代，国家处于困难时期，我国工人阶级的优秀代表，一批劳动模范、技术革新能手发扬共产主义协作精神，带头发起、开展了这项具有深远历史意义的活动。这是一个伟大创举。我国工会工作开辟了一个新的活动领域、新的活动阵地。这是我国职工运动史，工会运动史的一个新篇章。职工技术协作活动具有强大的生命力。30多年来，我们国家在发展中出现了一些曲折，但是，职工技术协作活动没有中断，在推进企业技术进步，加强两个文明建设中，发挥了独特的作用。改革开放为职工技协活动注入了新的生机和活力，把技协工作推向了一个新的发展阶段。十几年来，职工技协的活动领域、活动方式有了许多新的创造，有了许多新的发展。其中，开展有偿技术服务、开展技术扶贫，独立办经济实体，是最重要的突破，是职工技协工作进入一个新阶段的标志，是一个划开阶段性的成就，使职工技协工作有了一个大的飞跃。特别是改革开放以后，上海职工技协活动冒了一个大尖，上了一个大水平，社会效益和经济效益都创了新纪录。现在，中国职工技术协会已经发展成为一个全国性的、科技性的重要社会团体，在社会上具有一定地位和广泛的影响。近几年，农垦水产系统职工技协工作也有新的发展和新的进步，出现了一批先进典型。这次会议上交流的经验，就是这批先进典型中的一部分代表。从他们介绍的情况和经验可以看出，在这些企业内部组织技术培训、技术练兵、技术比武、技术协作、技术推广、技术革新、技术攻关、技术改造、技术开发等活动，成效都比较好。尤其是在提高职工技术素质和组织协作攻关，为企业分忧、解难方面的成绩更为显著。有的单位把技术协作活动推向社会，本着“有偿不唯偿，有偿补无偿、奉献多提倡”的精神，面向社会开展有偿技术服务活动，迈开了可靠的步伐。有的单位开展技术扶贫，帮困扭亏，渡难关活动，取得了好的社会效益和经济效益的单位开始举办经济实体，开始由“小打小闹”，逐步转向规模投入，上档次。在农垦水产系统的职工技协工作，也是上海敢于大胆向前闯，走在全国最前面，成效大，经验多。但是，应当看到，从全产业系统的整体上看，职工技术协作活动起步比较晚，工作起点不高，许多单位在这方面的工作还处于比较薄弱的状态。现在是发展职工技协工作的新机遇。我们要抓住有利时机，加快发展，上新水平。党的十四大决定在我国实行社会主义市场经济体制，加快经济改革步伐，采取一系列配套措施把企业推向市场，把整个经济引向市场轨道。现在，所有企业都面临市场的严峻考验。市场竞争力，实际上主要是科技竞争力。我国在 20 世纪 80 年代完成了以阶级斗争为纲向以经济建设为中心的战略转移，开始了产品经济向商品经济的转变，计划经济向市场经济的转变，20 世纪 90 年代将要朝着解放和发展第一生产力，推动市场经济大发展的方向进行战略转移。我们要看准和抓住这个大转变的新机遇，把职工技术协作活动引向这个战略转移的大方向上来。为此，要以第一生产力和市场为导向，推动职工技术协作活动向广度和深度发展。既要发扬职工技术协作活动的优良传统，坚持那些行之有效的传统活动内容、活动方式，又要广泛运用改革开放以来出现的有偿技术服务、技术扶贫、独立办经济实体等新的突破性成果和新的突破性经验。同日，新成立的中国农垦水产职工技术协会发布了《中国农垦水产职工技协组织条例》。

1992 年 11 月，在中国农垦水产职工技协成立暨工会企事业工作会议上，上海市东海农场工会介绍了积极开展技协活动、为企业排忧解难的经验，新疆生产建设兵团农一师工会介绍了开展职工技协活动的体会，福州市农林水工会介绍了福州市农林系统工会开展职工技协活动的做法及效果，海南农垦工会介绍了开展职工技协活动的体会，烟台海洋渔业公司介绍了开展职工技协工作的几点做法和体会。1992 年 12 月 20 日，中国农林工会发布了《开展技协活动是提高工会地位的有效途径》《依托行业优势、发挥技协作用为振兴奶业作贡献》《抓技协拓三产、开创工会工作新局面》《开展技协活动、提高职工素质、推进技术进步、促进企业发展》《充分发挥职工技协在企业改革中的积极作用》《积极支持职工技协活动、努力促进企业技术进步》《立足基层、面向经济建设、积极开展职工技术协作活动》《围绕“四技”发挥优势、加强管理争上效益》《开展职工技协活动情况汇报》《开展技协活动的几点做法和体会》等发挥工会优势开展技协活动的系列材料。1992 年 12 月 24 日，中国农林工会发出《中国农垦水产职工技协团体委员登记表》。

1993 年 5 月 8 日，林业部、中国农林工会印发《关于加强全国林业系统合理化建议和技术革新工作的意见》的通知。1993 年 7 月，全国总工会副主席杨兴富在中国农林工会第二届全国委员会第一次全体会议上讲话，指出要继续抓好职工合理化建议、技术革新和技术协作。林业部副部长沈茂高度评价了双方紧密配合，共同组织开展的合理化建议、技术革新等活动所取得的成效。工作报告总结了农林系统职工技术革新、技术协作、合理化建议活动新的发展，要求继续深入开展合理化建议和技术革新活动。发展市场经济使职工合理化建议和技术革新活动更富有生命力。工会要与行政紧密合作，把合理化建议工作扎实持久地开展下去。要按照国务院《合理化建议和技术改进奖励条例》制定自己的实施办法，研究并改进奖励兑现中存在的问题。工作要注意实效，在合理化建议与技术革新成果的推广、应用和开发上多下功夫。1993 年 10 月，林业部办公厅、中国农林工会印发《关于做好 1992 年—1993 年度合理化建议和技术革新评选工作》的通知。

1994 年 4 月 5 日，林业部、中国农林工会发布了《关于表彰 1992 至 1993 年度全国林业系统合理化建议和技术革新先进集体、先进个人及优胜组织单位、优秀组织者的决定》。1995 年 6 月 20 日，中国农林工会发布《关于召开中国农林水产技协一届三次理事会及技协工作表彰会的通知》。1995 年 9 月 2 日，中国农林工会发布《关于表彰全国农林水产系统职工技协先进集体、先进个人、技协之友及优胜组织单位和优秀组织者的决定》。1995 年 9 月 2 日，中国农林工会发布《关于替补农林水职工技协理事的决定》。1995 年 9 月 3 日，中国农林工会主席韩义敏在农林水产技协一届三次会议上讲话。1996 年 7 月 23 日，中国农林工会发出

《关于召开中国农林水产职工技协一届四次理事会的通知》。1998年3月11日，中国农林工会发出《关于进一步做好中国农林水产职工技协二届一次理事会议筹备工作的通知》。1998年7月7日，中国农林工会发出《关于召开中国农林水产职工技协二届一次理事会暨工会企事业工作研讨会的通知》。1998年7月7日，中国农林工会发出《关于表彰全国农林水产系统职工技协先进集体和先进个人的决定》。1998年9月8日，中国农林工会主席韩义敏作了《深入贯彻党的十五大精神、努力开创职工技协工作新局面》的报告。1998年9月11日，中国农林工会副主席王萍作了《解放思想、努力实践、进一步推动工会企事业持续健康发展》的讲话。1998年12月4日，中国农林工会发出了《关于印发中国农林水产职工技协1999年工作要点的通知》。新时期的革新都充分结合产业生产实际，明确重点。各级管理部门和中国农林工会在开展技术革新活动中，主要围绕提高产品质量、降低物质消耗等重点内容，发动群众提建议、搞革新。同时结合各产业实际情况，深入探讨如何搞好产业立体开发、发展综合利用、大搞多种经营，组织职工献计献策，在资金、物力、人力上给予大力支持，抓紧实施，使建议、革新尽快地转化为生产力。可以说，各类技术创新高潮是在破除迷信、解放思想基础上蓬勃展开的。各行各业职工都充分发挥自己的聪明才智，人人想办法、出主意，挖掘潜力、增收节支，技术革新、技术协作和合理化建议活动蓬勃发展。

21世纪以来，中国农林工会大力开展合理化建议与技术革新、发明创造活动，为企业发展市场经济作出贡献。中国农林工会及基层工会都把发动职工开展合理化建议与技术革新、发明创造活动，作为主要工作来抓。为推动全系统开展这项活动，产业工会的技术协会召开了合理化建议与技术革新、发明创造活动表彰现场会，交流经验，表彰先进。2004年3月9日，中国农林水利工会、国家林业局发出了《关于开展评选 2002 至 2003 年度全国林业系统合理化建议技术革新先进集体、先进个人、优胜组织单位、优秀组织者及最佳建议者、最佳先进集体、最佳组织者活动的通知》。2004 年 7 月 1 日，中国农林水利工会发出了《关于召开全国林业系统合理化建议和技术革新活动经验交流暨表彰会议的预备通知》。2004 年 8 月 16 日，中国农林水利工会发出了《关于召开全国林业系统合理化建议和技术革新经验交流暨表彰会议的通知》。2004 年 9 月 9 日，中国农林水利工会、国家林业局发布了《关于表彰 2002 至 2003 年度全国林业系统合理化建议技术革新先进集体、先进个人、优胜组织单位、优秀组织者、最佳建议者、最佳先进集体、最佳组织者的决定》。2004 年 9 月 16 日，中国农林水利工会主席王萍在全国林业系统合理化建议和技术革新经验交流暨表彰会议作了《开拓创新 求真务实 把工会经济技术工作推向新阶段》的讲话。2006 年 5 月 10 日，中国农林水利工会发布了《开展合理化建议活动显神威——对山东聊城市水利局工会开展合理化建议活动的调查》。2007 年 9 月 20 日，中国农林水利工会发布了《众人拾柴火焰高——对山东黄河工会开展应用技术创新活动情况的调查》。2007 年 11 月 6 日，国家林业局、中国农林水利工会发布了《关于表彰 2004—2006 年度全国林业系统合理化建议、技术革新先进集体、个人的决定》。

2013 年 3 月 28 日，中国农林水利工会转发了《关于开展第四届全国职工优秀技术创新成果评选表彰活动的通知》。2015 年 9 月 9 日至 11 日，中国农林水利工会与国家林业局宣传办在吉林省召开了全国林业系统工会推动林区转型发展经验交流会议，会议总结了全国林业系统各级工会在推进国有林区转型发展和促进国有林区经济社会可持续发展方面的经验和做法。2017 年 3 月 15 日，中国农林水利气象工会发出了《关于对全国监狱系统工会经济技术创新工作进行调研的通知》。2017 年 3 月 17 日，中国农林水利气象工会发出了《关于召开全国监狱系统工会推动职工经济技术创新工作经验交流会的通知》。2017 年 4 月 6 日，中国农林水利气象工会发布了《关于召开全国监狱系统工会推动职工经济技术创新工作经验交流会会议指南》。2017 年 4 月 6 日，中国农林水利气象工会整理了《关于召开全国监狱系统工会推动职工经济技术创新工作经验交流会材料汇编》。2017 年 4 月 14 日，中国农林水利气象工会发出了《关于出席全国监狱系统工会推动职工经济技术创新工作经验交流会的通知》。2018 年 3 月 12 日，中国农林水利气象工会发出了《关于开展全国气象行业职工经济技术创新活动情况调研的通知》。2018 年 3 月 19 日，中国农林水利气象工会发出了《关于共同主办“2018 国际创新创业博览暨全国职工创新成果展”的邀请函》。2018 年 3 月 22 日，中国农林水利气象工会发出《关于开展河南省气象行业工会建设及职工经济技术创新活动情况调研的通知》。2018 年 4 月 19 日，中国农林水利气象工会发出《关于召开全国气象行业职工经济技术创新活动工作研讨会的通知》。

2020 年 10 月 30 日，全国农垦渔业畜牧系统工会推动职工创新工作研讨会在江苏连云港召开。2021 年 5 月 17 日至 21 日，中国农林水利气象工会组织农业科技专家组赴陕西省农垦集团有限公司开展科技服务交流活动。2021 年 12 月 10 日，中国农垦乳业劳模和工匠人才创新工作室联盟启动成立，启动会议以视频形式召开。2021 年，组织第一批 12 名“绿色生态工匠”通过直播的方式向广大产业工人传授先进技术，累计观看人数达 30 万人。

2022 年 1 月 24 日，中国农垦乳业劳模和工匠人才创新工作室联盟召开针对“三高”人群功能乳品研制工作交流视频会，中国农林水利气象工会一级巡视员原成刚出席会议，北京医院心内科主任医师李靖博士、中国食品发酵工业研究院有限公司教授级高级工程师鲁军受邀参会，来自广东农垦燕塘乳业股份有限公司等八家企业的劳模和工匠人才创新工作室负责人和相关成员参加了会议。原成刚对农垦乳业联盟的发展寄予了期望，他希望联盟各单位能互相协作，共同加强新产品的研发创新，开发出针对“三高”等人群的功能性乳制品，不断壮大做强民族乳业品牌。2022 年 4 月 22 日，生猪产业劳模和工匠人才创新工作室联盟成立大会以视频形式召开。2022 年 5 月，首届大国工匠创新交流大会在广东省深圳市圆满落幕。中国农林水利气象工会积极筹备参加此次大会，组织九家单位参展。2022 年 11 月 25 日，生猪产业劳模和工匠人才创新工作室联盟大会暨科技服务交流活动以视频方式举办。联盟大会推选了新任联盟指导委员会主任。北京首农食品集团工会、天津食品集团工会、广东省农垦工会、广西农垦集团工会等成员单位负责同志和 4 家劳模和工匠人才创新工作室技术人员共 60 余人，通过线上和线下相结合的方式参加。

2023 年印发《关于深化全国农牧渔系统创新工作室及联盟创建工作的意见》，召开乳业创新工作室联盟第二次全体会议，成立长江经济带、全国水产技术推广体系劳模和工匠人才创新工作室联盟。2023 年 9 月 13 日，全国水产技术推广体系劳模和工匠人才创新工作室联盟筹备会在江苏省句容市召开。全国人大代表、烟台市海洋经济研究院“王鹤创新工作室”领衔人王鹤等代表筹备单位发言，各省级水产技术推广部门负责人参加。会议认为，技能大赛已成为创建创新工作室及联盟的重要抓手，全国农业行业职业技能大赛水产赛项的三届举办，推出了一批劳动模范和技术能手，7 个省区市创建了 14 家劳模和工匠人才创新工作室。在大赛推出劳动模范的同时创建了一批创新工作室，争取成熟一个创建一个，为创建创新工作室联盟打好基础。要充分发挥创新工作室的示范带动作用，指导各地聚焦渔业技术重点，引领体系创新团队建设。通过搭建联盟平台，整合创新工作室资源，加强交流，寻求共识，达到共建共享共赢，推动“双师型”创新人才队伍建设。通过创新工作室及联盟建设，探索水产技术成果展示、发布和推广新机制，在体系创建一批具有影响力的示范性创新工作室，打造一个具有广泛凝聚力的联盟。

2023 年 7 月，水利部办公厅、中国农林水利气象工会联合下发了《关于开展长江经济带劳模和工匠人才创新工作室联盟创建工作的通知》，将长江工会确定为联盟牵头单位，提出要高标准发展联盟成员单位、高质量筹备联盟成立，做好联盟组建的各项工作。长江水利委员会高度重视，为筹备工作投入了大量人力物力；沿带水利系统各工会和创新工作室积极响应，纷纷派出“精兵强将”报名参与。按照“示范先行、分类指导、分批实施、整体推进”的原则，确定了 55 家联盟成员单位，其中创新工作室 39 家、流域工会 2 家、各省（市）农林水利气象工会 3 家、各省（市）水利（水务）厅（局）工会 11 家。专业涵盖水利水电、环境工程、物联网、无人机应用技术、文化传播等类别，初步构建起了多专业的联盟矩阵。大会听取了联盟筹备工作情况，宣布了联盟创建成员名单，通过了《长江经济带劳模和工匠人才创新工作室联盟章程（试行）》以及联盟首届常务理事和理事会理事长、副理事长、秘书长建议名单，并现场向联盟成员代表授牌。

2023 年 11 月 21 日，水利部和中国农林水利气象工会在武汉联合推动成立了长江经济带劳模和工匠人才创新工作室联盟。成立大会上，长江委党组成员、副主任吴道喜出席会议并致辞，中国农林水利气象工会主席、分党组书记李忠运，水利部人事司二级巡视员巩劲标出席会议并讲话，长江工会主席、联盟理事会理事长徐德毅代表联盟成员发出倡议。联盟旨在为长江经济带高质量发展提供强大助力，为水利工匠岗位创新搭建成长平台，为区域性、行业性产业工人队伍建设改革起到示范效应。

2024 年 4 月 25 日，在中国农林水利气象工会和全国水产技术推广总站的指导下，全国水产技术推广体系劳模和工匠人才创新工作室联盟交流活动在山东烟台举办。活动期间，各创新工作室就联盟成立以来各自工作开展情况、年度内工作计划、创新工作室建设经验作了交流发言，经履行程序吸纳了联盟新成员，实地考察了山东省农林水牧气象系统示范性劳模和工匠人才创新工作室——王鹤创新工作室，现场观摩了山东省现代化海洋牧场综合管理平台。

2024 年 8 月 27 日，长江经济带劳模和工匠人才创新工作室联盟（以下简称长江联盟）技术创新交流活动在湖北省武汉市成功举办。全国总工会书记处书记、党组成员张新武出席活动并讲话，水利部长江水利委员党组书记、主任刘冬顺，湖北省总工会党组成员、副主席冯家欣出席活动并致辞。长江联盟技术创新交流活动旨在深入学习贯彻党的二十届三中全会精神，推动长江经济带水利事业的高质量发展。来自长江流域沿线 11 省区市的水利系统工会负责同志、长江联盟的劳模专家参加此次活动。活动听取了长江联盟工作报告，来自上海市、江苏省、湖北省、太湖流域管理局以及长江委的六位创新工作室代表，围绕水环境治理、长江防洪能力提升、水资源保护、水文技术攻关等主题交流发言。活动还围绕科技创新发起倡议。会前，张新武一行观看了长江联盟劳模工匠人才创新成果展示。交流活动期间，张新武与刘冬顺进行座谈，并带队到长江委基层单位调研工会工作、慰问劳模和防汛一线职工。长江委党组成员、副主任胡甲均参加活动。中国农林水利气象工会、湖北省总工会、长江委、长江工会负责同志参加相关活动。

2024 年 9 月 24 日，全国农垦渔业畜牧系统劳模创新工作室联盟建设推进工作视频会议在北京召开。来自中国农垦乳业劳模和工匠人才、生猪产业劳模和工匠人才、全国水产技术推广体系劳模和工匠人才三家创新工作室联盟成员及所在单位工会负责同志近 50 人参加会议。会上听取了三家创新工作室联盟负责同志对近一年来创新工作室联盟开展的工作所作的汇报，北京三元乳业陈历俊劳模工作室、光明乳业研究院乳品营养与健康工匠创新工作室、福建水产林楠劳模创新工作室、新疆水产胡建勇创新工作室等四家单位围绕母婴营养健康、乳品营养、水产健康养殖等进行了交流发言。

第七章
维护职工合法权益

工会作为党领导的工人阶级的群众组织，无论何时都要高举依法维护职工权益的旗帜，认真履行好维权服务的基本职责，代表和维护职工群众的根本利益。这既是工会的特征和天职，也是党对工会工作的要求，更是广大职工的迫切愿望。工会只有很好地代表和维护广大职工的合法权益，广大职工的主人翁积极性、创造性才能被充分调动起来，工作热情才能更高，干劲才能更足，才能有力地促进社会经济的发展，践行“不忘初心，牢记使命”的信念；工会应与职工同呼吸、共命运、心连心，永远把职工对美好生活的向往作为奋斗目标，以永不懈怠的精神状态和一往无前的奋斗姿态继续奋勇前进。

一、划分岗位工种与确定劳动工资

中国工人阶级在诞生后曾长期处于被剥削和压迫的境地。早在清末民初，东北伐木工人就多次在沙俄、日本经营者开办的伐木场举行罢工，或争取工资待遇，或抗议逮捕工人，更有组织武装斗争对抗侵略者的英勇事迹。作为无产阶级代表的中国共产党自成立起就致力于改变工人阶级的这一处境，并发动了多次工人运动，提出了众多维护工人阶级利益的主张。

1923 年 1 月 23 日，大冶钢铁厂袁家湖发电所工会会员朱文奎等人，在中共港窑湖工矿区特别支部委员会的领导下，积极参加声援大冶厂矿下陆机修厂工人要求增加工资的罢工斗争。罢工持续了 22 天，终于迫使资方接受工人提出的条件，赢得了这场斗争的胜利。1926 年 11 月中旬，湖北省总工会成立劳资仲裁委员会，调解劳资纠纷。劳资仲裁委员会通知各基层工会，凡向资方提出的经济条件，必须经过审查批准后，方可提出。这样既支持了工人们的合理要求，也纠正了某些过高的不现实的条件。1933 年 4 月，中国农业工人第一次代表大会认为，苏区农业工人中的雇农，虽然分得了土地，但是由于农具、耕牛与资本的缺乏，绝大多数的雇农经常做零工来维持每年生活上的不足，极少部分仍旧继续做常年雇工。过去，雇农工会以为雇农分田以后已没有要求，没有斗争，没有在各方面去保护零工、长工的生活利益、经济利益，零工被富农夺去了工作，这应该是严重错误。代表大会认为保护农业的零工、长工的利益，改善他们的生活，是工会主要任务之一。大会指出超过法定时间的额外工作，工人应得额外工资。额外工资的数量，在与雇主的合同上规定。但在富农及私营企业中，额外工作时间的额外工资，应多于法定工作时间内的工资。大会通过了《关于苏区农业的工钱工人的经济斗争决议》和《关于工会基金的决议》。在此号召和影响下，1933 年，汉口既济水电工会与资方汉口既济水电公司进行了三次谈判，双方签订条约。1936 年 9 月 24 日，发布了陕甘省雇农工会简章及斗争纲领，提出明确的雇工工资发放标准。1940 年 4 月 22 日提出，保护工人权益，改善工人生活。

新中国成立后，工会组织在组织职工群众参加生产、工作和学习的同时，开始关注职工群众的物质生活和文化生活。1950 年 11 月，东北森林工业第一届工人代表大会作了《办好劳动保险及工人福利工作》，提出改进职工工资和生活条件。1953 年，中国农林水利工会工委在年度工作总结报告中介绍职工工资增长情况和尚存在的一些问题。1955 年 3 月，中国农林水利工会工委在第一次全国林业工会工作会议上总结了工会在工资工作方面取得的成绩。1955 年 4 月 3 日，中国农业水利工会筹委会作了《进一步贯彻第一次全国农业工会工作会议精神，把劳动竞赛正常的开展起来》，反映部分农场职工工资低、生活困难问题。1955 年 4 月 27 日，中国林业工会筹委会发布了《关于佳木斯制材厂对目前职工生活福利存在问题的检查报告的通报按语》。1955 年 7 月 16 日，中国林业工会筹委会发布了《关于南岔分区工会关于家属住宅存在问题及今后意见和牡丹江制材厂食堂工作的经验两个报告的通报按语》。1955 年 7 月 21 日，中国林业工会筹委会作了《关于东北、内蒙省、区工会主席座谈会议问题向全总书记处的报告》，反映了在职工工资方面存在的一些问题。1955 年 9 月 30 日，中国林业工会筹委会作了《关于林业职工生活居住情况向全总书记处的报告》，反映了在职工工资方面存在的一些问题。1955 年 11 月 17 日，林业部、中国林业工会筹委会发布了《关于改善林业工人住宅生活问题的联合指示》。《黑龙江农垦地方志》记载了 1947 年至 1955 年黑龙江垦区的民主管理发展过程，其中谈到职代会在工资奖励方面发挥的作用。

1956 年 1 月 18 日，中国农业水利工会作了第四次筹委扩大会议总结，指出某些单位中存在任意惩处职工的偏向。除了对个别一再违反劳动纪律而屡教不改的工人须给予必要的处分，对于犯了一般错误或一般缺点而又愿意改正的职工，必须耐心地进行教育，帮助他们克服缺点，调动他们的积极性。1956 年 2 月，中国林业工会作了第三次筹委扩大会议的报告，其中谈到部分职工工资及生活方面还存在困难，提出将积极参与工资改革、推行计件工资作为今年上半年的重大任务。1956 年 2 月 1 日，中国林业工会筹委会发布了《关于加强工资工作的决议》。具体内容如下：第一，工会各级组织必须积极协同行政做好工资改革工作。认真负责地参与制定和贯彻工资改革方案及其他有关一切规程制度，深入宣传按劳付酬的工资原则，使全体职工受到一次深刻的工资政策的教育，进一步调动职工建设社会主义的积极性。第二，协助行政扩大计件工资范围，提高劳动定额的质量。关心并帮助工人达到和超过劳动定额。达到和超过劳动定额是完成企业计划，不断提高劳动生产率和保证工人收入的前提。各级工会组织必须十分重视定额工作。第三，必须对工资政策法令的执行情况加强群众性的监督，建立定期检查工资基金的制度，同违反工资政策法令的现象进行斗争。第四，为完成上述任务，必须进一步加强群众工资工作的思想建设和组织建设。各级工会组织应加强对群众工资工作的领导，积极培训工资专职干部和积极分子，提高他们的工作能力和业务水平。东北、内蒙古的省、区组织在 3 月底以前把工资部建立起来，并配备干部；各分区工会必须设专职工资委员，在 4 月中旬以前建立起工资工作委员会；基层委员会必须设工资委员，在 4 月底以前普遍建立起基层工资工作委员会。川康等地各级组织，在上半年要做到普遍有人做工资工作。1956 年 2 月 18 日，中国林业工会筹委会发布了《关于大石头林业局第三伐木场工会互助储金会工作的通报按语》，指出整顿和建立互助储金会是很细致又很重要的群众工作。

1956 年 3 月 5 日，中国农业水利工会筹委会作了《第三次筹委扩大会议向全总的报告》，提出加强群众工资工作的三点措施：1. 从组织、思想上做好工资改革的准备，建立群众工资工作的专管组织（或设专管干部），与行政工资部门配合，进行调查研究，并协同各级农业行政部门，积极贯彻农业部制定的农业工人工资方案。2. 定额不准确或某些作业没有定额是目前生产上一个很大的问题，对工资工作也有影响，因此还要重点推行计件工资制（东北可以比较普遍推行），要求各地选择重点进行试点，切实总结经验，为 1957 年全面实行计件工资做好准备。3. 调查研究农业水利系统奖励制度的情况，协助行政提出拟制统一的奖励制度的初步方案。1956 年 3 月 9 日，林业部、中国林业工会筹委会发出了木材工业全面开展森工局和制材厂局厂际竞赛联合决定，提出各级行政和工会组织必须以竞赛为中心，进行全面工作规划，随着竞赛的发展，相应地做好劳动保护、工资、定额和奖励、劳动保险、生活住宅等工作，认真贯彻执行集体合同，以保证在各项工作的相应配合下，使竞赛得到不断深入的开展。1956 年 4 月 23 日，农业部发出了《关于国营机械农场试行计件工资制的通知》。1956 年 4 月 17 日，中国农业水利工会筹委会在全国农业水利先进生产者代表会议上指出，职工工资增长激发了劳动热情的高涨。1956 年 6 月 28 日，中国农业水利工会筹委会发出了《1955 年工作基本情况及今后工作意见》。1956 年 10 月，中国农业水利工会筹委会在确定组织范围、组织形式及组织领导方式中明确将工资纳入部门设置。1956 年 12 月 11 日，农垦部、农业部、中国农业水利工会筹委会发出了《关于在农业系统实行劳动保险条例的联合通知》。

1957 年 4 月 13 日，中国林业工会筹委会作了《1956 年工作报告》，总结工资改革工作中的成绩和问题，指出通过工资改革，改进了工资制度，使职工群众的思想觉悟提高了一步，鼓舞了群众的生产热情。在工资改革中，制订或修订了技术标准，并在此基础上进行了考工评级。1957 年 7 月 8 日，中国林业工会筹委会作了《关于哈尔滨区职工罢工、怠工、请愿等情况的报告》，反映职工在工资方面的诉求并提出意见建议。1957 年 8 月 25 日，中国林业工会筹委会通报了《双子河分区工会关于职工思想情况的调查报告》，其中谈到部分职工对工资待遇认识的误区。1957 年 9 月 13 日，中国林业工会筹委会作了《关于处理职工来信来访工作向全总书记处的报告》，反映职工在工资方面的信访情况。1957 年 11 月 15 日，中国农业水利工会筹委会作了《关于国营农牧场附加工资提取使用问题提出修改意见的报告》。这些指示、建议和报告反映了当时较为普遍的问题：职工家属宿舍缺乏，工人伙食管理不好，花钱多吃不好，个别工人每月吃饭需要 45 元，一般的也要 26—30 元，有的工人因为吃不起，只好星期日从家里带干粮来；部分收入少、人口多，生活经常有困难的职工，得不到应有的关心照顾，都直接影响职工的生活和生产情绪。不少单位的工人达不到定额，拿不到基本工资，企业奖励金使用不合理，关于发明创造、技术改进和合理化建议奖励的规定普遍没有贯彻，也是影响职工生活改善的重要原因。1957 年 11 月 23 日，国务院第七办公室向邓子恢、李先念的报告表明，中国农业水利工会会同国务院第七办公室、劳动部、农垦部、北京市委农村工作部就降低国营农牧场附加工资一事进行深入细致的调研，提出了意见建议，该报告于 1958 年 2 月 1 日得到了国务院批复同意。1958 年 3 月，林业部在林区职工生活会议上指出必须保障合理的生活福利待遇。

1961 年 8 月，中国农林工会在东北、内蒙古林业工作会议上提出关于改进基层工会工作几点意见，指出工会要协助行政认真贯彻按劳分配的原则，改进工资奖励制度，逐步减少以至消除平均主义。1962 年 6 月 13 日，中国农林工会作了《关于牡丹江农垦局工会组织和职工生活情况的报告》，反映由于企业经营亏损、职工工资不能按月发放的问题。1963 年 2 月 7 日，林业部作了《关于森工企业经营自给性副食品生产问题的请示报告》，提出应尽快地改变计时工资，实行评工记分，以产计酬，按劳分配，多劳多得的分配原则；解决部分企业拖欠工资或挪用林业生产费用的问题。1963 年 3 月 10 日，林业部发布了《关于发展林区副食品生产若干问题的规定》，明确工资分配标准。1963 年 4 月 6 日，全国总工会转发了中国农林工会、全国总工会宣传部国营农场工会政治思想工作座谈会纪要和王观澜同志讲话的通知，其中谈到工资与奖励问题。1964 年 3 月 24 日，中共黑龙江省委农村工作部、黑龙江省农村工作委员会、黑龙江省总工会发出了《关于评选国营农业企业“五好”集体和“五好”职工的联合通知》，将劳动工资管理好纳入评选标准。1964 年 10 月 23 日，江苏省射阳县总工会向全国总工会和省总工会作了《关于国营淮海农场工会组织状况的调查及相关问题的请示》，其中介绍了职工工资福利有关情况。1965 年 2 月 25 日，农垦部党组发布了《关于贯彻执行中央对 1964 年 8 月农垦部党组扩大会议报告批示的规定（草案）》，确定国营农场的工资制度。1966 年 2 月，农垦部党组报送国务院副总理谭震林及中央关于国营农场经营管理制度若干问题的补充规定，提出国营农场必须有计划有步骤地进行工资制度的改革，一方面要严格控制工资总额，合理确定工资水平，使工资水平与生产发展水平相适应，另一方面要在核定的工资总额内实行定额记分、按分付酬的办法，逐步改革等级固定工资制度。这种改革不仅应在农工中推行，而且要逐步在其他工种中推行，以利逐步缩小不同工种之间在工资待遇上的不合理差别。今后对于新建场队和新参加劳动的职工，一开始就要实行定额记分、按分付酬的分配办法，不实行等级工资制。

改革开放以来，工人岗位和工资问题得到进一步重视。中国农林工会更加关心群众生活，协助行政改善劳动条件，加强群众工资工作，监督和督促按时发放工资。以保证职工在生产上的安全和身体健康，减轻生活上的困难，更好地发挥积极性。1980 年 2 月，中国农林工会作了《关于农业工人地位问题的反映和意见向全总书记处农垦部的汇报》，反映职工工资水平低的问题。1980 年 11 月 19 日，中国农林工会作了《关于东北三省区部分林管局林业局工会主席座谈会纪要》，明确职代会的职责范围包括讨论通过企业体制、经营方向、工资支付等重大改革方案和重要规章制度的建立、修改和废除；讨论通过行政和工会签订的集体合同，决定涉及职工群众切身利益和民主权利的有关重大问题，如职工奖惩办法、住房分配、职工的录用辞退等。1983 年 8 月 8 日，中国农林工会作了《关于巴盟农牧场实行“双包”生产责任制后一些情况的调查》，介绍巴盟农管局通过“双包”生产责任制解决工资发放困难的经验，同时反映职工认为负担重的问题。1984 年 8 月 10 日，黑龙江省桃山林业分区工会作了《适应改革形势，努力做好工会工作》，介绍工会协助行政推动家庭式林场改革的经验。1984 年 10 月，中国农林工会作了《关于林业工会工作座谈会的情况向全总书记处书记王申详的汇报》，其中介绍了福州木材厂职代会参与工资浮动方案制定的经验。1985 年 10 月，广东东太农场工会作了《坚持搞好“两个”维护，推进改革健康发展》，介绍了兴办家庭农场实现职工增收、敢于同损害工人利益作斗争的经验。1985 年 10 月，广东南光农场工会作了《我们在实行场长负责制后是怎样加强民主管理的》，介绍了改革后解决职工工资预支低或拿不满问题的经验。1985 年 12 月 12 日，中国农林工会在全国农垦系统改革中工会工作经验交流会上指出，通过推动农垦改革，职工收入大幅增长、居住条件不断改善，集体福利设施和文化体育活动场所逐年增加。1986 年 3 月 18 日，农牧渔业部、林业部、中国农林工会发出了《关于充分发挥农林系统各级工会参政议政作用的暂行规定》，提出凡涉及职工利益的重要制度的改革，包括工资分配等应吸收同级产业工会参加工作，并参加相应的领导机构。

1987 年 3 月 27 日，中国农林工会反映了发生事故的新疆生产建设兵团农六师大黄山煤矿职工工资拖欠问题。1987 年 4 月 11 日，中国农林工会通报了《铁力林业局三个月来向全体职工发放工资的情况反映》。1987 年 8 月，中国农林工会作了《黑龙江垦区兴办职工家庭农场所走过的道路》，介绍黑龙江垦区职工通过家庭农场、庭院经济增收的经验。1987 年 8 月 10 日，中国农林工会作了《关于职工家庭农场和工会工作的情况向全总书记处的报告》，反映兴办职工家庭农场中还存在的一些问题。1987年9月6日，中国农林工会在全国企业民主管理研讨班上介绍了发挥职代会作用改革工资制度的经验。1988年1月18日，中国农林工会发布了《牡丹江林区工会变“输血”扶贫为“造血”扶贫》，介绍发挥林区资源优势，帮助职工脱贫致富的经验。1988年5月，中国农林工会作了《关于部分“小老穷”林业局“两危”状况的调查情况向全总书记处、林业部党组的报告》《关于南方国有林区部分林业局“两危”情况及职工生活状况调查向全总书记处、林业部党组的报告》，反映职工工资低及拖欠问题。

1989年5月16日，中国水利电力工会在全国水利工作会议上反映了部分水利施工企业职工收入锐减带来的生活困难问题。1989年8月30日，农业部、中国农林工会发出了《关于加强农业系统工会工作的意见》，要求农业系统各级主管部门在研究劳动制度和劳动工资改革等方面的工作时，应吸收同级工会参加并认真听取工会的意见。1989年11月，中国农林工会、黑龙江省林业工会、伊春市总工会发布了《办好企业的源泉在职工群众之中》，其中介绍南岔木材水解厂改革工资制度的经验。1989年12月11日，林业部、中国农林工会发出了《关于在森工企业承包经营责任制中加强民主管理工作的通知》，要求坚持职代会审议承包企业的重大决策的原则，承包企业的工资调整计划、奖金分配方案、劳动保护措施、奖惩办法及其他重要的规章制度，必须提交职代会审议通过后，才能实施。

1990年3月31日，林业部发出了《关于妥善解决国有林区部分森工企业停工、待工、拖欠职工工资有关问题的补充通知》。1990年7月，中国农林工会作了《关于林业系统贯彻中央12号文件及全心全意依靠工人阶级情况的汇报提纲》，反映“两危”

（森林资源危机和经济危困）带给林业职工生活的困难以及提高水产企业捕捞船员工资待遇问题。1990 年 8 月 4 日，中国农林工会作了《请求发放贷款、解决国有林区严重拖欠职工工资问题的报告》。1990 年 9 月 13 日，中国农林工会作了《森工企业经济贫困和拖欠工资的问题的调查》。1990 年 10 月 28 日，林业部发出《关于要求发放紧急贷款，解决国有林区严重拖欠职工工资问题向国务院生产委员会的紧急请示》。1990 年 12 月 30 日，中国农林工会作了《关于召开“治危兴林”经验交流会的情况向全总书记处书记张富有并全总书记处的报告》，介绍了吉林白石山林业局解决职工工资拖欠问题的经验。

1991 年 5 月 30 日，中国农林工会、云南省农垦工会作了《关于天保农场受战争破坏、经济困难情况的调查报告》，反映农场经济负担重、职工工资拖欠问题。1991 年 8 月 2 日，中国农林工会作了《关于海南垦区受 6 号台风袭击造成严重损失情况向全总副主席李容光、全总书记处书记张富有并全总书记处的报告》，反映因灾无法按时发放职工工资问题。1991 年，中国农林工会作了《关于云南垦区职工生活问题的调查情况向全总书记处、农业部的报告》，反映职工工资拖欠致使生活困难问题。1992 年 1 月 6 日，中国农林工会在全国林业行业思想政治工作会议上提出，要加快步伐推动劳动人事、工资分配、社会保险、住房制度的改革。1992 年 6 月，延边州林管局工会作了《关于深入发展家庭经济的几点意见向林管局党委的报告》，提出扶持政策建议。1992 年 10 月 21 日，中国水利电力工会作了《关于全国水文系统当前主要困难和问题的调查》。1992 年 12 月 17 日，中国农林工会作了《关于四川、云南一些森工企业长期停产半停产职工生活十分困难的调查》。1993 年 7 月 6 日，全国总工会副主席杨兴富在中国农林工会第二届全国委员会第一次全体会议上的讲话中指出，工会要代表职工参政议政，支持并参与企业劳动、人事和工资分配等制度的改革。工作报告提出要妥善解决林业工人工资拖欠问题，并协助企业顺利实施劳动、人事、工资分配等三项制度改革。1993年9月26日，中国农林工会作了《新疆生产建设兵团面临的困难亟待解决》，反映职工工资严重拖欠问题。1994年1月8日，中国农林工会在全国农林系统职工自营经济理论研讨会上提出，转变观念，把职工自营经济的发展推上一个新台阶，解决职工生活困难问题。1994年6月17日，林业部办公厅、中国农林工会发出了《关于发展职工家庭经济的通知》，提出八点措施解决职工生产生活困难：1. 对在机构改革和调整结构中出现的富余人员，各地要支持职工停薪留职，自谋生计，发展家庭经济。保留职工身份和档案工资，退休时与其他退休职工享受同等待遇。对于缺少资金办经济实体的，可在拍卖资产中提留部分予以支持，在其将来的盈利中予以退还。2. 从实际可能的条件出发，提供发展职工家庭经济所需的土地、水面、木（竹）材、设备、种子、牲畜、饲料、化肥、农药、农用塑料薄膜等生产资料，收取合理费用。3. 多渠道筹集资金，可建立互助合作基金会，制定切实可行的筹、贷、还款制度，加快资金周转，提高资金利用率。4. 支持职工以家庭承包的形式承包采伐、运输、营林、果园、鸡场、猪场、渔场、农场等生产经营项目，完善各项承包措施，明确双方的责、权、利。5. 要积极与地方政府协调给予简化工商登记审批手续，争取税收优惠政策，提供市场经营的方便条件。6. 扶持贫困职工发展家庭经济。对贫困职工发展家庭经济要重点帮助，优先提供资金、场地、物资、技术等方面的支持，使他们加快脱贫致富步伐。7. 在职工家庭经济中，积极发展出口创汇产品，积极与外贸部门配合，把家庭经济产品纳入外贸出口的轨道。8. 森工多种经营专项贷款和林业项目贷款，可由企业承贷用于发展家庭经济。

21世纪以来，中国农林水利等行业工人与全国职工一样，在生活条件方面有了重大改善，这些条件的改善在于生产发展以及党和国家对工人阶级的关怀。2003 年 4 月 28 日，中国农林水利工会通报了《拖欠工资引发事端 企业发展稳定难保——关于吉林黄泥河林业局拖欠职工工资问题的调查》。2003 年 6 月 9 日，中国农林水利工会提出了《关于城市非正规就业的几个问题》。2003 年 6 月 25 日，中国农林水利工会提出了《对农业工人收入增长缓慢问题的思考与建议》。2003 年 7 月 2 日，中国农林水利工会通报了《牵一发动全身更改退休年龄需谨慎——关于山丹马场因军转民而更改职工退休年龄引发不稳定的情况反映》。2005 年 8 月 16 日，全国总工会办公厅、中国农林水利工会通报了《北京农垦系统场乡体制改革后退休干部待遇差距过大问题亟待解决》。2005 年 9 月 12 日，全国总工会办公厅、中国农林水利工会提出《社保政策不落实职工养老难保障》。2006 年 6 月 8 日，中国农林水利工会指出《“源头活水”来自“劳资和谐”》。2008 年 7 月 17 日，全国总工会办公厅、中国农林水利工会推出了《关于大连市农林水利工会大力推行签订“职工工资保障责任书”工作推动企业建立职工工资协商共决机制情况的调查报告——产业工会推动企业建立工资共商共决机制的生动实践》。2009 年 1 月 9 日，全国总工会办公厅、中国农林水利工会作了《加大清欠力度推进和谐稳定——对全国农垦企业拖欠职工工资养老金情况的调查》。2010 年 10 月 18 日，中国农林水利工会作了《我国水文职工野外工作津贴明显偏低乃至取消问题亟待解决的调查报告》。2011 年 4 月 19 日，中国农林水利工会作了《如何谱写劳资关系的和谐乐章——江苏省邳州市板材行业工资集体协商的调研与思考》。2011 年 8 月 15 日，中国农林水利工会发布《关于召开全国农林水利系统工会工资集体协商现场经验交流会议的通知》。2011 年 9 月 14 日，中国农林水利工会发布了《全国农林水利系统工会工资集体协商现场经验交流会暨二届十次常委会（扩大）会议指南》。

2013 年 4 月 1 日，中国农林水利工会发出了《关于对农垦林业系统工会推进工资集体协商工作情况调研的通知》。2014 年 4 月 1 日，中国农林水利工会发出了《关于对林业系统工会推进区域性行业性工资集体协商工作进行调研的通知》。2014 年 9 月 3 日，中国农林水利工会发出了《关于召开渔业系统工资集体协商座谈会的预备通知》。

二、切实加强劳动保护

新中国成立后，废除了旧中国不合理的劳动制度，切实改善劳动保护和劳动保险工作以及职工生活福利，以保证职工在生产上的安全和身体健康，减轻生活上的困难，更好地发挥积极性。但是，有的地方对于劳动保险基金的使用不当，没有发挥劳保经费应有的作用，也有很多地方没有根据需要与可能来积极改善职工生活。

1950 年 5 月 7 日，东北人民政府农林部林务总局、东北林业工会筹委会发布了《东北林业职工医疗办法和东北林业工人业余疗养所试行章程》，特别指出为贯彻劳动保护，保障工人、职员健康，以保证国家林业生产任务的完成，特公布《东北林业职工医疗办法》《东北林业工人业余疗养所试行章程》，这对改善劳动条件，调动职工积极性与创造性有重要意义。1954 年 2 月 11 日，中国农林水利工会对《东北森工工会关于做好 1954 年流送作业的劳动保护工作的指示》作了抄件。1954 年 9 月 17 日，中国农林水利工会工委发布了《关于内蒙博克图森林工业局推广安全合格证的经验总结的通报》。

1955 年 3 月，中国农林水利工会工委召开第一次全国林业工会工作会议，总结劳动保护工作成绩及尚存在的问题。1955 年 6 月 27 日至 7 月 2 日，中国农业水利工会筹委会召开第二次筹委扩大会议，提出在群众劳保与生活福利中也要贯彻厉行节约的精神，分辨轻重缓急，根据花钱少办事多的原则逐步加以解决。同时要防止借口节约而不关心群众生活、应添置的劳动保护设备也不添置、应奖励而不奖励以及过多的变相加班加点等偏向的产生。下半年要逐步开展群众劳动保护工作，认真贯彻安全生产的方针；防病防伤，加强医疗卫生工作；根据各单位具体情况，逐步改善群众生活，如办好伙食，组织家属参加副业生产，组织群众性的互助储金会等。1955 年 7 月 21 日，中国林业工会筹委会在《关于东北、内蒙省区工会主席座谈会问题向全总书记处的报告》中指出，木材工业生产中伤亡事故仍然大量存在，准备 9 月专门召开劳动保护工作会议，各级工会组织应该加强群众性的劳动保护工作。积极协助行政采取各项措施，以防止和杜绝事故的发生，目前各林区劳动时间过长，严重影响工人身体健康，各级工会应协助行政予以解决，并要求各地认真总结经验，以便把保护工作会议开好。1955 年 12 月 1 日，中国农业水利工会作了《关于全国水利工会工作会议总结》，指出工会要监督行政方面劳保福利的合理使用。1955 年 12 月 19 日，林业部、中国林业工会筹委会发出了《关于签订劳动保护协议书的联合指示》。1955 年，中国林业工会筹委会发布了《全国林业第一次劳动保护经验交流会议总结提纲》。

1956 年 1 月，中国林业工会筹委会作了 1955 年工作总结报告，总结劳动保护方面的进展，将加强群众劳动保护工作，总结与交流安全生产经验，扭转林业生产中的严重伤亡情况列为主要工作。1956 年 2 月，中国林业工会筹委会召开第三次筹委扩大会议，总结劳动保护工作方面的进展，将认真签订和贯彻劳动保护协议书，改善劳动条件，加强安全技术教育，杜绝死亡和重伤事故，减少轻伤事故列为工作任务。1956 年 2 月 1 日，中国林业工会筹委会作了《关于加强群众劳动保护工作的决议》。1956 年 3

月 5 日，中国农业水利工会筹委会作了《第三次筹委扩大会议向全总的报告》，提出工会要协助行政改善劳动条件，加强群众劳动保护工作。1956 年 3 月 9 日，林业部、中国林业工会筹委会发布了木材工业全面开展森工局和制材厂局厂际竞赛的联合决定，其中要求各级行政和工会组织在竞赛中做好劳动保护工作。1956 年 5 月 19 日，中国林业工会筹委会作了《关于绥阳分区工会森铁发生行车事故的调查分析专题报告的按语》。1956 年 6 月 28 日，中国农业水利工会筹委会发布了《1955 年工作基本情况及今后工作意见》，反映了在劳动保护方面存在的问题。1956 年 7 月 10 日，中国林业工会分党组作了《关于苏联森林工业先进生产者代表团来访的安排向全总党组的请示报告》，转述苏联代表团建议改进劳动保护工作。1956 年 10 月 18 日，中国农业水利工会筹委会发布了《关于中国农业水利工会产业组织划分、组织形式、组织领导、人员编制的初步意见（初稿）》，明确工会设立劳动保护部门。1956 年 10 月，中国农林水利工会劳保部作了《关于劳动保护工作报告》。

1957 年 1 月 10 日，农垦部、中国农业水利工会筹委会转发劳动部、全国总工会印发的《关于编制 1957 年安全技术措施计划和签订劳动保护协议书的联合通知》。1957 年 2 月 18 日，森林工业部和中国林业工会筹委会发布了《关于调训劳动保护干部的联合通知》。1957 年 2 月 28 日，森林工业部和中国林业工会筹委会发布了《关于巩固安全卫生大检查成果进一步加强劳动保护工作的联合通知》。1957 年 3 月 12 日，森林工业部和中国林业工会筹委会联合下发《安全卫生大检查总结》。1957 年 6 月 7 日，中国林业工会筹委会发布了《关于进一步开展增产节约运动的指示》，指出各林区事故频率较上年同一时期增加，其主要原因是加班加点和突击生产。鉴于此，工会组织必须严格监督加班加点突击生产情况；要教育工人认真执行操作规程，同时应该协助行政加强劳动保护工作，积极采取措施、防止事故发生。1957 年 8 月 22 日，中国林业工会筹委会发布了《关于进一步加强劳动保护工作的指示》。1957 年 8 月 23 日，中国林业工会筹委会向中央农村部、森林工业部报送了《关于农业系统实行劳动保险条例的补充通知》。1957 年 10 月，中国林业工会筹委会发出了《关于加强冬季生产安全工作的紧急通知》。1957 年 11 月 1 日，森林工业部、中国林业工会筹委会发出了《关于编制 1958 年安全技术措施计划和签订劳动保护协议书的通知》。1957 年 12 月 13 日，中国林业工会筹委会转发了《四川省林业工会写给四川森管局党委报告的通知》。

1958 年 1 月 4 日，中国林业工会筹委会发出了《关于 1958 年集体合同工作的意见》，提出集体合同需附有劳动保护协议书。1959 年 11 月 30 日，中共水电工会分党组向全国总工会党组作了《关于中国水电工会重点基层和地区组织干部座谈会情况的报告》，提出要加强劳动保护工作，关心职工生活，以便进一步巩固与提高职工劳动热情，持久深入地开展增产节约群众运动。1963 年 2 月 7 日，林业部作了《关于森工企业经营自给性副食品生产问题的请示报告》，反映副食品生产工人劳动保护用品不足问题并提出建议。1963 年 3 月 10 日，林业部发布了《关于发展林区副食品生产若干问题的规定》，明确副食品生产工人的劳动保护用品和福利待遇，应当按照国营农场工人的待遇标准来供应。1963 年 3 月 27 日，全国总工会生产办公室、水利电力工会、水电建设总局联合工作组作了《关于黄河三门峡工程局廊道内作业工人患风湿性关节炎病的调查报告》，反映该局在劳动保护方面存在的不足。1965 年 2 月 25 日，农垦部党组发布了《关于贯彻执行中央对 1964 年 8 月农垦部党组扩大会议报告批示的规定（草案）》，明确国营农场的劳保福利，用相当于工资总额的 10% 的资金作为福利基金，统筹解决。这部分基金可用于劳动保护用品。

改革开放以来，中国农林工会采取多种形式加强职工培训，使广大职工在精通本职业务的基础上向一专多能发展，迎接新技术挑战。坚持“安全第一、预防为主”的方针，进一步加强工会劳动保护工作。农林产业生产条件差、劳动强度大，做好劳动保护和安全生产工作尤为重要。工会要积极参与制定各项安全生产制度，及时反映劳动保护方面的问题，提出解决安全生产重大问题的意见。

1978 年 12 月 30 日和 1979 年 1 月 9 日、12 日，中共中国水利电力工会分党组作了《关于整建中国水利电力工会全国委员会的请示报告及全总领导的批示》，全国总工会领导批示要加强劳动保护工作。1979 年 10 月 23 日，中国农林工会发布了《青山农场第 21 队职工生活状况的初步调查》。1979 年 11 月 6 日，中国农林工会发布了《黑龙江省国营农场安全生产工作情况调查》。1979 年 11 月，中国农林工会、农垦部联合调查组就关于黑龙江省国营农场安全生产工作的调查情况向全国总工会书记处、农垦部汇报。

1980 年 1 月 7 日，中国农林工会工作组关于内蒙古牙克石木材加工栲胶联合厂职工生活问题的调查，向林业部、全国总工会书记处作报告，反映该厂在劳动保护和安全生产方面存在的问题。1980 年 2 月，中国农林工会作了《关于农业工人地位问题的反映和意见向全总书记处农垦部的汇报》，其中反映农垦系统野外农业工人缺乏劳保用品，以及所办的工厂劳动保护用品未能纳入国家计划致使厂里工人享受不到劳保待遇问题。1980 年 7 月 24 日，中国农林工会秘书长阎兴民作了《关于农垦劳动工作会议的简报》。1980 年 11 月 17 日，中国水利电力工会作了《关于第四水电工程局劳动保护情况调查和建议》。1980 年 11 月 19 日，中国农林工会作了《关于东北三省区部分林管局林业局工会主席座谈会纪要》，明确职代会职权范围包括决定劳动保护经费的分配使用方案。1980 年 12 月 18 日，电力工业部转发了此报告，要求各单位结合实际情况，采取切实可行的措施，努力把伤亡事故降到历史最低水平。对于尘、毒方面的问题，要调查研究，制定出分期分批的治理规划。其所需费用，按国务院国发〔1979〕100 号文件规定，从每年更改资金中提取 10%左右作为劳动保护技措经费，不足部分报部统一考虑。要力争在两三年内，使尘、毒危害达到国家规定的标准。对因工死亡职工的家属，家庭生活确有困难的应给予妥善处理。1981 年 5 月 8 日，中国农林工会发布了《牙克石林管局工会召开安全教育会议做好劳动保护工作》。1982 年 2 月 15 日，中国农林工会发布了 1982 年工作要点，将总结推广包括劳动保护在内的各项工作经验。1983 年 6 月 27 日，中国农林工会在农林系统部分省（区）基层工会工作座谈会上反映，部分单位还存在私自改变劳动保护基金的使用决议等问题。1986 年 3 月 18 日，农牧渔业部、林业部、中国农林工会发出了《关于充分发挥农林系统各级工会参政议政作用的暂行规定》，提出凡涉及职工利益的重要制度的改革，包括劳动保护等应吸收同级产业工会参加工作，并参加相应的领导机构。1986 年 10 月 28 日，全国总工会给黄河水利委员会人民治黄 40 周年纪念暨治黄表彰大会致贺信。

1987 年 5 月 23 日，中国水利电力工会全委会发出《做好安全度汛工作的通知》。1987 年 5 月 27 日，中国农林工会作了《关于大兴安岭林区灾情和进行慰问活动情况向全总书记处的报告》，其中建议今年内或明年初，林业部召开有工会系统干部参加的安全及劳动保护工作会议。1987 年 5 月，四川省水电厅都江堰管理局东风渠管理处工会发布了《加强民主管理充分发挥职代会作用》，介绍职代会在加强劳动保护工作方面的作用。1987 年 6 月，黄河工会召开确保安全度汛会议。1987 年 6 月 10 日，中国农林工会发出了《关于加强林业防火、切实搞好安全生产的通知》。

1987年6月23日，中国农林工会转发了《黑龙江省林业工会〈关于在森林职工中加强劳动纪律、培养职业道德的决议〉的通知》。1987年8月5日，中国农林工会转发内蒙古林业工会的《我们是怎样配合行政抓护林防火工作的》。1987年10月5日，中国农林工会发布了《林业企业工会防火工作条例》。1987年10月24日，中国农林工会发出了《关于部分省市水产局工会主席座谈会议纪要》，提出对捕捞和加工行业职工的生产环境、劳动保护及工业卫生状况、物质待遇和文化生活状况、后勤保障等方面进行一定的调查研究，写出有情况、有数据、有分析、有解决问题的意见或建议的调查报告，作为参政议政、协商对话的根据。

1988年1月，中国农林工会作了1988年工作计划安排，提出举办林业企业工会防火、安全生产、劳动保护干部培训班。1988年5月10日，中国农林工会发出《关于林业工会劳动保护干部培训班通知》。1988年8月6日，中国农林工会作了《关于全国林业工会劳动保护干部培训班的情况报告》。1989年5月4日，中国农林工会发出了《关于召开全国林业工会劳动保护研讨会的通知》。1989年6月，中国农林工会召开全国林业工会劳动保护经验交流会。1989年7月2日，中国农林工会发布了《研讨会发言稿〈林业工会劳动保护论文集〉》。1989年8月14日，中国农林工会发出了《关于印发〈关于进一步加强林业工会劳动保护工作的意见〉的通知》。1989年8月30日，农业部、中国农林工会发出了《关于加强农业系统工会工作的意见》，要求农业系统各级主管部门在研究劳动保护等工作时，应吸收同级工会参加并认真听取工会的意见。凡设有专门机构或工作委员会的，要有工会参加工作。1989年12月11日，林业部、中国农林工会发出了《关于在森工企业承包经营责任制中加强民主管理工作的通知》，提出坚持职代会审议承包企业的重大决策的原则，包括劳动保护措施在内的规章制度，必须提交职代会审议通过后，才能实施。

1990 年 1 月 18 日，中国农林工会发出了《召开部分林区劳保部长座谈会通知》。1990 年 2 月，中国农林工会作了《1989 年工作情况和 1990 年工作安排向全总副主席李沛瑶、全总书记处书记张富有并全总书记处的报告》，汇报综合研究部、会近年来合署的指导性文件的贯彻落实情况，如《关于加强林业企业工会安全生产、劳动保护工作的若干意见》贯彻落实中的经验和问题。1990 年 4 月 8 日，黑龙江省牡丹江农垦工会发布了《关于对庆丰农场煤矿工会在劳动保护工作中没有发挥“群众监督”作用的通报》。1990 年 5 月 3 日，中国农林工会发出《召开劳保部长座谈会的补充通知》《劳保部长座谈会的名单》。1990 年 7 月，中国农林工会作了《关于水产系统贯彻中央 12 号文件及全心全意依靠工人阶级情况的汇报提纲》，在劳动保护方面提出三点建议：1. 制定完善的低温冷水作业劳动保护法规。2. 加强对低温冷水作业劳动保护用品的研制和装备，建立起必需的卫生设施。3. 建立营养保健和休假疗养制度。1990 年 9 月 7 日，中国农林工会发出举办《安全健康和工作环境》林业师资培训班的通知。1990 年 10 月 15 日，中国农林工会发布《安全健康环境师资班名单》。1991 年 1 月，中国农林工会作了 1991 年工作计划，提出举办水产行业安全健康及工作环境劳动保护师资培训班。1991 年，中国农林工会调查组发布《关于云南垦区职工生活问题的调查情况向全总书记处、农业部的报告》。1992 年 10 月 21 日，中国水利电力工会作了《关于全国水文系统当前主要困难和问题的调查》，反映水文设备老化，职工安全和劳动保护问题较多。1993 年 7 月 6 日，中国农林工会主席召开二届一次全委会，总结劳动保护工作取得的成绩，提出要坚持“安全第一、预防为主”的方针，进一步加强工会劳动保护工作。农林产业生产条件差、劳动强度大，做好劳动保护和安全生产工作尤为重要。工会要积极参与制定各项安全生产制度，及时反映劳动保护方面的问题，提出解决安全生产重大问题的意见。1994 年 9 月 1 日，中国农林工会发出《关于举办农林水产系统工会〈劳动法〉骨干培训班的通知》。这些通知加强了群众劳动保护工作，发挥了工会组织和职工代表大会的监督作用。各基层工会普遍建立劳动保护工作委员会，队（工地）建立劳动保护小组，班组设劳动保护检查员或安全员。

21 世纪以来，中国农林水利工会进一步加强劳动保护工作调查研究，完善工作机制，积极引导广大职工参与劳动保护各类活动，全面提升各级工会干部和广大职工开展劳动保护的能力，为促进经济社会持续健康发展营造良好安全环境。

2003 年 1 月 6 日，中国农林水利工会发布了《百万农垦人的企盼——关于农垦系统养老保险社会统筹问题的调查》。2003 年 5 月，中国农林水利工会发布了《农垦体制改革要处理好劳动关系问题——江西农垦体制改革中的劳动关系问题的调查》。2003 年 6 月 13 日，中国农林水利工会发出《关于开展农垦改制企业劳动关系状况调查的通知》。2003 年 8 月 7 日，中国农林水利工会发出《关于召开全国农垦系统协调劳动关系和促进再就业工作会议的通知》。2003 年 11 月 3 日，中国农林水利工会发出《关于印发〈全国农垦系统协调劳动关系和促进再就业工作会议纪要〉的通知》。2003 年 11 月，中国农林水利工会发布了《农垦系统劳动关系状况调查》。2004 年 2 月 20 日，中国农林水利工会发出《关于召开全国渔业企业改制中的劳动关系研讨会的通知》。2004 年 2 月 20 日，中国农林水利工会发出了《关于印发〈全国渔业企业改制中的劳动关系研讨会会议纪要〉的通知》。2004 年 3 月 29 日，中国农林水利工会发布了《丁哲元在全国渔业企业改制中的劳动关系研讨会上的讲话》。2004 年 4 月 30 日，中国农林水利工会发布了《全国渔业企业系统改制中的劳动关系状况调查》。2005 年 7 月 10 日，中国农林水利工会发布了《大局看好工作未了——关于湖南农垦社保问题的调查》。2006 年 2 月 13 日，中国农林水利工会发出《关于开展血吸虫病严重危害职工跟踪调研的通知》。2006 年 9 月 20 日，中国农林水利工会发出了《关于在全国水利系统进行职工医疗保障情况调研的通知》。2007 年 11 月 22 日，中国农林水利工会发布了《来自国有林场职工的强烈呼声——关于国有林场职工社会保障问题的调查报告》。2007 年 12 月 11 日，中国农林水利工会发布了《职工安置初显成效 后续问题亟待完善——关于对黑龙江省森工企业职工“四险补助”和职工安置等工作的调查报告》。2009 年 2 月 25 日，中国农林水利工会发布了《关于继续开展抗震救灾四川省农林水利系统伤残职工康复疗养活动的通知》。2009 年 7 月 10 日，中国农林水利工会发布了《等闲识得东风面万紫千红总是春——对松辽委近几年来积极开展群众性“职工健康工程”活动情况的调查》。2009 年 8 月 20 日，黄河委员会工会在中国农林水利工会二届六次常委会上提交交流材料：《黄委职工重大疾病医疗救助机制建立与完善的问题和对策》。2009 年 8 月 24 日，中国农林水利工会作了《中国农林水利工会抗震救灾伤残职工康复中心两年运行情况汇报》。2010 年 3 月 10 日，中国农林水利工会发出《关于继续开展抗震救灾四川省农林水利系统伤残职工康复疗养活动的通知》。2010 年 5 月 4 日，中国农林水利工会作了《关于中国农林水利工会抗震救灾伤残职工康复疗养活动情况的报告》。

2019 年 8 月 5 日，中国农林水利气象工会发布了《天保二十载再造青山绿水 守护生态屏障仍需持续关注——关于四川省天保林区职工社会保障等情况的报告》。2023 年，中国农林水利气象工会开展全国水利系统闸门运行工培训班、全国林草系统有害生物防治员培训班、“农业强国 复兴有我”工匠之星实训营、边境垦区“科技服务交流”活动，累计培训一线职工360名。开展全国林草系统网上工匠课程建设，完成30余节课程编辑录制。2023年12月25日，中国农林水利气象工会发布了《关于认真贯彻落实习近平总书记重要指示精神切实做好年终岁尾工会安全生产工作的通知》，要求各委员单位提高政治站位，高度重视产行业安全生产工作，聚焦重点行业领域，切实发挥好产业工会作用，着力提升职工安全素质，深入开展群众性安全生产活动。

三、有序推进劳动保险

工人的劳动保险始于新中国成立之后，从1949年到1952年国民经济恢复时期，政府陆续颁布和修改了一系列有关劳动保险的法规、条例，初步创建了以职工劳动保险为主体，社会救济为基础，社会福利和优抚安置为补充的社会保障制度。

1950年5月7日，东北人民政府农林部林务总局、东北林业工会筹委会发出了《施行医疗办法和业余疗养所试行章程》，明确该办法与章程依据劳动保险条例而制定。1950年11月，东北森林工业第一届工人代表大会发布了《办好劳动保险及工人福利工作》。1953年，中国农林水利工会工委作了年度工作总结报告，其中谈到劳动保险实行情况。

1955年3月，在《关于中国农业水利工会产业组织划分、组织形式、组织领导、人员编制的初步意见》（初稿）中首次明确了劳动保险的编制：在拟订编制时，应将事业编制与行政编制分开，不应混在一起。如俱乐部、广播员、政治、文化、技术教员、报纸、出版刊物、劳动保险事业等编制，均属事业编制，不在行政编制之内。1955年3月，中国农林水利工会工委在第一次全国林业工会工作会议上介绍了劳动保险实行情况。1955年9月30日，中国林业工会筹委会作了《关于林业职工生活居住情况向全总书记处的报告》，介绍主要林区，如东北、内蒙古实行了劳动保险待遇。《黑龙江农垦工会志》记载了黑龙江垦区疗休养事业的发展，其中介绍根据1955年统计，垦区实行劳动保险的已有九个农场。

1956年3月5日，中国农业水利工会筹委会作了《第三次筹委扩大会议向全总的报告》，提出切实改善劳动保险工作。1956年3月9日，林业部、中国林业工会筹委会发布了木材工业全面开展森工局和制材厂局厂际竞赛联合决定，提出各级行政和工会组织在竞赛中要相应做好劳动保险等工作。1956年4月17日，中国农业水利工会筹委会在全国农业水利先进生产者代表会议上介绍了劳保合同实行情况。1956年6月28日，中国农业水利工会筹委会发布了1955年工作基本情况及今后工作意见，反映劳保金积压没有妥善解决职工问题的情况。1956年12月11日，农垦部、农业部、中国农业水利工会筹委会发出的《关于在农业系统实行劳动保险条例的联合通知》中明确规定了实行劳动保险条例的范围：国营农牧场、拖拉机站和地方国营农牧场及农垦部、农业部所属省、市的农业企业和事业单位。实行劳保条例日期为1957年1月1日。1957年8月，农业部、农垦部、中国农业水利工会筹委会发出《关于农垦系统实行劳动保险条例的补充通知》。1957年11月22日，中国林业工会筹委会作了《关于林业系统防病防伤的综合情况向中央农村部、森工部的报告》。1957年11月23日，《国务院第七办公室向邓子恢、李先念副总理的报告》指出了劳动保险金的用途：劳动保险金原规定按工资总额提取3%。其用途主要是按劳保条例解决职工的生、老、病、死、伤、残等困难。降低附加工资后劳动保险金究竟需要提取多少，则应根据各农场和有关工会所订立的劳保合同再作具体规定（但一般不得超过1.5%）。1958年6月14日，中国水利电力工会发出了《关于改变财务管理领导关系的通知》，将包括劳动保险金在内的财务工作领导关系移交给各地方工会联合会，取消现行的按产业系统的管理办法。1958 年 11 月 4 日，中国水利电力工会黄河委员会发布了《关于黄河工会体制和几项具体工作初步意见的报告》，提出原来实行劳动保险的单位，今后是否继续实行，由所在地的地方工会和行政共同研究决定。

1961 年 8 月，中国农林工会在东北、内蒙古林业工作会议上提出了关于改进基层工会工作几点意见，要求工会加强劳动保险和疗养事业的管理，做好防病卫生工作。1962 年 1 月 16 日，中国水利电力工会黄河委员会作了《关于恢复健全黄河水利工会建制的请示报告》，提出黄河水利工会设办公室、生产部、劳保生活部。1964 年 2 月，农垦部召开了全国农垦政治工作会议，提出《农垦政治工作条例（草案）》，规定国营农场劳保福利原则上取消工资附加制度，农场用相当于工资总额 10%的资金作为福利基金统筹解决。1965 年 2 月 25 日，农垦部党组发布了《关于贯彻执行中央对 1964 年 8 月农垦部党组扩大会议报告批示的规定（草案）》，明确国营农场的劳保福利，原则上取消附加工资制度，取消过去按工业企业的劳保福利办法。农场用相当于工资总额的 10%的资金作为福利基金，统筹解决。这部分基金可用于农场职工的养老、工伤、因工残废、医疗、病假、丧葬、困难户、五保户等的补贴以及劳动保护用品。按规定劳动日全年出勤的实行公费医疗。部分出勤的实行部分公费医疗。国营农场取消退职退休办法，如自动退出农场的，则作离场处理，也不发退职金。国营农场的福利基金列入农场的财务预算。享受干部待遇的劳保福利，仍按国家规定办理。1966 年 2 月，农垦部党组报送国务院副总理谭震林及中央关于国营农场经营管理制度若干问题的补充规定（征求意见稿），提出国营农场现行的劳保福利制度也要改革。福利基金一般应当控制在工资总额的 8%以内，最多不得超过 10%。福利基金的使用应当认真贯彻群众路线，发扬民主。1966 年，国务院农林办公室、农垦部和全国总工会发出了《关于改革国营农场工会工作具体业务的联合通知》，明确国营农场不实行劳动保险条例。职工的劳保福利，在农垦部规定的福利基金中统一解决。

党的十一届三中全会拉开改革开放大幕，特别是党的十三大明确了我国政治体制改革的任务，强调了发挥群众团体在国家经济生活和政治生活中的作用。全国总工会为贯彻党的十三届四中全会的精神，召开十一届三次主席团（扩大）会议，进一步强调了全党必须明确树立全心全意依靠工人阶级的思想。工会作为工人阶级群众组织和重要的社会政治团体，一方面要在党的领导下工作，另一方面要有相对的独立性，而且要切实代表工人的具体利益，成为一个民主的渠道。1981 年 2 月 25 日，伊春市总工会在三届五次（扩大）会议上的工作报告中提到，已恢复建立了劳动保险工作。1981 年 3 月 2 日，中共四川省林业厅党组批转了省林业工会《关于加强工会组建配备工会干部问题的报告》，明确俱乐部、图书室、电影队、广播人员及劳动保险事业人员不算工会编制人员，应由企业行政开支。1982 年 2 月 15 日，内蒙古林业工会发布了 1981 年工作总结，介绍各局厂工会逐步接收了劳动保险业务。1983 年 8 月 8 日，中国农林工会作了《关于巴盟农牧场实行“双包”生产责任制后一些情况的调查》，反映劳保福利开支转嫁给职工的问题。1986 年 3 月 18 日，农牧渔业部、林业部、中国农林工会发布了《关于充分发挥农林系统各级工会参政议政作用的暂行规定》，明确凡涉及职工利益的重要制度的改革，包括劳动保险等，应吸收同级产业工会参加工作，并参加相应的领导机构。1987 年 5 月 27 日，中国农林工会作了《关于大兴安岭林区灾情和进行慰问活动情况向全总书记处的报告》，提出此次森林火灾，职工与家属有严重伤亡，劳保、救济待遇，应给予妥善考虑。在确定时，应有工会参加。1989 年 8 月 30 日，农业部、中国农林工会《关于加强农业系统工会工作的意见》中规定，农业系统各级主管部门在研究制定有关产业经济和社会发展计划，特别是涉及职工切身利益的政策、法规、实施办法和研究职工的思想政治工作、教育工作、劳动制度和劳动工资改革、劳动保护、劳动保险、劳动仲裁、人身事故调查处理、劳动竞赛、劳模评选与管理、生活福利、住房改革、优抚政策以及职工文化体育等方面的工作时，应吸收同级工会参加并认真听取工会的意见。1997年7月19日，中国农林工会发布了《广东农垦职工养老保险亟待真正实现社会统筹》。1998年10月30日，中国农林工会发布了《关于皖南国有茶场职工强烈要求其基本养老保险实行社会统筹的调查报告》。1999年8月10日，中国农林工会发布了《农垦职工养老保险及下岗职工基本生活保障状况调查》。1999年11月28日，中国农林工会发布了《海南农垦职工的社会养老保险问题亟待解决》。

21世纪以来，我国社会保障事业踏上变革重生的征程。劳动者的权益保障被提上议事日程，中国农林工会围绕劳动保险及相关问题开展了一系列调查研究和广泛的摸底考察。2000年6月29日，中国农林工会发布《农垦系统社会保障工作存在的问题及对策》。2000年7月24日，中国农林工会发布了《宁夏农垦企业职工的社会养老保险问题亟待解决的调查报告》。2000年10月24日，中国农林工会作了《关于以全总名义向国务院反映海南农垦职工养老保险问题的请示》。2000年11月27日，全国总工会办公厅回复了《关于海南农垦职工社会养老保险问题的报告及建议》。2001年1月14日，中国农林工会发布了《关于黑龙江省森工企业长期拖欠离退休养老金情况的调查》。2001年9月12日，中国农林工会发布了《关于湖北农垦职工养老保险统筹情况的调查》。2001年9月26日，中国农林工会发布了《关于我省农垦企业职工参加社会养老保险有关情况的函》。2006年5月28日，中国农林水利工会发布了《解决老有所养是当务之急——关于江西双金园艺场亟待解决职工加入养老保险统筹的调查》。2006 年 10 月 20 日，中国农林水利工会发布了《妥善认定职工身份 早日结束内部统筹——关于辽宁盘锦市农垦职工养老保险问题的调研》。2006 年 10 月 20 日，中国农林水利工会发布了《湖南农垦职工呼唤公平待遇——对湖南农垦职工养老保险有关问题的调查》。2008 年 4 月 23 日，中国农林水利工会发布了《对江苏农垦职工医疗保障情况的调查——解决农垦职工医疗保险问题还需政府助力》。2009 年 12 月 11 日，全国总工会办公厅、中国农林水利工会发布了《关于农垦企业职工参保难、缴费难情况的调查报告》。2011 年 6 月 14 日，中国农林水利工会发布了《尽快化解退休待遇差别矛盾维护企业社会和谐稳定——关于规范养老保险管理统一养老金计发办法的建议》。

2019 年 4 月 15 日，中国农林水利气象工会发出《关于开展全国水利系统职工重大疾病医疗救助情况调研的通知》。2019 年 5 月 23 日，中国农林水利气象工会发出《关于召开全国农垦系统工会职工社会保障工作座谈会的通知》。2019 年 6 月 21 日，中国农林水利气象工会在内蒙古呼伦贝尔召开全国农垦系统工会职工社会保障工作座谈会。会议要求，农垦各级工会要充分认识到农垦改革的紧迫形势，充分发挥工会组织在改革中的重要作用。

四、深入开展女职工工作

党诞生后不久即成立临时中央妇女机构，党的二大、三大、四大、六大均作出关于妇女运动的决议，根据不同时期党的中心任务制定实施妇女工作的方针政策，妇女运动的面貌为之一新。1933 年 4 月，中国农业工人第一次代表大会关于苏区农业工人的经济斗争决议指出：哺乳的女工，在工作时间内应有一定的休息时间来哺育小孩。如因工作关系，雇主要求工人做夜工时，雇工除得到额外工资外，工作到晚上 11 点，雇主须供给点心一顿。做夜工不得超过晚上 11 点钟，并须减少第二天的工作时间，对于哺乳及怀孕的女工第二天的工作时间，应更多地减少。在工资方面，指出雇工不论男女老少，做同样工作者，得同样工资。在待遇方面，指出妊娠女工产前后共休息八星期，雇主至少应发给一个月的工资外，并给予相当的药费和小孩的用品，女工小产休息两星期，亦不得扣工资。1934 年 4 月，中国农业工人第一次代表大会对于干部问题的决议中提到，应该特别注意到女工青工干部的教育，应该反对那种轻视妇女与青工的错误倾向。1936 年 9 月 24 日，发布了《陕甘省雇农工会简章及斗争纲领》，提出凡 14 岁以上的雇农、牧畜工人、苦力及没有独立工会的手工业工人，不分男女，赞成本会简章与斗争纲领，并经本会的会员二人以上的介绍者，都得为本会会员。凡以上工人的女人如从事家庭手工业或季节劳动者，亦得为本会会员。并设置女工部长一名，作为工会五名执行委员之一。1938 年，发布了《农业工人工会组织简章》，明确设立女工部。

新中国成立后特别是改革开放以来，党和国家综合运用法律、政策、宣传和教育等多种手段，保障广大女职工平等地位，激发女职工劳动热情，女职工工作进入蓬勃发展时期。1956 年 3 月 5 日，中国农业水利工会筹委会作了《第三次筹委扩大会议向全总的报告》，提出关于女工的特殊保护问题，各级组织也要加以重视。1964 年 10 月 23 日，江苏省射阳县总工会向全国总工会和省总工会作了《关于国营淮海农场工会组织状况的调查及相关问题的请示》，总结发动女工积极参加劳动、做好妇女保健等工作的成绩。1966 年 3 月 11 日，安徽省总农林工会发出了宿县拖拉机站建立职工代表大会制度情况的通知，介绍代表选举保证女职工比例的经验。

1980 年 1 月 7 日，中国农林工会作了《关于内蒙古牙克石木材加工栲胶联合厂职工生活问题的调查向林业部、全总书记处的报告》，其中反映对女职工四期保护重视不够的问题。1980 年，广东省农垦工会恢复，设办公室、宣传部、生产部、生活福利女工部。1980 年 8 月，松花江林区管局工会在方正局召开生活女工工作座谈会，推动解决女职工关心的问题。1981 年 8 月 25 日，上海市农场局工会恢复，设办公室、组织科、宣传科、生产科、生活女工部。1982 年 2 月 15 日，中国农林工会发布了 1982 年工作要点，提出要总结推广群众生产、生活、职工教育、劳动保护和女工等各项工作的经验。1983 年 6 月 27 日，中国农林工会在农林系统部分省（区）基层工会工作座谈会上反映部分单位侵犯女职工权益的问题，提出工会要积极协助行政办好包括女工保护在内的集体福利事业。1984 年 6 月，北京市农场局工会发出了《关于全面开展争当“工人之家”“工人之友”竞赛评比活动的通知》，将积极维护女职工的合法权益、做好女职工的五期保护工作、积极创造条件解决职工的住房洗澡和女工冲洗室等列入评比标准。1984 年 8 月，云南中甸林业局工会发布了《为职工说话办事，努力把工会办成“职工之家”》，总结维护女职工权益方面的做法和经验，使女职工深刻感受到了社会主义制度的温暖，激发了她们的劳动积极性。1985 年 11 月，沈阳市光辉畜牧场工会发布了《围绕企业经济体制改革，发挥工会组织作用》，介绍安置包括 10 名女工在内富余人员工作的经验。1987 年 5 月 11 日，中国农林工会提出《农垦女工作用值得重视》。1987 年 5 月 26 日，中国农林工会总结《她们在少年儿童工作方面做了十四件事》。1988 年 6 月 1 日，中国农林工会发布了《水产女工“冷、潮、脏、累”》。1988 年 6 月 6 日，中国农林工会作了《水产加工企业女工问题的调查报告》。1989 年 9 月 25 日，中国农林工会发布了《关于桃山林业局工会自身改革，增强活力情况的调查》，其中介绍该局工会按照全国总工会《工会改革设想》的指导精神，结合本局的实际情况和广大会员的意见，撤销了原有的“五部一办”建制，设立了五个工作委员会和办公室（宣传教育工作委员会、组织民管工作委员会、生产保护工作委员会、生活保障工作委员会、女工工作委员会和办公室）。1989 年 11 月，中国农林工会、黑龙江省林业工会、伊春市总工会发布了《办好企业的源泉在职工群众之中》，介绍南岔木材水解厂“保护女职工利益的规定”等制度的经验。

1990 年 3 月 20 日，中国农林工会推出《女工专辑》。1990 年 12 月 30 日，中国农林工会在《关于召开“治危兴林”经验交流会的情况向全总书记处书记张富有并全总书记处的报告》中提出要特别注意对女职工女青年的安置工作。1992 年 1 月，中国农林工会作了 1991 年工作总结《以调研为龙头，建立工作新格局》，其中介绍主抓包括农林系统女工工作在内的六个系列典型经验。1992 年 2 月，中国农林工会作了《1989 年工作情况和 1990 年工作安排向全总副主席李沛瑶、全总书记处书记张富有并全总书记处的报告》，将综合研究农林渔系统女职工状况及女职工工作的经验、抽调重点垦区林区工会女职工委员会负责人参加全国总工会女工干部培训班、组织加强女职工工会工作研讨会列入工作安排。1993 年 7 月 6 日，中国农林工会召开二届一次全委会，工作报告总结了近几年女职工工作的成绩：农林系统各级工会普遍建立了女职工委员会，积极督促和协助行政认真贯彻执行国务院《关于女职工劳动保护规定》和《妇女权益保障法》，切实维护了女职工的合法权益和特殊利益；开展了许多适合女职工特点的活动，充分发挥了女职工在“两个文明”建设中的“半边天”作用。提出要重视抓好女职工工作，建立健全女职工委员会，适应市场经济的新形势，开创女工工作新局面。1993 年 7 月，内蒙古林业工会发布了《加强工会自身建设，提高工会整体水平》，其中介绍在女职工中开展“巾帼奉献”演讲比赛的经验。1995 年 6

月，大连海洋渔业总公司工会总结了成立女子管乐团，为生产经营服务、为职工服务的经验。1997 年 1 月 8 日，中国农林工会发出《关于召开林业气象系统女职工工作研讨会的通知》。1997 年 1 月 22 日，中国农林工会发布《农牧渔华侨监狱系统工会女职工工作研讨会须知》。1997 年 5 月 18 日，中国农林工会发出了《关于转发韩义敏同志在全国林业气象系统工会女职工工作研讨会上讲话的通知》。1999 年 3 月 18 日，中国农林工会发出《关于召开农林水产系统工会女职工工作经验交流暨表彰会议的通知》。1999 年 7 月 15 日，中国农林工会发出《关于召开农林系统女职工工作经验交流暨表彰会议的通知》。1999 年 7 月 26 日，中国农林工会发布《关于表彰农林系统先进女职工、先进女职工工作者、先进女职工集体、先进女职工之友、文明家庭的决定》。1999 年 9 月 16 日，中国农林工会发布了韩义敏主席在全国农林系统工会女职工工作经验交流暨表彰会议上的讲话。1999 年 9 月 18 日，中国农林工会发布了王萍副主席在会议上的讲话。1999 年 10 月 15 日，中国农林工会发布了《全国农林系统女职工工作经验交流暨表彰会议须知》。女职工工作得到了加强。

21 世纪以来，中国农林水利气象工会重视抓好女职工工作，建立健全女职工委员会，适应市场经济的新形势，开创女工工作新局面。2001 年 3 月 8 日，中国农林工会发出《关于召开农林工会女职工委员会一届一次会议的通知》。2001 年 4 月 4 日，中国农林工会发出《关于召开农林工会女职工委员会一届一次全体会议的补充通知》。2001 年 4 月 16 日，中国农林工会发布《关于表彰农林系统先进女职工集体 先进女职工工作者 先进女职工之友的决定》。2001 年 5 月 12 日，中国农林工会发布《农林工会女职工委员会组成方案》。2001 年 5 月 12 日，中国农林工会公布《农林工会女职工委员会委员名单》。2001 年 5 月 14 日，中国农林工会发布了王萍在农林工会女职工委员会一届一次全体会议结束时的讲话。2001 年 7 月 25 日，中国农林工会发出《关于下发农林工会女职工委员会一届一次全体会议文件材料的通知》。2004 年 2 月 18 日，中国农林水利工会发出《关于召开中国农林水利工会女职工委员会一届二次全委会（扩大）会议的预备通知》。2004 年 3 月 10 日，中国农林水利工会发出《关于召开中国农林水利工会女职工委员会一届二次全委（扩大）会议的通知》。2004 年 4 月 17 日，中国农林水利工会发布《关于表彰农林水利工会系统先进女职工集体、先进女职工工作者、先进女职工之友的决定》。2004 年 4 月 28 日，中国农林水利工会发出《关于印发王萍主席在中国农林水利工会女职工委员会一届二次全体（扩大）会议上讲话的通知》。2010 年 1 月 13 日，中国农林水利工会发布《女胶工患病早衰情况严重——农垦女胶工权益和特殊利益落实情况的调查》。

2013 年 4 月 8 日，中国农林水利工会发出《关于在全国农垦林业系统开展女职工组织情况调查的通知》《关于全国农垦林业系统工会女职工组织和女职工工作情况的调查问卷》。2013 年 4 月 23 日，中国农林水利工会发出《关于召开农垦林业系统女职工工作座谈会的通知》。

第八章
加强职工之家建设

中国农林水利气象工会及其前身始终关注关心职工生活，从最初的解决生活所需、救济扶贫，到开展各种体育文化娱乐与竞技活动，再到坚持以职工为中心的发展理念，把职工群众对美好生活的向往作为奋斗目标，持续为广大职工群众提供普惠、常态、精准、智慧的工会服务。在“有解优解”思维的引领下，参与工会活动、享受工会福利成为广大职工提升生活品质的方式，农林水利气象系统职工生活丰富多彩，获得感、幸福感、安全感不断提升。

一、丰富职工文化生活

文化建设是精神文明建设的一个重要方面，它既是建设物质文明的重要条件，又是提高人民群众思想觉悟和道德水平的重要条件。新中国成立后，工会从注重维护职能到逐步以群众生产生活为中心，加强对农林系统职工的文化技术教育，职工文化活动亦由此展开。1950 年 11 月，东北森林工业第一届工人代表大会报告中明确指出：开展工人文化技术与政治教育。（一）宣传鼓动工作；（二）文化教育工作；（三）俱乐部工作。1956 年 3 月 5 日，中国农业水利工会在《第三次筹委扩大会议向全总的报告》中布置了加强工会俱乐部、图书馆、广播站、电影放映队的工作，要求凡是 1955 年已经盈利、1956 年计划盈利的单位，都必须在

1956年内新建、扩建和改建俱乐部、图书馆，并在相当于分场、作业区一级的单位新建、扩建或改建俱乐室、流动图书箱。500人以上的单位要设置有线广播站，1000人以上的单位除有线广播站外还要建立电影放映队。所有的工会电影放映队都必须在1956年内完全实行企业化。

改革开放以来，各地各级工会普遍组织和开展活动，丰富职工文化生活。1981年5月25日，中国农林工会发布《农林单位开展五讲四美活动后涌现的一些先进事迹和情况》。1982年12月17日，全国总工会书记处书记王申详对中国农林工会《关于召开农垦系统社会主义文明村现场会请示报告》批示："崇伦同志，大堡子管理区抓社会主义'文明村'建设的经验，已在《工人日报》上发表，也已推荐给全国职工政治思想工作会议筹备小组。最近农林工会还专门派人去调查核实，确实搞得很好。也向农牧渔业部农垦局作了汇报，他们同意召开现场会议，明年抓推广工作，推动农场的两个文明建设。我的意见，同意由农林工会和农牧渔业部共同召开现场会议。"1982年12月17日，中国农林工会作《关于召开社会主义"文明村"建设现场会的请示报告及领导批示》。1982年12月20日，全国总工会副主席王崇伦对此批示："我同意明年开一个现场会。望你们安排一个具体计划能纳入明年农林工会工作安排中去。你们可先准备，特别是典型经验搞好。"1983年1月12日，农业部农垦局、中国农林工会发出《关于召开农垦系统社会主义文明村建设现场会的通知》。1983年3月20日，全国总工会书记处书记王申详在全国农垦系统社会主义文明村建设现场会上讲话；3月21日，农垦部副部长杨煜在现场会上总结讲话。1983年6月13日，中国农林工会提交《关于拨款援建职工俱乐部等问题的请示报告》，报告指出：国营农业、林业企事业单位共700多万名职工，其大多数常年劳动，生活在远离城镇、人烟稀少的偏僻地区，广大职工和工会干部经常向我们反映经费不足、文化娱乐场所奇缺、文化生活枯燥等方面的问题。例如，内蒙古林业管理局、大兴安岭林业管理局，各有10多万名职工，均无俱乐部，露天看电影，夏天蚊虫咬，冬天冒严寒；有时取到影片因雨误映，也得交片租费；其他文化娱乐活动也受限制。文化娱乐场所奇缺、职工文化生活单调枯燥问题，在一些农场、林业局，特别是第一线生产单位（生产队、林场）更为突出。当前，国营农业、林业企事业单位职工中，青年占60%左右，文化生活枯燥，是影响职工特别是青年职工工作积极性的一个重要原因。

1983年8月6日，全国总工会《关于补助边远偏僻地区等文化活动设施的经费通知》提出改善边远贫困企业职工的文化生活条件。同日，全国总工会作《关于补助边远偏僻地区等文化活动设施的经费批示》。1983年8月10日，中国农林工会发布《补助偏僻地区等职工改善文化生活条件经费分配计划》。1983年8月13日，中国农林工会发出《关于补助偏僻地区、工矿区和重点建设地区职工文化活动经费的通知函》。农林系统工会群众文化工作有许多新的发展。一是工会职工文化活动阵地建设开始普及化，有的在普及的基础上提高，上了新台阶。二是活动内容更加丰富多彩、富有新的时代感和吸引力。三是有的地方开始把市场经营机制引入文化活动阵地，开展有偿服务，增强了职工文化阵地的活力。

2007年8月30日，中国农林水利工会发布《关于表彰全国水利系统模范职工之家、模范职工小家的决定》。2010年9月16日，中国农林水利工会发布《关于表彰全国水利系统模范职工之家、模范职工小家的决定》。2010年12月15日，中国农林水利工会发布《开展职工文化教育的楷模——对上海市绿化和市容管理行业有关情况的调查》。

新时代以来，中国农林水利气象工会开展的职工文化活动在总结经验和调查研究中不断提升，开展了系统模范职工之家、模范职工小家、优秀工会工作者、优秀工会积极分子、优秀工会之友评选活动，取得了较好的社会效应。2012 年 3 月 19 日至 30 日，5 月 7 日至 16 日，中国农林水利气象工会先后两次赴新疆和新疆生产建设兵团开展“面对面、心贴心、实打实服务职工在基层”活动。工作组先后至乌鲁木齐市、伊犁州和兵团农一师、农三师、农六师、农八师、建工师等地展开调研，共召开各种类型座谈会、情况通报会 52 个，走访企业 15 家，与 100 名职工进行个案访谈；慰问了 13 名劳模和 65 名困难职工，送出 9.6 万元慰问金；为 8 家企业职工书屋挂牌，赠送价值 24 万元书籍资料；为 8 家企业挂牌成立困难职工帮扶中心，总计送出各种帮扶资金 300 万元，发放《职工劳动权益手册》等宣传材料数百本，圆满完成了工作任务。调研过程中，工作组还分别与各基层单位有关领导、工会干部和职工群众就单位改革发展与工会工作中存在的困难和问题进行了深入沟通，听取了职工的意愿诉求，与地方工会同志交换了意见，并敦促有关部门就相关问题予以关注，尽快解决。

2012 年 9 月 25 日，中国农林水利工会发出《关于表彰全国水利系统模范职工之家、模范职工小家的决定的通知》。

2013 年 8 月 15 日，中国农林水利工会发出《关于召开全国气象行业建设职工之家工作经验交流会议的预备通知》。9 月 22 日，中国农林水利工会发布《关于表彰全国气象行业模范职工之家、模范职工小家、优秀工会之友、优秀工会工作者的决定》。9 月 23 日，在陕西省延安市召开了全国气象行业建设职工之家经验交流会议，中国农林水利工会副主席王君伟出席会议并发表讲话，中国气象局机关和直属单位工会、各省（区、市）气象局工会、成都信息工程学院工会负责同志共 50 余人参加了会议。会议表彰了一批全国气象行业模范职工之家、模范职工小家、优秀工会工作者、优秀工会之友。陕西省气象局、河南省气象局等六家单位交流了建家工作的经验和做法，会上还就《关于在全国气象行业深入开展建设模范职工之家活动的实施意见》进行了讨论。会后，中国农林水利工会整编《全国气象行业建设职工之家工作经验交流会交流材料》。

2013 年 9 月 15 日，中国农林水利工会发出《关于召开全国监狱企业文化职工文化建设调研会的通知》。10 月 10 日，在天津召开了全国监狱企业文化职工文化建设调研会议，中国农林水利工会副主席王君伟出席会议并讲话。会上充分肯定了监狱系统各级工会在丰富干警文化建设上所取得的成绩，并就新形势下推进监狱企业文化职工文化建设提出五点要求，一是要牢记使命、铸牢思想；二是继续发挥好劳动模范的示范带头作用；三是提升干警职工素质，增强技能，加大培训力度和广度，发挥好工会大学校作用；四是整合资源，丰富手段，用好工会维权平台和帮扶平台，广泛听取干警职工呼声，维护他们的合法权益，同时要努力做好困难干警职工的帮扶工作；五是监狱企业文化职工文化建设要做到规范化、制度化。

2014 年 4 月 2 日，中国农林水利工会发出《关于召开全国监狱系统建设职工之家工作经验交流会议的通知》。5 月 13 日至 14 日，在上海召开全国监狱系统建设职工之家工作经验交流会，中国农林水利工会主席盛明富出席会议。会上，各省、市、自治区监狱管理局工会就本省（市、区）职工之家建设情况作了介绍，并就职工之家建设的做法、成果、问题和设想进行了交流。来自北京、辽宁、新疆等 14 个省、市、自治区的监狱管理局工会主席以及上海局各基层单位工会主席 110 余人参加会议。会议期间参观了宝山监狱和提篮桥监狱，并听取了两个单位职工之家建设的情况汇报。2014 年 5 月，中国农林水利工会整编《全国监狱系统建家工作经验交流会交流材料汇编》。

2014 年 4 月 10 日，中国农林水利工会发布《关于在全国气象行业深入开展建设职工之家的意见》。

2014年6月16日，中国农林水利工会发出《关于评选表彰全国林业系统模范职工之家、模范职工小家、优秀工会工作者、优秀工会积极分子、优秀工会之友的通知》。

2014年8月5日，中国农林水利工会发布《关于举办全国水利系统职工“中国梦·劳动美·促改革·迎国庆”主题征文活动的通知》，在全国水利系统职工中开展“中国梦·劳动美·促改革·迎国庆”主题征文活动，各省（区、市）水利（务）厅（局）、各流域机构党委和工会积极响应，职工踊跃参与，活动效果明显。2014年12月10日，中国农林水利工会发布《关于表彰全国水利系统“中国梦·劳动美·促改革·迎国庆”主题征文活动获奖单位和个人的决定》。

2014年10月10日，中国农林水利工会发布《关于表彰全国水利系统职工文化建设先进集体和先进个人的决定》。

2015年7月29日，中国农林水利工会发出《关于评选表彰全国气象行业模范职工之家、模范职工小家、优秀工会工作者、优秀工会积极分子、优秀工会之友的通知》。2015年8月31日，中国农林水利工会发布《关于表彰全国林业系统模范职工之家、模范职工小家、优秀工会工作者、优秀工会积极分子、优秀工会之友的决定》。2015年9月1日，中国农林水利工会发布《关于表彰全国气象行业模范职工之家、模范职工小家、优秀工会工作者、优秀工会积极分子、优秀工会之友的决定》。

2016年5月25日至27日，中国农林水利工会在安徽合肥召开全国监狱系统工会职工之家建设工作经验交流会，来自各省（区、市）监狱管理局工会的负责同志参加了会议。安徽、上海、河南、湖北、甘肃等省、市监狱管理局工会在会上作了交流发言。与会代表们就监狱系统创新职工之家建设、凝聚警察职工队伍、维护干警职工合法权益、增强“三性”、去除四化等工作进行了广泛交流与研讨。与会代表还实地参观学习了安徽省白湖监狱职工之家建设。

中国农林水利气象工会秉持强基层、补短板、增活力的原则，努力做到哪里有职工群众，哪里就有工会组织，全国各级工会着力加强基层组织建设，不断扩大组织有效覆盖面，极大地激发了基层工会的活力，增强其吸引力、凝聚力、战斗力，维护了职工队伍和工会组织的团结统一。2016 年 8 月 31 日，中国农林水利气象工会发布《关于新形势下加强职工之家建设增强基层工会活力的意见》。2016 年 12 月 9 日，全国工会职工书屋建设领导小组办公室、全国总工会宣传教育部发出《关于命名 2016 年全国工会职工书屋示范点的通知》。

2017 年 3 月 27 日，中国农林水利气象工会发出《关于气象部门建设职工之家情况的调研通知》。2017 年 4 月 28 日，中国农林水利气象工会发出《关于召开全国气象部门建家工作经验交流暨现场会的通知》。5 月 24 日，全国气象部门建家工作经验交流会暨现场会在合肥召开。中国气象局党组副书记、副局长许小峰出席会议，强调要认真学习领会习近平总书记关于群团工作的重要讲话精神，把握建家规律，明确工作重点，找准发展方向，推进建家工作实现新发展。中国农林水利气象工会主席、分党组书记蔡毅德出席会议并讲话。会后，中国农林水利气象工会整编《全国气象部门建家工作经验交流暨现场会材料汇编》。

2018 年 2 月 6 日，中国农林水利气象工会发出《关于对全国农林水利气象系统职工之家建设工作进行确认的通知》。2018 年 3 月 14 日，中国农林水利气象工会发出《关于开展西部地区水利系统工会职工书屋建设情况调研的通知》。2018 年 4 月 4 日，中国农林水利气象工会发出《关于召开全国监狱系统文化建设经验交流暨现场会的通知》，4 月 24 日，全国监狱系统文化建设经验交流暨现场会在银川市举行。中国农林水利气象工会副主席孙涛出席会议，宁夏回族自治区总工会副主席拓兆功、自治区监狱管理局局长曹艺向大会致辞。来自全国各省、自治区、直辖市监狱管理局的50余名代表参加会议，8家监狱系统单位在会上作了现场交流。会后，中国农林水利气象工会整编《全国监狱系统文化建设经验交流暨现场会材料汇编》。

2018年5月18日，中国农林水利气象工会发布《关于确认全国农林水利气象系统模范职工之家、模范职工小家的决定》。2018年6月4日，中国农林水利气象工会发布《关于全国模范职工之家、全国模范职工小家、全国优秀工会工作者和命名全国优秀工会积极分子、全国优秀工会之友推荐对象公示》。

2018年6月25日，中国农林水利气象工会发出《关于提供“伟大的变革——庆祝改革开放40周年”大型展览相关信息的函》。2018年8月6日，中国农林水利气象工会发出《赴吉林省监狱系统调研工会模范职工之家建设和文化建设的调研通知》。

2019年3月15日，中国农林水利气象工会发出《关于召开全国监狱系统工会职工之家建设经验交流暨现场会的通知》。4月25日，中国农林水利气象工会在广州召开全国监狱系统工会职工之家建设经验交流暨现场会。中国农林水利气象工会全国委员会主席、分党组书记蔡毅德，副主席、分党组成员孙涛，广东省总工会党组成员、副主席张振飚，广东省监狱管理局党委委员、政治部主任李惠忠等领导出席会议。有关省、自治区、直辖市监狱管理局分管工会工作的领导以及工会主要负责同志，广东省监狱系统部分工会干部等参加会议。会议通报了《中华全国总工会关于表彰2019年全国五一劳动奖和全国工人先锋号的决定》，并为广东省梅州监狱十监区颁发了全国工人先锋号证书及奖牌。会议指出，职工之家建设是一项长期而艰巨的综合性工作，要把职工之家建设与坚持党的领导相结合、与围绕中心服务大局相结合、与维权工作相结合、与打造监狱文化相结合、与资源手段社会化相结合，在实践中不断探索、丰富和发展职工之家建设的新内涵，激发职工的工作积极性和创造精神，增强企业的活力和凝聚力，力争将监狱系统建设职工之家工作推上一个新高度。广东省监狱管理局工会等八家单位在会上作了经验交流。与会代表赴广东省女子监狱进行了观摩学习。会后，中国农林水利气象工会整编《全国监狱系统工会职工之家建设经验交流暨现场会材料汇编》。

2019 年 5 月 5 日，中国农林水利气象工会发出《关于组织开展全国农垦系统“中国梦·劳动美——与新时代齐奋进做最美农垦人”演讲比赛活动的通知》。2019 年 5 月 8 日，中国农林水利气象工会、全国总工会文工团发出《关于开展“与祖国同行”文艺作品通讯赛的通知》。2019 年 5 月 13 日，全国总工会办公厅对中国农林水利气象工会《〈关于做好中国农民丰收节组织实施工作的指导意见（征求意见稿）〉意见及征集活动初步方案的函》作复函。2019 年 6 月 23 日，中国农林水利气象工会作《关于与农业农村部等多家部委联合下发〈关于做好中国农民丰收节组织实施工作的指导意见〉的请示》。2019 年 7 月 1 日，中国农林水利气象工会发出《关于协助做好 2019 年“中国梦·大国工匠篇”大型主题宣传活动的通知》。2019 年 7 月 29 日，中国农林水利气象工会发出《关于组织参与 2019 年“网聚职工正能量 争做中国好网民”网络微课视频征集活动的通知》。2019 年 8 月 19 日，中国农林水利气象工会作《关于中国农民丰收节有关事项的请示》。2019 年 9 月 8 日，中国农林水利气象工会发布《关于“中国梦·劳动美——与新时代齐奋进做最美农垦人”全国农垦职工演讲比赛获奖情况的通报》。2019 年 9 月 17 日，中国农林水利气象工会、全国总工会文工团发布《关于全国监狱系统工会“与祖国同行”文艺作品通讯赛的成绩通报》。2019 年 9 月 20 日，中国农林水利气象工会发出《关于在农民丰收节期间开展慰问农民工活动的通知》。

2021年6月3日，“奋进新征程 丹心永向党”全国监狱系统民警庆祝建党100周年演讲大赛决赛开赛，23个省级监狱管理局工会派出25名选手参赛。全国总工会副主席、书记处书记江广平出席大赛闭幕式，并发表重要讲话。全国产业工人学习社区对决赛进行全程同步直播，共计5.4万人次观看直播。

2023年，推荐江苏农垦集团新洋农场和南水北调东线山东干线有限责任公司成为全国总工会提升职工生活品质试点单位，指导试点单位完成三年规划及年度实施方案制定，有序推进全国总工会第一批试点单位光明食品集团按规划开展试点工作。

2023年3月，由中国农林水利气象工会主办的“暖边绿境”关爱职工专项行动启动，旨在解决职工生产生活中的困难和问题，助力边境地区乡村振兴，建设绿色生态屏障，服务巩固祖国边防。专项行动为期五年，覆盖对象主要为紧邻我国陆地国界线的地级行政区内的农林水利气象产行业职工，共约30万人。2023年6月27日，全国林草系统“暖边绿境”关爱职工专项行动在黑龙江省伊春市举办。中国农林水利气象工会组织黑龙江省林业工会和黄河工会在边境林场开展“健康小屋”服务站捐赠、义诊医疗健康服务、文艺小分队表演、劳动模范座谈交流等活动。该专项行动已在边境林草系统职工中全面铺开，已举办“暖边绿境”绿水青山画卷守护者摄影展示活动，陆续建设200个职工服务站，为职工开展免费医疗、心理咨询、文艺演出等。专项行动还开设网上职业技能学习课程，加强林下经济经营和野外作业劳动保护等知识传授；深入开展技术帮扶，组织边境林草职工参加全国有害生物防治培训班；开展“建功‘十四五’、奋进新征程”主题劳动和技能竞赛，组织边境林草职工参与2023年全国林草行业森林消防员职业技能竞赛暨大小兴安岭“生态保护与转型发展”劳动和技能竞赛的观摩交流。

2023年8月，在第六个“中国农民丰收节”到来之际，中国农林水利气象工会作为组织指导委员会办公室成员单位积极推动全国工会系统开展庆祝丰收节活动，进一步强化与农业农村部门的协作，推动工会系统丰收节重点活动的落实。地方工会、产业工会和基层工会广泛开展农民工走访慰问工作，组织开展喜迎丰收、欢庆丰收宣传推介活动。重庆市总工会联合市农业农村委员会等单位主办重庆市 2023 年中国农民丰收节暨云雾花涧 · 重庆第三届乡村艺术集，重庆市人大常委会副主任、市总工会主席陈元春，中国农林水利气象工会主席、分党组书记李忠运出席活动并现场慰问农民工劳动模范和农民工代表。9 月 23 日，中国农林水利气象工会负责同志出席在安徽芜湖举办的中国农民丰收节全国主场活动。

2023 年 9 月 25 日，中国农林水利气象工会在浙江省舟山市召开“文化远洋”职工文化阵地建设——“暖边绿境”关爱职工专项行动座谈会，对远洋渔业企业工会“暖边绿境”关爱职工专项行动进行再动员再部署。中国农林水利气象工会主席、分党组书记李忠运出席座谈会并讲话，中国农林水利气象工会副主席、分党组成员姜晓捷主持座谈会。座谈会上，来自北京、辽宁、上海、山东、浙江等地的九家远洋渔业企业工会负责同志交流了远洋渔业生产现状和职工生产生活情况，并就下一步如何更好地开展专项行动工作进行了深入交流和探讨。李忠运对各远洋渔业企业工会在专项行动开展中所取得的成绩予以肯定。他指出，要深刻理解《习近平关于工人阶级和工会工作论述摘编》出版发行的重大政治意义、理论意义、实践意义，深入学习贯彻习近平总书记关于工人阶级和工会工作的重要论述，推动重要论述进企业、上渔船、入人心，促进远洋渔业企业工会工作的创新发展。他强调，要充分认识“暖边绿境”关爱职工专项行动的重要意义，进一步突出需求导向、问题导向、实践导向，采用符合远洋渔业船员生产和生活特点的模式，做深、做细、做实对职工的维权服务工作。

要扎实开展“文化远洋”职工文化阵地建设活动，在渔船移动平台上通过进一步强化服务阵地建设、夯实基层组织基础、突出维权服务，打造工匠文化阵地、安全文化阵地、精神文化阵地、和谐文化阵地“四个阵地”，助推远洋渔业高质量发展，为推进农业现代化、建设农业强国发挥好工会和职工群众应有的作用。

2023 年 8 月，全国农林水利气象系统职工“学习贯彻党的二十大精神、弘扬践行中国共产党人精神谱系”宣讲活动成功举办。分别来自河北省塞罕坝机械林场、陕西省农垦集团华阴农场、河南省林州市作协、北大荒集团黑龙江红卫农场的四位劳动模范和一线职工代表组成的宣讲团，分别围绕南泥湾精神、红旗渠精神、北大荒精神、塞罕坝精神的核心根源以及精神含义，讲述了系统产业职工在基层一线岗位上艰苦奋斗、勇于创新、用实际行动践行中国共产党人精神谱系的生动故事，描绘了农林水利气象系统职工建功新时代的壮美篇章，赢得了现场职工阵阵雷鸣般的掌声。宣讲团先后到石家庄、安阳、西安、广州等地进行宣讲，现场聆听职工达到 1000 余人。其中，西安站宣讲活动通过“线上+线下”方式同步进行。经统计，线上接入端口达 63. 59 万个，至少上百万名职工在线上收看宣讲，活动取得了良好的社会反响。

2024 年 6 月 24 日至 28 日，中国农林水利气象工会举办弘扬“三个精神”宣讲活动，组织职工代表到基层、赴一线、进校园宣讲劳模精神、劳动精神、工匠精神。来自全国农林水利气象系统的六位职工代表组成宣讲团，分别赴山东省畜牧兽医学院、北京市园林学校等五所职业院校开展宣讲。他们向听众生动讲述了产行业职工在基层一线岗位上艰苦奋斗、勇于创新，用实际行动践行“三个精神”的生动故事，描绘了农林水利气象系统职工建功新时代的壮美篇章，诠释了“三个精神”的科学内涵、时代价值和实践路径。网上直播单场接入端口 9. 28 万个，近百万名职工线上收看。

二、开展职工体育运动

新中国成立后，工会开始重视职工体育运动。1955 年 10 月，农业部、水利部、中国农业水利工会筹委会发布《关于进一步开展农业水利职工体育运动的联合指示》。主要内容包括：一、各级组织必须充分认识体育运动是社会主义文化的一个组成部分，因此也是共产主义教育的一个不可分割的部分；开展职工体育运动是改善职工健康状况的有效方法，是向职工进行共产主义教育的重要手段。为了把职工群众培养成为身体健康的、具有高度觉悟和优良品质的社会主义建设者和保卫者，从而保证胜利地完成第一个五年计划中所规定的农业水利方面的艰巨任务，必须把职工体育运动列入议事日程和工作计划，认真贯彻“积极领导，逐步发展”的体育工作方针；并应充分利用各种宣传工具和宣传阵地，经常向职工群众宣传体育运动的重大意义和作用，批判和纠正职工体育运动的不正确认识和做法。二、职工体育运动必须在党委的统一领导下进行。各级工会组织应加强对于职工体育运动的具体领导。各级行政组织应从各方面予以大力支持。在职工体育运动中，应积极争取各级人民政府体育运动委员会的指导与帮助，进一步发挥青年团的骨干作用。省级（流域一级）产业工会可酌设专门机构或专职体育工作干部，基层单位体育工作应由工会宣传部门责成专人负责，以克服职工体育运动无人负责和自发自流的现象。凡是已经具备领导重视、生产正常和体育运动已有一定基础的省级或流域一级单位（如黄河、长江、淮河水利工会及华南垦殖工会等）和基层单位，在 1956 年内应建立“体育协会”或“体育协会筹备委员会”，其他目前条件暂不具备的单位则应积极创造条件，并可根据各单位具体情况建立“体育运动委员会”以及“运动队”“锻炼小组”等其他体育团体，使职工体育运动有组织有领导地开展起来，并且逐步得到巩固和发展。三、职工体育运动是一种群众性的业余活动，依靠广大的体育运动的积极分子，乃是保证顺利开展体育运动的重要环节。各级组织必须在各级体委的帮助和指导下，根据各系统、各单位的具体情况，举办业余或脱产的讲座、短期训练班等，大力培养体育运动的积极分子，并应注意逐步培养各种裁判员、教练员和技术指导员。对于参加全国第一届工人体育运动大会和全国第一届农业水利工人体育选拔大会的运动员，更应从各方面继续加以培养和提高，使其真正成为开展职工体育运动的宣传者、组织者和技术指导者。四、组织各种运动竞赛是促进群众体育运动和提高运动技术水平的有效方式。规定各省级（流域一级）单位每二年举行运动会一次，各分局（分区）一级单位每一年举行运动会一次，各基层单位则应在不妨碍生产的情况下，经常举行各种单项竞赛、友谊竞赛或小型运动会。对于优秀的团体和个人，应该予以适当的奖励。各级组织不仅应该注意通过各种竞赛活动，提高职工群众的运动技术，而且应该注意加强政治思想教育。五、场地和设备是开展体育运动的物质基础。各单位应改进和加强对现有体育运动场所和设备的管理工作，充分发挥这些场所和设备的效用。在需要和可能的条件下，则应适当地予以增添和扩充。除由工会文教经费中拨出10%—15%作为职工体育运动经费，行政还应拨付适当的数额，交由工会或职工体育团体统一使用（国营农场可由场长基金内拨付）。体育经费的开支，必须认真贯彻精简节约的精神，切实防止与克服铺张浪费的现象。六、各单位应在党委的统一领导下，结合加强企业行政的计划管理和建立工会工作的正常秩序妥善安排职工体育活动的业余时间，保证职工群众有适当的业余时间从事有计划的体育锻炼。逐步推行“准备劳动与卫国”体育制度，并应适应农业生产与水利建设的特点，根据职工群众不同的兴趣和爱好，充分利用农闲季节及水利施工前后的假日和节日，积极开展各种各样的体育活动，把农业水利职工的体育运动普遍而经常地开展起来。

1956 年 3 月 5 日，中国农业水利工会在第三次筹委扩大会议向全国总工会的报告中提出："加强职工体育活动。进一步开展群众性的体育运动和竞赛。我们准备即与农业部、水利部共同成立中国农业水利体育协会，并要求黑龙江和华南垦殖等 13 个单位在第一季度内即把省级体育协会建立起来：100 人以上的基层单位要在 1956 年内分批分期建立体协，发展 25%以上的职工参加体育协会，并保证 20%—25%的职工在年内达到劳卫制一级标准。"1956 年 3 月 8 日，农业部、水利部、中国农业水利工会筹委会《关于召开全国农业水利工人球类联赛大会的通知》提出：农业部、水利部、中国农业水利工会筹备委员会，决定于 1956 年 6 月 10 日在北京召开全国农业水利工人球类联赛大会，选拔中国农业水利工人篮、排、足球代表队，分赴各地进行巡回表演，并参加全国工人球类联赛，以进一步推动农业水利职工体育运动的开展。为了促进群众性的体育运动普遍地、经常地开展起来，并考虑到目前农业水利系统体育组织尚不健全，生产任务非常繁重等具体情况，决定采取分区、单项、逐级比赛的方法：将全国划成几个区，各省、流域、自治区、直辖市，华南垦殖选出篮、排、足球代表队后，再分别参加该区的单项比赛；选出区的篮、排、足球代表队，再分别参加全国农业水利工人球类联赛大会。1956 年 6 月 1 日，中国林业工会筹委会《关于正式成立"中国林业体育协会全国理事会"的通知》提出，中国林业体育协会筹备委员会为了进一步加强林业职工体育活动的领导，于 1956 年 3 月底在京召开了全国林业体育工作会议，正式成立中国林业体育协会全国理事会，并推选了刘成栋等 27 人为全国林业体协理事会理事。

改革开放以来，随着我国农垦林业水电气象行业物质生活水平的提升，职工群众对文化生活的需求越来越高，对文化生活和精神文明建设的积极性越来越高，体育也属于精神生活的重要组成部分，所以广大职工从总的方面来看有广泛的要求。1985 年 9 月 24 日，林业部《关于成立中国林业体育协会向国家体委的报告》提出，根据国务院批转国家体委《关于进一步开创体育新局面的请示》通知，各部委、各人民团体也都要把体育作为关心群众生活、培养青少年德智体全面发展的一项重要工作，抓紧抓好。为搞好两个文明建设，增强林业职工体质，促进各项生产建设任务顺利完成，林业部于 1984 年 1 月 14 日和 1984 年 11 月 30 日两次部务会议同意成立林业体协，决定董智勇任主任，刘之杰任副主任，林工局承办组建成立林业体协筹备组有关事宜。1986 年 2 月 28 日，中国林业体协成立，林业部办公厅《关于请推荐林业体育协会理事人选的函》提出，中国林业体育协会业经国家体委批准。为尽快开展这项工作，请各省、自治区、直辖市林业（农林）厅、局和各高等林业院校根据国务院批转国家体委《关于进一步开创体育新局面的请示》的通知精神，推荐一名主管群体工作的厅局级或处级负责同志为中国林业体育协会的理事。1986 年 5 月 15 日，全国总工会书记处书记王申详在中国林业体协成立大会上的讲话中指出，林业体协的成立是符合全国林业职工的要求和全国形势发展的，随着我国林区物质文化生活水平提高，对文化生活的需求越来越高，几个典型调查说明人们的需要趋势，对文化生活和精神文明建设的积极性越来越高，首先要抓物质，吃好穿好，吃好穿好以后，精神生活的要求越来越高，精神生活也包括体育，所以广大职工从总的方面来看有广泛的要求。从林业来看，地处边远地区，人们生活在深山老林中，相对地讲他们的文化设施、体育设施、文化生活比较落后，所以要把他们组织起来，开展这方面的生活；林业体协成立了，文协组织也将要成立，说明林业部党组、领导同志对全国林业职工的文化体育生活是很关心的。同日，中国农林工会副主席吕保柱在大会上讲话。5月16日，林业部副部长徐有芳在大会上讲话，林业部副部长董智勇在大会上作总结，大会通过了中国林业体育协会第一届理事名单。1992年，水利部在京单位职工积极参加“太阳神”趣味体育运动会。

2018年10月24日至25日，首届全国气象部门羽毛球比赛在四川成都举办。来自中国气象局机关、各直属单位和各省（区、市）气象局的44支参赛队伍共700余人参加比赛。比赛由中国气象局直属机关党委、中国农林水利气象工会主办，中国气象局直属机关工会、成都信息工程大学承办。比赛是落实全民健身计划、大力弘扬气象精神的具体体现，是对气象工作者振奋精神、积极进取、建功新时代的一次正向激励，不仅丰富了气象文化体育活动，也展示了全国气象职工顽强拼搏的意志以及追求卓越、争先创优的精神。经过两大的激烈角逐，比赛圆满落下帷幕，广东省气象局参赛队获得第一名，广西壮族自治区气象局参赛队获得第二名，湖北省气象局参赛队获得第三名，四川省气象局、江西省气象局、浙江省气象局、福建省气象局、华风气象传媒集团有限责任公司参赛队分别位列第四名至第八名。

2021年5月26日，全国农林水利气象系统“庆百年华诞·展生态风貌·建产业新功”乒乓球大赛暨“中国梦·劳动美——喜迎建党100周年”2021年全国职工乒乓球大赛选拔赛在中国气象局开赛。来自水利部、中国气象局、北京市园林绿化局、北京市水务局、北京市监狱管理局、水利部长江水利委员会、水利部黄河水利委员会、北京首农食品集团有限公司、中国农业发展集团有限公司等单位的10支代表队共50人参加比赛。比赛由中国农林水利气象工会主办，中国气象局直属机关工会承办。全国总工会副主席蔡振华、江广平，中国气象局副局长沈晓农出席比赛开闭幕式。比赛现场高潮迭起、精彩纷呈，展现了农林水利气象系统职工顽强拼搏、争先创优的精神风貌。经过激烈比拼，水利部直属机关工会的孙长森、北京首农食品集团有限公司工会的陈子峰分获男子青年组、中年组冠军，北京首农食品集团有限公司工会的牛文璐、中国气象局直属机关的余文分获女子青年组、中年组冠军。比赛还评出四个优秀组织奖、四个精神文明奖和一个特别贡献奖。中国气象局获特别贡献奖。

2023 年 11 月 1 日上午，由中国农林水利气象工会和中国气象局联合举办的全国气象部门乒乓球网球比赛在北京开幕。开幕式上，中国农林水利气象工会负责同志介绍了中国工会十八大召开的相关情况，指出气象部门各级工会要把认真学习贯彻习近平总书记重要讲话精神、努力完成中国工会十八大确定的目标任务作为当前和今后一个时期的重大政治任务，持续加强职工思想政治引领，广泛动员气象职工积极投身强国建设、民族复兴的伟大事业，切实履行维权服务基本职责，不断深化工会改革和建设，在新征程上奋力谱写党的工运事业崭新篇章。希望参赛队员以此次大赛为契机，在积极参与各类体育运动，强健体魄、提高素质的同时，把大赛中所展现的拼搏精神融入日常工作中，以更加饱满的热情、更加务实的作风在以中国式现代化引领气象高质量发展中贡献自己的力量。

三、召开职工代表大会

从中国共产党诞生至新中国成立前夕，中国工会以“全国劳动大会”的名义召开了六次全国代表大会。其中，值得注意的是，1933 年 4 月，中国农业工人第一次代表大会，提出了《关于组织苏区中央农具生产合作社的决议》，开了行业代表大会先河，为职工代表大会发展做出了有益探索。新中国成立后，职工代表大会成为职工参加企（事）业管理的监督性权力机关。1957 年 9 月 11 日，水利部、中国农业水利工会筹委会《关于试行企业职工代表大会制度的通知》指出：自从党中央提出在企业里实行常任制职工代表大会制度之后，已引起了水利系统各单位重视，并有少部分单位已积极开始试行。已试行单位都进一步肯定了这一制度的优越性，证明了这是依靠职工办好水利建设事业、搞好生产的好办法。通过在行业系统推广职工代表大会发现，党委领导下的职工代表大会制，是社会主义企业的一项根本制度，是民主管理企业的权力机构，是发挥群众监督、开展正常民主生活的最好形式，是密切联系群众关系、调动广大职工的社会主义积极性、办好企业的有力措施。

改革开放以来，工会组织初步恢复了正常工作，工人运动进入了新的历史发展时期。1977 年 8 月召开了党的十一大，提出加强党对工会、共青团、妇联等群众组织的领导，把这些组织整顿好、建设好，充分发挥应有作用。正是在这样的时代大背景下，工会的工作得到了全面恢复。1979 年 7 月 4 日，中国农林工会作了《关于伊春地区职工代表大会工作座谈会的情况汇报》。1979 年 7 月 11 日至 14 日，中国农林工会就伊春地区职工代表大会工作座谈会情况向全国总工会书记处汇报。1980 年 6 月 15 日，全国总工会工作组发布了《农场如何开好职工代表大会》。

1980 年 11 月 15 日至 19 日，中国农林工会在黑龙江省大丰局召开了东北三省区部分林管局、林业局工会主席座谈会。黑龙江省、吉林省工会林业工委、内蒙古自治区牙克石林管局、黑龙江省伊春林管局、牡丹江林管局、松花江林管局、大兴安岭林管局、大丰林业局、山河屯林业局等 9 个单位工会共 15 名同志参加了座谈会。会议讨论研究了试行职工代表大会领导下的局（厂）长负责制的有关问题，形成了纪要如下。

（一）关于职工代表大会的职权范围问题。与会同志认为，按照中央指示精神，实行职工代表大会领导下的局（厂）长负责制，是企业领导制度的重大改革，是改善和加强党的领导，完善职工代表大会制度，进一步依靠职工群众办好社会主义企业的重要决策。随着扩大企业自主权，职工代表大会的职权范围也应相应地扩大。结合林业企业的特点，大家认为职工代表大会应行使下列职权：1. 听取和审议局（厂）长的工作报告，并作出相应的决议；2. 审议通过企业的长远发展规划、年度计划、重大技术改造方案以及综合利用、环境保护规划等；3. 讨论通过企业的增产节约、增收节支计划，决定生产发展基金、福利基金、奖励基金以及劳动保护经费的分配使用方案；4. 讨论通过企业体制、经营方向、工资支付等重大改革方案和重要规章制度的建立、修改和废除；5. 讨论通过行政和工会签订的集体合同，决定涉及职工群众切身利益和民主权利的有关重大问题，如职工奖惩办法、住房分配、职工的录用辞退等；6. 讨论通过职工提案审查报告，并作出相应的决议；7. 选举职工代表大会常务委员会和若干专门工作委员会，听取和审查其工作报告；8. 选举局（厂）长、副局（厂）长，报请上级主管机关审批任命，决定民主选举林场场长（经营所所长、车间主任）、段队长、班组长方案，决定任免由局（厂）长提名的职能科室负责人；9. 监督和检查企业各级干部贯彻执行党的路线、方针、政策和国家的法律、法令、政令，对企业领导干部提出表扬、奖励和处分、罢免的建议，报请上级领导机关审定。（二）关于设立常设机构的问题。与会同志根据林业局所属生产单位点多、分散、距离远的特点，认为职工代表大会每年开会次数不宜太多，一年最好开两次。但是企业扩权后，需要提交职工代表大会讨论的问题又很多，为了适应这一新的形势，大家建议，林业局的职工代表大会应设立常设机构，根据需要也可以设立若干专门委员会，监督检查大会决议的贯彻执行，并向大会报告工作。林业系统的工厂由于生产比较集中，一年可以开四次会，不必设立常设机构，以便减少层次，提高工作效率。常设机构既不要代替职工代表大会的权力，又不要干预行政的工作，职权规定要适当。11 月 19 日，中国农林工会整理了《关于东北三省区部分林管局、林业局工会主席座谈会纪要》。

1980 年 12 月 28 日，中国农林工会发布了《大丰林业局职代会试行条例》。1980 年 12 月 29 日，中国农林工会作了《关于在大丰林业局建立职代会领导下局长负责制试点情况报告》。1980 年 12 月 29 日，中国农林工会作了《关于在大丰林业局建立职工代表大会领导下的局长负责制试点工作情况向全总书记处、林业部党组的报告》。根据党中央和国务院关于改革企业内部领导体制的指示精神，中国农林工会和伊春市总工会联合工作组，在黑龙江省大丰林业局进行了改革企业领导体制的试点工作。1981 年 4 月 13 日，中国农林工会撰写《庆丰农场工会建立职代会制体会》。1981 年 5 月 30 日，全国总工会、中国农林工会撰写《宝泉岭农场管理局职代会情况调查》。1981 年 6 月 26 日，中国农林工会伊春市总工作组撰写《大丰林业局推行和完善职代会制报告》。1981 年 9 月，全国总工会工作组开展了关于农场如何开好职工代表大会的调查。1982 年 2 月 19 日，黄河工会作了关于召开民主管理工作会议情况的报告。1982 年 6 月 4 日，中国农林工会进行了关于军川农场职工代表大会的调查。

1982 年 3 月 24 日至 27 日，江西省农林水工委与省农林垦殖厅联合召开了全省农垦、林业系统企业民主管理座谈会。1982 年 4 月 3 日，江西省农林水工委发布了《关于省农垦、林业系统企业民主管理座谈会的情况向中国农林工会的报告》。1984 年 3 月 10 日，中国农林工会发布了《关于桃山林业局工会建设的调查报告》。1984 年 3 月 14 日，中国农林工会发布了《关于桃山林业局职工代表大会制状况的调查报告》。1989 年 10 月 10 日，中国农林工会发布《关于转发〈安徽农垦企业职工代表大会工作规范

(试行)〉的通知》。

只有提高职工代表的荣誉感和责任感，充分发挥职工代表的作用，才能把职工代表大会的作用充分发挥出来。党的十八大以来，农林水利气象行业工会切实承担起团结引导职工群众听党话、跟党走的政治责任，推动党的创新理论深入人心、主流思想舆论巩固壮大、社会主义核心价值观广泛践行。2013 年 5 月 3 日，中国农林水利工会发出了《关于在水利系统开展职代会建设情况调研的通知》。2014 年 4 月 2 日，中国农林水利工会发出了《关于对全国水利系统企事业单位职工代表大会规定（征求意见稿）征求意见的通知》。2014 年 7 月 18 日，中国农林水利工会发出了《关于召开加强气象部门职工代表大会建设研讨会议的通知》。8 月 12 日至 15 日，中国农林水利气象工会与中国气象局在江西省共同组织召开了全国气象行业职代会建设研讨会，来自 31 个省市气象部门以及中国气象局相关部门的 50 多名工会主席参加了会议，会议总结交流了气象部门职代会建设的经验，深入研究了新形势下加强气象部门职代会建设的途径和举措。

2015 年 4 月 21 日，全国总工会办公厅、中国农林水利工会发出《关于印发〈水利系统企事业单位职工代表大会规定〉的通知》。2015 年 6 月 4 日，中国农林水利工会发出《关于气象系统工会组织状况以及省级气象局直属机关工会代行行业工会职能情况调研的通知》。2015 年 6 月 4 日，中国农林水利工会发出《关于对全国气象部门企事业单位职工代表大会制度建设情况调研的通知》。2017 年 7 月 20 日，中国农林水利气象工会发出《关于开展 2017 年〈水利系统企事业单位职工代表大会规定〉落实情况调研的通知》。

工会牢记“国之大者”，确保工运事业始终与党和国家事业同步前进，与职工群众需要同频共振。强化职工思想政治引领，增强职工群众对党的创新理论的政治认同、思想认同、情感认同，增信心鼓干劲，铸牢团结奋斗的共同思想基础。牢牢把握我国工人运动时代主题，发挥工人阶级主力军作用，深化产业工人队伍建设改革，不断激发职工创新创造潜能，唱响“咱们工人有力量”的时代强音。始终坚持以职工为中心，致力于维护职工合法权益、竭诚服务职工群众，聚焦新就业形态劳动者等重点群体，关注广大职工的急难愁盼问题，努力构建和谐劳动关系，不断增强职工群众的获得感、幸福感、安全感。持之以恒深化改革，切实加强工会系统党的建设，聚焦主责主业，强化基层基础，因地制宜、大胆探索，深入基层、融入职工，有效发挥桥梁纽带作用，当好职工群众的娘家人、贴心人。

四、推进企业民主管理

新中国成立后，企业民主管理得到真正体现和落实。1951 年 4 月，农业部对 1950 年国营农场会议进行总结。会议经过反复讨论一致认识到，农场的领导干部，必须贯彻民主管理的精神，发挥群众力量，提高职工积极性和创造性，这是办好农场的主要关键。要着重农场管理委员会的建立，并加强农场工会的组织，做好团结教育职工的工作，发挥群众生产的热情。1952 年 2 月 28 日，农业部国营农场管理局颁发试行的《国营农场组织规程》中指出，国营农场必须贯彻首长负责制，明确分工负责，实行定员、定额，并结合民主管理，加强政治思想领导，发挥职工积极性和创造性，以提高工作效率，保证完成生产任务。

1957 年 7 月 5 日，《中国林业工会筹委会关于黑龙江省森工、制材、营林系统第一批扩大与健全企业民主管理制度试点的初步总结（摘录）》中提出，必须十分强调日常工作中的民主作风和群众路线。职工代表大会虽然是体现企业管理中民主集中原则的基本形式，但它不是唯一的形式，建立这个制度以后不等于所有的问题都迎刃而解了，搞不好也会流于形式的。因此：第一，在积极推行这个制度的时候，还必须把定期地开好职工代表大会和强调日常工作中的民主作风，与群众路线结合起来，通过各种组织的正常工作活动（如定期发动职工讨论好国家计划，开展经常持久的增产节约运动，开好生产会议，领导干部定期深入工舍家庭访问，以及根据需要召开各种不同类型人物的座谈会等），随时听取采纳群众意见，解决群众正当要求，把调整领导与群众之间的关系当成经常性的重要任务进行。第二，必须在领导干部中（特别是基层）反复强调说服教育的工作方法，彻底克服简单粗暴、命令主义作风，使一切工作的完成都建立在职工群众自觉的基础上，把党的方针政策和领导意图变为职工群众的思想要求与行动，这是调整领导与群众关系的重要一环。第三，保持领导干部和群众同甘共苦的优良传统，和群众打成一片。建立起定期参加体力劳动制度，并使之经常化。第四，加强群众来信来访工作，做到领导重视、亲自动手，设专人负责，以保持和群众更好的联系。

1958 年 1 月 4 日，《中国林业工会筹委会关于 1958 年集体合同工作的意见》指出，第一，凡已建立职工代表大会制度，尚未取得用代表大会决议代替合同经验的单位，1958 年应该继续签订集体合同，并望注意总结职工代表大会决议和合同两者并存的经验。第二，凡建立了职工代表大会制度，并已从实践中积累了大会决议确实可以代替合同经验的单位，可以不订合同。这些单位应该认真总结传播已有经验。尚缺乏实践经验的林区，其省（区）工会可以选择一两个单位试点，摸索经验。第三，尚未推行职工代表大会决议的单位，应该签订集体合同，不能既无职工代表大会决议，又无集体合同。第四，今后开展签订与贯彻合同的工作，要强调提高质量，加强群众监督。同时要求：一、合同内容应力求简单扼要、具体明确，易为群众明了。一般的可列为两章。第一章为增产节约计划，其中包括增产节约指标及重大的技术经验措施；第二章为改善职工物质、文化生活。行政与工会的分工以及时间要求，可以在每章中注明，亦可另列为一章。二、合同的附件不宜多，一般只需附有劳动保护协议书，先进经验推广工作可列入第一章。列入合同的经验，应是有普遍意义的重大的经验，其他经验可交由车间计划。三、业经管理局与省（区）工会登记审核过的合同，企业应印发给各工段一份，以便群众监督。各省（区）可选择三份以上报全委。四、企业行政和工会对集体合同除每季进行检查外，每半年应向群众公布执行结果。

改革开放以来，中国农林工会积累加强企业民主管理、提高职代会质量、发挥职工当家作主积极性的经验。1981 年 6 月 19 日，中国农林工会向林业部通报全国企业民主管理座谈会精神的简要情况。1981 年 6 月 20 日，中国农林工会秘书长欧阳辉作了《关于全国企业民主管理座谈会的简要情况汇报提纲》。1981 年 6 月 20 日，中国农林工会发出《召开全国农林系统企业民主管理座谈会的通知》。1981 年 7 月 26 日，中国农林工会向农垦部通报全国企业民主管理座谈会精神的简要情况。

1981 年 9 月 10 日，中国农林工会、林业部发出《关于全国林业企业民主管理座谈会联合通知》。1981 年 10 月 14 日至 24 日，农垦部、中国农林工会在北京联合召开全国农垦厅、局长暨农垦系统工会干部会议。会议的一个主要内容，是以党的十一届六中全会决议为指导，贯彻中共中央、国务院《关于转发〈国营工业企业职工代表大会暂行条例〉的通知》和全国企业民主管理工作座谈会精神，总结交流了恢复和建立职工代表大会制的经验，研究制订了在党委领导下建立和健全职工代表大会制的措施。出席会议并参加讨论企业民主管理工作的有各省、自治区、市主管政治思想工作的厅、局长；省、自治区、市农林（牧水）工会主席、副主席；省、自治区、市农垦系统工会主席（主任）和基层企业党委负责人，行政、工会干部共85人。会议期间，全国总工会副主席顾大椿到会讲话，中国农林工会副主席阎兴民讲话，农垦部部长高扬在大会总结讲话时，对加强农垦企业民主管理，搞好职工代表大会制提出了重要意见。到会同志一致认为，这次会议开得及时，很有必要，收获很大，充分发挥广大职工当家作主的积极性，把农垦经济搞上去，必将起到积极作用。会后印发了《全国农垦厅、局长暨农垦系统工会干部会议关于企业民主管理工作纪要》。1981年10月5日，何松年作《加强民主管理开好职工代表大会》的报告。

加强企业民主管理成为工会工作的重点，多数企业都建立了职工代表大会制，不少单位职代会的水平也有了新的提高。1981年10月10日，大渡河木材水运局工会发布《坚持党的领导，发挥职代会作用、搞好企业民主管理》。1981年12月22日，林业部、中国农林工会印发《全国林业企业民主管理座谈会纪要》。1982年1月29日，黑龙江林业工会发布《批转伊春林区工会关于林业企业推行职代会制情况调查报告》。1982年2月2日，海南农垦局发布了《贯彻中央24号文件和国营工业企业职代会暂行条例试点工作情况报告》。1982年3月1日，中国农林工会简报第三期发布了《伊春市总关于民主管理工作检查情况报告》。1982年4月3日，江西农林水工委作《关于全省农垦、林业系统企业民主管理座谈会情况报告》。

1986年3月18日，农牧渔业部、林业部、中国农林工会发布了《关于充分发挥农林系统各级工会参政议政作用的暂行规定》。规定指出：(一) 各地农垦、林业主管部门召开会议，讨论本产业经济、社会发展计划及重大方针政策时，凡涉及职工切身利益问题，特别是讨论制订有关职工切身利益的规章、条例、办法时，应通知同级农林工会负责人或有关人员参加，并听取工会的意见。(二) 凡涉及职工利益的重要制度的改革，包括工资分配、劳动保护、劳动保险、用工制度等，应吸收同级产业工会参加工作，并参加相应的领导机构。（三）基层工会参政议政，一个重要方面是搞好本单位的民主管理。搞好基层单位的民主管理，主要是充分发挥工会组织和职工代表在审议企业重大决策、监督行政领导和维护职工合法权益等方面的权利和作用，并全面落实职工代表大会的各项职权。工会要教育职工支持企业行政领导的正确决策和集中统一指挥；企业行政领导要尊重工会组织和职工代表的民主权利，接受职工群众的监督。1986 年 10 月 20 日，中国农林工会副主席吕保柱在全国部分城市农垦（场）工会工作座谈会上讲话。

1987 年 6 月 29 日，中国农林工会发布《农垦系统企业民主管理的现状及问题》。1987 年 9 月 2 日，中国农林工会发布《工会要做民主的模范》。1987 年 9 月 17 日，中国农林工会就举办全国农垦系统工会民主管理研讨班的情况向全国总工会书记处、农牧渔业部作报告。1987 年 10 月 27 日，全国林业工会工作经验交流会召开。会议指出，依靠职工群众，引导职工发挥主人翁作用，参与管理企业工作，加强企业管理和行政管理，这是振兴林业企业非常重要的、根本的因素。1988 年 1 月，全国农垦工作会议召开，中国农林工会副主席庞家驹在会上作了题为《积极推行厂（场）长负责制，加强企业民主管理》的发言。他指出：近几年，各级农垦部门在抓好各项改革，努力发展农垦经济的同时，十分重视厂（场）长负责制的试点和三个条例的贯彻，对于试点单位和面上的工作也多次提出明确要求和给予指导。没有民主管理，就不可能有厂（场）长负责制。实际上，厂（场）长负责制与职工民主管理是一个事物的两个方面，任何一个企业的生产经营的主观要素，都包括领导者与职工两个方面，搞好一个企业，必须调动这两方面的积极性才行。实行厂（场）长负责制，可以说是为发挥企业领导者的积极性创造了条件。而调动广大职工的积极性，在目前条件下除了实行各种经济制度的改革，更应当真正让职工参加企业的民主管理。实践证明，在坚持厂（场）长负责制的同时，必须加强职工民主管理是具有中国特色的社会主义企业领导体制的一般原则。现在，有人担心职工素质不高，不能有效地参加管理。实际上，无论厂（场）长还是职工都要提高自身的素质，重要的是要通过不断实践，加上必要的培训。目前，经过几年的实践，厂（场）长的权力大了，担子重了，矛盾也集中了，因此，厂（场）长很希望自己的决策得到职代会的讨论。这起码有三条好处：一、可以通过大家的讨论，使之进一步完善，从而减少失误；二、可以通过大家的讨论，变成广大职工的自觉行动，从而减少阻力；三、需要承担风险时，厂（场）长更需要群众的理解、支持并充当后盾。所以，从实际工作来看，凡是厂（场）长负责制搞得好的单位，民主管理工作也有较高的水平，反之，民主管理差的单位，往往人际关系紧张，领导威信不高，工作指挥不灵，厂（场）长负责制也搞不好。总之，实行厂（场）长负责制以后，要正确认识坚持厂（场）长负责制与加强企业民主管理的一致性，要注意发挥职工的积极性和创造性，使经营者的管理权威和职工群众的主人翁地位相统一，形成经营者和生产者相互依靠密切合作的新型关系。1988 年 11 月 20 日，中国农林工会、广东省农垦总工会粤西农垦工会发布了《关于南光农场依靠职工群众办好国营农场调查报告》。

1989 年 11 月 25 日，中国农林工会、湖北省农林水工会、湖北农垦工会发布了《关于五三农场依靠职工办好企业的调查报告》：湖北五三农场充分发挥职代会作用，群策群力办好企业。1989 年 11 月，中国农林工会、黑龙江省林业工会、伊春市总工会发布对南岔木材水解厂的调查：办好企业的源泉在职工群众之中。南岔木材水解厂制定切实可行的制度，保证职工行使民主权利。

1989年12月11日，中国农林工会发出《关于在森工企业承包经营责任制中加强民主管理工作的通知》。通知指出，近几年，国有林区森工企业普遍推行了承包经营责任制，这对深化林业改革，强化森林资源管理，增强企业活力，提高企业经济效益，起到了积极的推动作用，各地也涌现出了一批好的经验。但是，在承包经营中也出现了一些不容忽视的问题，如承包合同、经营方案和合同兑现的民主程序不够完善；有的承包经营者与职工群众的关系没有理顺，等等。这些都挫伤了职工的积极性，影响了企业改革的进程。为全心全意依靠职工群众办企业，调动职工群众的积极性和创造性，进一步加强和完善企业经营管理，搞好治理整顿和深化改革工作，现依据《企业法》和国务院《全民所有制工业企业承包经营责任制暂行条例》，就森工企业在实行承包经营责任制中，进一步加强民主管理工作，作如下通知：（一）加强宣传教育，增强职工和承包经营者的民主管理意识。（二）参与企业资产审核和承包基数的确定。（三）参与制定企业承包合同和经营方案。（四）坚持职代会审议承包企业的重大决策的原则。（五）企业承包经营者的产生，必须充分体现职工群众的意志。（六）要健全和完善职代会制度和其他民主管理制度。森工企业不论采取哪种承包经营形式，都不能削弱工会组织。任何承包经营者，都无权变动企业工会主席。工会组织既要维护职工的民主权利，又要维护承包经营者的权威，要把这两者很好地统一起来，才能有力地促进森工企业生产的不断发展。1989年12月28日，中国农林工会发布了《关于在森工企业承包经营中加强民主管理的调查报告》。

1990年3月15日，中国农林工会就召开全国农垦系统工会工作现场会暨工会主席会议的情况向全国总工会书记处、农业部提交报告《全心全意依靠职工群众办企业》。1990年2月23日至28日，中国农林工会在广东湛江召开了全国农垦系统工会工作现场会暨工会主席会议。来自26个省、自治区、市的农垦（农林）工会及部分基层工会的主席、副主席参加了会议。会议还邀请了部分垦区的党政领导同志。会议的任务是交流全心全意依靠职工群众办好企业的经验、研究和协调1990年农垦系统工会工作。1990年10月8日，中国农林工会发布了《参加安徽农垦企业民主管理经验交流会的情况报告》。1990年10月，召开上海水产系统工会依靠职工群众振兴水产经济经验交流会。1992年5月20日，黑龙江省司法厅劳改局工会就黑龙江省劳改系统工会工作情况向中国农林工会提交汇报提纲：黑龙江劳改单位职工参与企事业民主管理，促进双重任务完成。1992年10月30日，召开全国农垦农业班组工作研讨会。1997年5月14日，中国农林工会发布了《国企班子建设的法宝——舟山海洋渔业公司十年来坚持民主评议企业领导干部工作的调查与思考》。1998年6月22日，中国农林工会发布了《革除“两张皮”展现新天地——黑龙江农垦齐齐哈尔分局坚持职代会民主评议与干部考核相结合的调查与思考》。1999年5月18日，中国农林工会、农业部发布了《关于农垦系统推行厂（场）务公开制度、加强基层民主政治建设的意见》。1999年8月30日，中国农林工会、农业部发布了《关于渔业系统推行厂（场）务公开制度、加强基层民主政治建设的意见》，指出要搞好企业民主管理，建立和健全职工代表大会制度，充分发挥广大职工群众的主人翁积极性，发扬社会主义企业的优越性，胜利实现调整和改革的任务，保证经济建设的顺利进行。同时，加强企业民主管理，也是搞好调整和改革的需要。

21世纪以来，中国农林水利工会更加重视职工民主管理工作，积极在各级各地公开开展调查研究，并不断总结经验，努力提升职工民主管理能力水平，取得了新成绩。2007年5月18日，中国农林水利工会发布了《构筑共建共享和谐家园的生动实践——关于天津市引滦入津工程管理单位民主管理和职工培训的调查》。2007年7月30日，中国农林水利工会发布了《关于召开全国农垦职工民主管理工作经验交流会的通知》。2007年9月12日，中国农林水利工会发出《关于印发“全国农垦职工民主管理工作经验交流会”领导讲话的通知》。2009年4月21日，中国农林水利工会发出《关于召开农垦系统平等协商和集体合同制度建设经验交流会的通知》。2009年9月18日，中国农林水利工会发出《关于召开农垦系统平等协商和集体合同制度建设经验交流会的补充通知》。2009年10月6日，中国农林水利工会发出《关于印发〈农垦系统平等协商和集体合同制度建设经验交流会议纪要〉的通知》。2009年10月26日，中国农林水利工会发出《关于印发农垦系统平等协商和集体合同制度建设经验交流会领导讲话的通知》。

2018年5月22日，中国农林水利气象工会发出《关于召开全国农垦渔业系统工会民主管理现场推进会的预备通知》。2018年8月15日，中国农林水利气象工会发出《关于召开农垦渔业系统工会民主管理工作经验交流会的通知》。2018年8月29日，中国农林水利气象工会在江西南昌召开全国农垦渔业系统工会民主管理工作经验交流会，中国农林水利气象工会主席、分党组书记蔡毅德出席会议并讲话，江西省农业厅副厅长、江西省农垦事业管理办公室主任唐安来出席会议并致辞。黑龙江省农垦建三江工会、北京首农食品集团有限公司工会、江苏省农垦集团有限公司工会、海拉尔（农垦）集团有限责任公司工会、甘肃省农垦集团有限责任公司工会、黑龙江省农垦九三工会等六家单位就近年来在工会民主管理工作中取得的经验进行了交流。与会代表还就农垦改革中工会组织建设、如何进一步做好民主管理工作等进行了热烈讨论。来自全国各省（区、市）农林水利工会、农垦工会、渔业系统工会及部分农场工会代表50余人参加会议。会后，蔡毅德一行还赴井冈山企业集团（井冈山垦殖场）、金坪华侨农场、南英垦殖场等地开展调研。

2019 年 2 月 3 日，中国农林水利气象工会发出《关于召开全国林业和草原系统工会民主管理经验交流暨现场会的通知》。2 月 28 日，全国林业和草原系统工会民主管理经验交流暨现场会在黑龙江省哈尔滨市召开。中国农林水利气象工会主席、分党组书记蔡毅德出席会议。国家林业和草原局宣传中心副主任刘雄鹰主持会议。中国农林水利气象工会副主席、分党组成员孙涛，黑龙江省总工会副主席于国君、黑龙江省林业和草原局副局长时永录，黑龙江省林业工会主席张维铎等领导同志出席会议。会议全面总结了近年来全国林业和草原系统各级工会组织开展民主管理工作取得的成绩，并对下一个阶段的工作作了安排部署。会上，黑龙江省林业工会、北京绿京华生态园林股份有限公司工会、内蒙古大兴安岭重点国有林管理局（森工集团）工会、吉林森林工业集团有限责任公司工会、黑龙江省大兴安岭林管局工会、甘肃省白龙江林业管理局工会、福建省武夷山国家公园管理局交流了近年来各自在职代会、厂务公开、工资集体协商等方面的典型经验。会议期间，与会人员还来到龙江森工集团兴隆林业局城建环境卫生管理处等民主管理示范基地进行现场观摩。

长期以来，中国农林水利气象工会始终坚持党的领导，坚持中国特色社会主义工会发展道路，坚持全心全意依靠工人阶级方针，坚持以职工为中心的工作导向，坚持维护职工合法权益，竭诚服务职工群众基本职责，始终把保障工人阶级的领导地位和发挥主人翁作用作为重要政治使命。始终维护职工民主政治权利，推进社会主义民主政治建设，相关制度程序不断完善、实践形式不断丰富、职工权益保障水平不断提升。

第九章
构建和谐劳动关系

一、大力实施困难补助与扶贫救济

新中国成立后，百废待兴。一些单位职工的伙食、住宅、疾病医疗和困难补助等切身问题，没有得到妥善的解决，职工花钱多、吃不好的现象普遍存在，职工住宅过分拥挤，还有单位忽视困难补助工作。

1955 年 4 月 27 日，中国林业工会筹委会发布《关于佳木斯制材厂对目前职工生活福利存在问题的检查报告的通报按语》。1955 年 7 月 16 日，中国林业工会筹委会发布《关于南岔区工会关于家属住宅存在问题及今后意见和牡丹江制材厂食堂工作的经验两个报告的通报按语》。1955 年 7 月 21 日，中国林业工会筹委会作《关于东北、内蒙省、区工会主席座谈会议问题向全总书记处的报告》。1955 年 9 月 30 日，中国林业工会筹委会作《关于林业职工生活居住情况向全总书记处的报告》。1955 年 11 月 17 日，中国林业工会筹委会发布《关于改善林业工人住宅生活问题的联合指示》。1956 年 2 月 18 日，中国林业工会筹委会发布《关于大石头林业局第三伐木场工会互助储金会工作的通报按语》。1956 年 3 月 5 日，中国农业水利工会筹委会在第三次筹委扩大会议向全国总工会作《关心群众生活，协助行政改善劳动条件，加强群众工资工作》报告。1958年3月，中国林业工会筹委会副主任范继先在林区职工生活会议上讲话。1959年8月13日，中国农林工会分党组作《关于林区生活物资供应不足等问题向中央、全总党组的报告》。1960年4月25日，中国农林工会分党组作《关于黑龙江林区生活福利工作会议情况向全总党组的报告》。1963年3月27日，全国总工会生产办公室、水利电力工会全委会、水电建设总局联合工作组发布《关于黄河三门峡工程局廊道内作业工人患风湿性关节炎病的调查报告》。1963年4月23日，中国农林工会作《关于国营农场职工的工资物质文化生活问题向全总、商业部的报告》。1963年8月1日，水利电力部黄河委员会、中国水利电力工会黄河委员会发出《关于分配一九六三年二、三季度职工生活困难补助费指标的联合通知》。1963年8月8日，全国总工会办公厅转发商业部《关于国营农场职工供应问题的通知》。农林系统工会积极协助行政大力改善职工伙食，改善对职工的困难补助工作，建立和整顿互助储金会，同时还组织家属参加副业生产或场内临时工作（除草、收割等），从多方面帮助职工改善生活。

改革开放以来，中国农林工会对职工的困难、灾难和艰难的调查及统计进一步开展，为推动困难补助与扶贫救济奠定了基础。1980年1月7日，中国农林工会工作组关于内蒙古牙克石木材加工栲胶联合厂职工生活问题的调查，向林业部、全国总工会书记处报告了牙克石栲胶厂在职工生活方面存在的一些问题。1980年3月8日，林业部林产工业局、计划局转中国农林工会《关于牙克石栲胶厂职工生活问题的报告请研究改进的函》。1980年2月，中国农林工会作《关于农业工人地位问题的反映和意见向全总书记处农垦部的汇报》。1981年5月28日，中国农林工会发布《晋阳农场三队职工生活基本情况调查》。1987年5月11日，中国农林工会发布《关于新疆自治区林业职工家属及其子女户粮关系问题的调查报告》。1987 年 5 月 27 日，中国农林工会作《关于大兴安岭林区灾情和进行慰问活动情况向全总书记处的报告》。根据全国总工会领导的指示，1987 年 8 月 25 日，中国农林工会发布《大兴安岭受灾职工群众迫切要求发放救灾款》。

1987 年，中国农林工会发布《大兴安岭新林区工会组织节前家访宣传中央一号文件解决职工实际困难》。1988 年 1 月 22 日，中国农林工会发布《积极维护职工群众的具体利益》。1988 年 1 月 23 日，中国农林工会发布《湖北省农垦工会准备春节期间开展走访慰问生活困难职工的活动》。1988 年 3 月 12 日，中国农林工会发布《研究农林系统各个群体 维护他们具体利益》。1988 年 6 月 17 日，中国农林工会作《为新疆垦区职工受灾损失严重申请慰问救济款的报告》。1988 年 7 月 8 日，中国农林工会发布《转上海南农垦工会灾情报告并申请救灾款》《必须妥善安排承包中落选职工》。1988 年 8 月 25 日，中国农林工会通报《新疆、甘肃、黑龙江、内蒙古等垦区和林区各级工会组织在抗洪抢险救灾中发挥了积极作用》。1988 年 8 月 26 日，中国农林工会作《关于亚布力林业局水灾严重，向全总副主席李沛瑶并全总书记处申请救济款的请示》。1988 年 8 月 28 日，全国总工会副主席李沛瑶对中国农林工会为亚布力林业局申请救济款的请示作批示。1988 年 9 月 5 日，中国农林工会作《为内蒙大兴安林区和黑龙江两管局申请救灾慰问款的报告》。1988 年 9 月 6 日，湖北农垦工会提交《关于国营农场灾情要求解决部分职工生活困难的报告》《湖北省农垦工会关于湖北省国营农场灾情及要求解决部分职工生活困难向中国农林工会、省总工会的报告》。1988 年 9 月 6 日，中国农林工会发布《湖北林业遭灾严重的摘报》。1988 年 9 月 7 日，中国农林工会发布《林业企业职工住房十分困难及建议》。1988 年 9 月 12 日，中国农林工会发布《关于湖北省国营农场受灾情况要求救济款报告》。1988 年 10 月 12 日，黑龙江农垦工会提交《关于垦区职工严重受灾申请救济补助的报告》。1988年11月3日，中国农林工会批复《申请拨给黑龙江垦区救灾款》。1988年11月17日，云南发生7.6级地震，中国农林工会对云南各农场损失情况做了初步统计。1989年11月13日，中国农林工会发布《关于天使农场战争前后的经济情况及职工生活情况的调查报告》。

中国农林工会调查研究农业水利系统困难、灾难的基本情况，协助行政部门因地制宜制定困难补助与扶贫救济的方案。1990年5月7日，中国农林工会作《关于赴青海省地震灾区慰问职工群众的情况向全国总工会主席等报告》。1990年10月，中国农林工会副巡视员陈人坤提交《关于云南垦区职工生活问题的调查报告》。1991年5月30日，中国农林工会发布《关于天保农场受战争破坏、经济困难情况的调查报告》。1991年7月19日，全国总工会书记处召开第99次会议，听取了全国总工会赴皖苏灾区慰问团的汇报。1991年8月2日，中国农林工会作《关于海南垦区受6号台风袭击造成严重损失情况向全总报告》。1991年12月24日，中国农林工会发布《关于四川省重点森工企业富余人员安置情况的调查报告》。1992年12月10日，中国农林工会发布《解决林业职工后顾之忧的大事》。1993年5月3日，中国农林工会作《关于给受灾的临江林业局慰问信并拨救灾款的函》。1993年9月26日，中国农林工会发布《关于新疆兵团困难状况的调查报告》。1993年12月4日，中国农林工会发布《新疆建设兵团面临的困难亟待解决》。1994年6月2日，国务院办公厅发布《关于听取新疆生产建设兵团工作汇报的会议纪要》。1994年6月30日，中国农林工会作《关于黑龙江垦区职工扶贫情况的报告》。1995年1月15日，中国农林工会发出《关于召开农垦系统工会扶贫工作座谈会的通知》。1995年6月2日，中国农林工会发布《程路副主席在全国农垦系统职工扶贫工作座谈会上的讲话》。1995年6月16日，中国农林工会发出《关于印发〈全国农垦系统职工扶贫工作座谈会纪要〉的通知》。1995 年 6 月 22 日，中国农林工会发布《层层建立扶贫基金、把“送温暖工程”落到实处》。1995 年 8 月 29 日，中国农林工会发布《农垦系统职工扶贫情况的调查报告》。1995 年 10 月 4 日，中国农林工会发布《关于贫困国有林场职工生活状况的调查》。1996 年 6 月 28 日，中国农林工会发布《林业职工生活困难状况及对策》。

1999 年 1 月 12 日，中国农林工会发出《关于召开渔业企业改革与职工生活状况座谈会的通知》。1999 年 1 月 15 日，中国农林工会作《关于安徽华阳河农场受灾职工需紧急援助的报告》。1999 年 3 月 22 日，中国农林工会发出《关于召开农垦企业职工扶贫劳动就业和社会保障问题调查的通知》。1999 年 5 月 18 日，中国农林工会发出《关于召开部分垦区职工扶贫与社会保障工作汇报会议的通知》。1999 年 5 月 20 日，中国农林工会发出《关于在苏州召开部分垦区职工扶贫与社会保险工作汇报会议的通知》。1999 年 6 月 30 日，中国农林工会副主席丁哲元在部分垦区职工扶贫生活保障汇报会议上讲话。1999 年 7 月 22 日，中国农林工会作《关于皖、鄂、赣垦区水灾严重职工急需社会救济的报告》。1999 年 7 月 30 日，中国农林工会发出《关于向皖、鄂、赣受灾垦区职工捐助救济款的紧急通知》。1999 年 8 月 26 日，中国农林工会作《关于新疆生产建设兵团部分农牧团场遭受特大洪灾的情况报告》。1999 年 10 月 10 日，中国农林工会发布《小额信贷是下岗职工实现再就业和脱贫致富的好路子——关于云南省弥勒东风农场实施小额信贷扶贫情况的调查》。1999 年 12 月 12 日，中国农林工会发布《天保工程带来生机，职工生活仍需关心——关于四川省林业职工生活状况的调查》。在进行职工困难补助工作中，中国农林工会认真加强领导，贯彻群众路线，加强调查研究，做好思想政治工作。

21 世纪以来，中国农林水利工会将脱贫攻坚工作摆在重要位置，主动作为、真抓实干，统筹做好工会系统脱贫攻坚和定点扶贫工作。

2000年6月1日，中国农林工会发布《稳定的隐患、致富的绊履——粤西地区水库移民及移民农场特殊困难问题的调查》。2000年7月8日，中国农林工会发出《关于开展农垦系统职工扶贫问题调查的通知》。2000年9月14日，中国农林工会发布《冀垦农业受灾严重、农工困难需要救助——对河北省国有农牧场遭受历史罕见旱灾造成严重损失的调查》。

2003年1月24日，中国农林水利工会作《对〈农林水利系统困难职工群体情况调查报告〉意见的函》。2003年7月21日，中国农林水利工会发布《水火本无情 救灾应有义——关于妥善解决因自然灾害对农垦企业职工实施救助问题的思考和建议》。2003年8月12日，中国农林水利工会发布《执政为民 民心所向——从安徽农垦受灾看修改国家现行对灾民生活实施救济规定的必要性和紧迫性》。2003年8月21日，全国总工会办公厅作《关于〈关于请提供农垦企业救灾问题有关材料和意见的函〉的复函》。2003年8月21日，中国农林水利工会发布《农垦企业职工亟盼受灾能够得到救济——从安徽农垦受灾看修改国家现行对灾民生活实施救济规定的必要性和急迫性》。2003年9月24日，中国农林水利工会发出《关于转发〈关于落实农垦系统国有企事业单位职工及家属非农业户口政策有关问题的通知〉的通知》。2003年10月30日，中国农林水利工会作《关于落实领导同志就农垦企业职工因灾不能享受国家救济政策批示意见的情况报告》。

2004年1月6日，中国农林水利工会发出《关于转发〈关于按照国务院要求在春节前将农垦森工企业困难职工家庭全部纳入城市低保范围的紧急通知〉的通知》。2004年5月26日，中国农林水利工会发布《关于江苏农垦企业困难职工家庭亟待全部纳入城市低保范围的情况反映和意见建议》。2004年5月31日，中国农林水利工会发布《青岛海洋渔业公司特困职工应保未保问题亟待解决》。2004 年 7 月 21 日，中国农林水利工会发出《关于开展血吸虫病严重危害水利职工情况调研的通知》。2004 年 8 月 18 日，中国农林水利工会发布《安居方能乐业——对安徽省水文局安居工程的调查》。2004 年 8 月 20 日，中国农林水利工会发布《政工干部的待遇问题应引起重视——对吉林省水文水资源勘测局有关情况的调查》。2004 年 11 月 25 日，中国农林水利工会发布《血吸虫病严重危害我国职工身心健康问题亟待解决》。

2005 年 3 月 21 日，全国总工会办公厅、中国农林水利工会发布《俄罗斯族职工群众期盼国家免除历史债务政策扶持——关于恩和室韦农牧场职工生活状况的跟踪调查》。2005 年 6 月 29 日，全国总工会办公厅、中国农林水利工会作《在户籍制度改革中如何解决农垦职工的低保问题及湖北农垦管理局关于落实户籍制度改革和建立最低生活保障制度的情况汇报》。2005 年 7 月 21 日，全国总工会办公厅、中国农林水利工会发布《关于青海新疆艰苦气象台站职工生活工作情况的调查和建议及领导对报告的批示》。2005 年 7 月 25 日，全国总工会办公厅、中国农林水利工会发布《实现天然橡胶可持续发展应重视职工健康问题——关于割胶工应纳入野外特别繁重体力劳动工种的调查》。2005 年 9 月 19 日，全国总工会办公厅、中国农林水利工会发布《国家应进一步加大对华侨农场的扶持力度——关于对华侨农场归、难侨职工生活状况的调查》。2005 年 10 月 10 日，中国农林水利工会发布《生活在贫困中的鹤地水库移民——对广东省湛江市鹤地水库移民贫困状况的调查》。2005 年 10 月 12 日，全国总工会办公厅、中国农林水利工会发布《国有贫困农场亟待国家政策扶持——对国有农场状况的调查》。2005 年 10 月 18 日，全国总工会办公厅、中国农林水利工会发布《提高新疆农牧场职工生活水平还需政府再推动——关于新疆地方国有农牧场职工生活状况的调查》。

2005年11月4日，全国总工会办公厅、中国农林水利工会发布《构建和谐社会应尽快解决农垦企业职工受灾不能享受国家民政救灾救济的问题》。2005年11月25日，全国总工会办公厅、中国农林水利工会发布《少数民族农牧场亟待政策扶持——关于恩和农场室韦牧场债务沉重职工生活困难状况的跟踪调查》。

2008年4月30日，中国农林水利工会作《关于冰雪灾害后林业职工生活陷入困境情况的报告》。2008年5月14日，中国农林水利工会发出《关于全力做好抗震救灾工作的紧急通知》。2008年6月18日，四川省总工会作《关于安排灾后农林水利系统伤残职工康复工作的函》。2008年6月19日，中国农林水利工会作《关于给四川省总工会〈关于安排灾后农林水利系统伤残职工康复工作的函〉的复函》。2008年8月30日，中国农林水利工会、内蒙古林业工会整编《全国林业系统职工自营经济工作经验交流暨现场会经验材料——因地制宜谋思路 强化扶持助发展 全面引导困难职工走勤劳致富之路》。2008年9月20日，中国农林水利工会发出《关于开展抗震救灾四川省农林水利系统伤残职工康复疗养活动的通知》。2008年9月20日，中国农林水利工会为中国农林水利工会抗震救灾伤残职工康复中心揭牌，并举办启动仪式。2008年11月1日，中国农林水利工会发布《对黄河水利委员会实行职工大病救助机制情况的调查》。

2009年6月12日，中国农林水利工会发出《关于召开全国林业系统困难职工帮扶工作经验交流暨现场会的通知》。2009年7月2日，中国农林水利工会发布《全总保障部副部长陈杰平在全国林业系统困难帮扶工作经验交流暨现场会上的讲话》。2009年7月21日，中国农林水利工会副主席江南在全国林业系统困难职工帮扶工作经验交流暨现场会上作《推动林业帮扶工作创新发展》讲话。2009年9月7日，中国农林水利工会发出《关于联合开展远洋渔业职工生产生活状况调研的通知》。2010年2月21日，全国总工会办公厅发布《调查显示远洋渔业企业及职工生产生活面临诸多困难》。

2012 年，中国农林水利工会向全国两会提交议（提）案 11 篇。具体有：《关于大力加强林地保护管理的建议》《关于黑龙江省森工林区整合撤并林场所、生态移民工作难以为继的提案》《关于恢复林业部或升格为林业总局的提案》《关于加大国有林场扶贫工作支持力度的提案》《关于加大天保工程一次性安置职工社会保障和资金支持的提案》《关于加大血吸虫病防治投入关注水文职工职业健康的提案》《关于加快气象探测环境保护的提案》《关于加强农村水利站建设的提案》《关于完善林下经济发展优惠政策的建议》《请财政部尽快将渔业纳入中央财政农业保险保费补贴范围》《有关不同意制定“自然遗产保护法”的提案》。这些议（提）案得到了回复。

2013 年 3 月 20 日，中国农林水利工会、中国工运研究所发布《国有林场职工生产生活亟待改善——关于我国国有林场职工生产生活状况的调查》。2013 年 3 月 29 日，中国农林水利工会、全国总工会办公厅发布《国有林场职工生产生活亟待改善》。2013 年 8 月 19 日，中国农林水利工会发出《关于召开全国渔业系统困难职工帮扶工作推进会的通知》。9 月 5 日，在上海召开全国渔业系统困难职工帮扶工作推进会，中国农林水利工会主席盛明富出席会议并发表讲话，来自上海、北京、烟台、舟山、大连等地的渔业公司工会就各自企业困难职工帮扶工作开展情况、困难问题及下一步工作设想作了交流发言，会上还对 2013 年渔业系统工会开展的主要工作进行了讨论。会后，参会人员还赴上海水产集团直属单位进行调研，听取水产集团非在岗人员帮扶工作情况，并实地参观考察了东方市场码头。2013 年 8 月 30 日，中国农林水利工会发出《关于召开华侨农场困难职工帮扶工作推进会的通知》。

2013 年，中国农林水利工会向全国两会提交议（提）案 16

篇。具体有：《关于改善国有林场职工生产生活条件的提案》《关于黑龙江省森工林区整合撤并林场所、生态移民工作难以为继的提案》《关于缓解监狱警察工作压力的提案》《关于加大中央财政对国有林场扶贫支持力度的提案》《关于加快推进气候资源开发利用和保护立法工作的提案》《关于加强农村水利职工队伍建设推进农村水利新跨越的提案》《关于建立健全基本渔业水域保护制度的提案》《关于建议财政部、全国妇联将农垦系统两癌贫困母亲纳入中央专项彩票公益金救助范围的提案》《关于建议将国有林场按公益事业单位进行管理的提案》《关于将国家林业局恢复为林业部或升格为国家林业总局的提案》《关于将国有林场护林房建设纳入全国国有林场危旧房改造规划的提案》《关于将农垦纳入〈中华人民共和国农民专业合作社法〉的建议》《关于将水库库区危旧房改造纳入棚户区改造范围的提案》《关于解决黑龙江省森工林区历史金融机构债务问题的提案》《关于扩大国有林场森林补贴范围提高国有公益林补偿标准的提案》《流域机构所属小水电机组增效扩容改造项目补贴应该属地落实的提案》。部分议（提）案得到了相关单位的回复。

2014 年，中国农林水利工会向全国两会提交议（提）案 17 篇。具体有：《关于农垦职工养老金缺口给予政策性补贴的提案》《关于加强国有林场林地管理的提案》《关于继续实施退耕还林工程的提案》《关于加大中央财政对乡镇林业工作站建设投入的提案》《关于加强三北工程退化林分修复工作的提案》《关于加强森林旅游基础设施建设的提案》《关于加大沙化土地封禁保护区建设支持力度的提案》《关于加大湿地保护力度的提案》《关于加大林地保护力度的提案》《关于加快森林公园立法的提案》《关于完善林业贴息贷款政策的提案》《关于改善我国国有林场基础设施落后状况的提案》《关于加强水文基础设施运行后续保障工程建设的提案》《关于推进地方水文事业单位分类改革意见的建议的提案》《关于国家应尽快将渔业养殖保险纳入财政补贴范围的建议的提案》《关于加快制定气象灾害防御法的提案》《流域机构所属小水电机组增效扩容改造项目补贴应该属地落实的提案》。部分议（提）案得到了相关单位的回复，通过两会议（提）案，推动了影响产行业改革发展和职工最关心最直接最现实问题的解决。2014 年 2 月 8 日，中国农林水利工会发出《关于印发〈关于进一步加强农垦系统困难职工帮扶工作的意见〉的通知》。

2015 年，中国农林水利工会向全国两会提交议（提）案 15 篇，具体有：《关于请财政部、发改委加大对边境国有农场建设支持力度的提案》《关于请财政部、发改委强化统筹协调，进一步加大对国有贫困农场支持力度的提案》《关于实施国有林场管护用房改造完善国有林场森林资源管护体系的提案》《关于建立和完善天然林保护制度的建议》《关于完善新一轮退耕还林政策的提案》《关于尽快出台〈国有林场条例〉的提案》《关于完善国有林场收支两条线管理的建议》《关于加大对东北国有林区政策资金支持的提案》《关于"建立健全林业中长期贷款信贷政策"的提案》《关于启动丝绸之路经济带防沙治沙工程的建议》《关于加快淮河行蓄洪区及淮干滩区居民迁建的建议》《关于加快制定气象灾害防御法的提案》《关于增加森工林区冬季取暖财政补助资金的提案》《关于为全国劳动模范开通医疗绿色通道的提案》《关于设立森林防火值班执勤专项补助的提案》。有 10 多篇议（提）案收到相关部委的答复。

2016 年 1 月至 2 月，中国农林水利工会组织三个慰问组分别赴北京、云南、广西、江西、广东、海南、福建、安徽等地的华侨农场、国有垦区、国有林场、水务局等部门对职工开展"送温暖"慰问活动，累计慰问困难职工 200 余户，送上慰问金 30 万元。帮扶方面，2016 年，中国农林水利气象工会经积极争取，分别为内蒙古森工集团拨付帮扶资金 30 万元，为黑龙江森工集团、大兴安岭森工集团、吉林森工集团、长白山森工集团拨付帮扶资金各 20 万元，为四川林区拨付帮扶资金 10 万元。受灾帮扶方面，长淮流域洪涝灾害发生后，中国农林水利气象工会收集汇编的长江中下游地区水利职工防汛抗旱事迹材料，得到了全国总工会领导的重视；7 月，针对新疆生产建设兵团 2016 年上半年受灾严重情况，积极与全国总工会权益保障部和财务部联系，申请赈灾款 60 万元；针对延吉气象局受灾情况，积极向全国总工会申请拨付救灾资金 10 万元。

2016 年 7 月 20 日，中国农林水利气象工会作《关于南方部分省份洪灾中农林水利气象系统产业职工群众受灾情况的报告》。2016 年 7 月 28 日，中国农林水利气象工会作《关于申请救灾资金和帮扶资金的报告》。2016 年 11 月 24 日，全国总工会财务部、中国农林水利气象工会作《关于给予吉林省洪涝灾害受灾困难职工慰问补助的批复》。

2017 年 7 月 6 日，中国农林水利气象工会发布《全总信息第 59 期——调研显示东北三省国有水管单位欠缴职工社保问题严重》。2017 年 7 月 7 日，中国农林水利气象工会发出《关于建立全国水利系统工会防洪抢险工作情况报告制度的通知》。2017 年 9 月 4 日，中国农林水利气象工会发出《关于召开加强流域机构帮扶中心建设座谈会的通知》。2017 年 12 月 13 日，中国农林水利气象工会、国家林业局发布《持续发挥天保工程生态效益维护林业职工队伍稳定发展——关于新疆、甘肃天保工程区职工生产生活状况的调研》。2018 年 7 月 27 日，中国农林水利气象工会发布《天保工程成效显著后续政策亟须完善——关于陕西天保工程区职工生活状况的调研》。2018 年 8 月 20 日，中国农林水利气象工会发布《全总信息第 89 期——陕西省天保工程区职工生产生活困难犹存》。

2018 年，中国农林水利气象工会继续强化源头参与两会提案，向两会提交了《关于完善天然林保护制度的提案》《关于制定湿地保护法的提案》《关于进一步加大退耕还林工作的提案》三篇议（提）案，得到了国务院有关部委的重视。

2018 年，中国农林水利气象工会以维护职工合法权益、竭诚服务职工群众为神圣职责，增强了产业职工群众的获得感、幸福感、安全感。一是抓好工会传统帮扶品牌。联合中国侨联赴六省区华侨农场慰问困难职工，共送出慰问金 30 万元。与部分对口部局共同慰问农垦、渔业、国有林场、水利及气象行业等一线职工、困难劳模家庭共 143 户，共筹集送出慰问款 26 万元；赴北京市门头沟区气象局和斋堂国家气象观测站走访慰问一线干部职工；慰问见义勇为牺牲的重庆市南川区监狱民警家属；为基层联系点湖北省仙桃市总工会送去 10 万元困难职工帮扶资金，缓解了他们的实际困难。二是拓展帮扶形式和帮扶内容。组织首农食品集团专家赴山西省壶关县调研，完成《关于组织首农食品集团部分企业赴山西壶关县脱贫帮扶考察情况的报告》。落实《关于加强全国水利系统帮扶中心（站）建设的指导意见》，推动长江工会、黄河工会、松辽委工会建立或筹备建立困难职工帮扶中心，努力扩大服务领域、覆盖更多职工。与中国教科文卫体工会联合组织上海、山东、北京等地的医疗专家赴新疆生产建设兵团开展了三次职工义诊活动，服务当地职工群众 2600 人次，讨论病例 72 例，讲座授课 24 次，手术 16 台，把健康真正送到了职工群众身边。

2019 年 8 月 5 日，中国农林水利气象工会发布《国有林场改革中的贵州经验——关于在贵州省国有林场改革中职工生产生活情况的调研》。

2019 年，中国农林水利气象工会继续强化源头参与两会提案，充分利用全国两会渠道，向全国政协报送了《加快草原生态建设的提案》《大力发展林下经济 确保山区农民脱贫致富奔小康》《加强沙区天然植被保护的建议》等五件政协信息，得到了国务院有关部委的重视。

2019年，中国农林水利气象工会召开全国农垦系统工会职工社会保障工作座谈会。联合中国侨联赴广东、广西、云南、海南、福建、江西六省区的华侨农场，慰问华侨农场困难职工，做好“送温暖”工作，重点看望慰问特殊困难职工、劳动模范和工匠人才。按照全国总工会2019年定点扶贫工作计划要求，赴全国总工会定点扶贫县——山西省和顺县进行扶贫项目考察和项目对接，把帮扶困难职工与精准脱贫结合起来，推动工会困难职工解困脱困工作纳入国家脱贫攻坚大局。广西区农林水利气象工会、宁夏农林水财轻工工会、江苏省农垦工会、云南省农垦工会、吉林省林业工会、吉林森工集团工会、长白山森工集团工会、上海水产集团工会、辽渔集团有限公司工会、舟山海洋渔业公司工会等单位开展了卓有成效的扶贫帮困工作。

2020年6月17日，中国农林水利气象工会作《家属寄“申”请 致敬战“疫”人》，全国总工会副主席、书记处书记、党组副书记张工作批示。2020年7月21日，中国农林水利气象工会作《关于向长江流域受灾严重地区水利职工划拨慰问资金的请示》，张工作批示。

2020年，中国农林水利气象工会下发了《中国农林水利气象工会全国委员会关于在决战决胜脱贫攻坚过程中充分发挥工会组织作用的意见》，要求产行业工会组织把困难职工帮扶工作与精准脱贫结合起来，确保脱贫攻坚任务如期全面完成，带领农林水利气象系统职工群众一同步入小康社会。

2020年7月27日至29日，全国总工会副主席、书记处书记江广平到长江委调研长江汛情，调研考察汉口水文站、沙市水文站及三峡水利枢纽工程等单位，看望慰问防汛一线干部职工，代表全国总工会和中国农林水利气象工会向长江委赠送了慰问金200万元。中国农林水利气象工会主席、分党组书记蔡毅德，水利部水文司一级巡视员束庆鹏，长江委党组成员、副主任胡甲均、吴道喜，长江工会主席徐德毅，湖北省总工会党组书记、常务副主席董永祥参加调研活动。江广平指出，要站在讲政治的高度抓好防汛救灾工作，以习近平总书记的重要指示精神统领长江流域的防汛救灾工作；要充分发挥水利职工的主力军作用，要全面压实压紧主体责任、科学调度水利工程、精准监测预警，积极应对汛情"大考"；要切实担起工会组织的职责使命，深入防汛救灾第一线，凝心聚力，团结动员广大职工为防汛救灾贡献力量。

2020 年，中国农林水利气象工会落实好王东明同志关于重点关心边远艰苦地区职工生产生活的指示，争取 80 万元专款分别为西藏那曲市安多等地气象职工安装取暖、供氧设施，为海南省三沙气象局职工配备文体设施。协调全国总工会财务部和四川省林业工会，为在火灾中牺牲的 19 名消防队员和 3 名受伤人员申请工会救灾资金 50 万元。协调全国总工会启动工会救灾资金拨付程序，安排专款 200 万元用于慰问长江委一线职工及困难职工。筹措 30 万元专项资金继续联合中国侨联赴福建、江西、广东、广西、海南、云南六省区开展华侨农场送温暖活动，赴各地垦区、林区、库区、台站、监区开展送温暖活动，送出慰问金 40 余万元。

2021 年，中国农林水利气象工会克服疫情影响，协调多方落实了王东明同志关于为三沙气象站职工完善文体设施的指示，并登岛开展了实地慰问。关注在国家大事要事中作出贡献的职工和在自然灾害中的受灾职工，在用好常态化送温暖资金的基础上积极争取特殊慰问资金，着力做好雪中送炭的工作。争取 30 万元慰问了华侨农场职工，制定出台了《华侨农场送温暖资金使用管理办法（试行）》，争取 100 万元慰问了黄河防汛一线职工，争取 86 万元慰问了受疫情影响的远洋渔业职工，全年共送出各类慰问金 278. 7 万元，其中争取来的特殊慰问资金达 216 万元，为历年最多。同时积极做好职工服务工作，在农民丰收节期间走访慰问农民工，成功推荐光明食品集团作为提升职工生活品质试点单位，推荐两家基层工会的爱心托管班获全国总工会资金补助。

2022年，中国农林水利气象工会用好100万元常态化送温暖资金和200万元受疫情影响行业职工专项送温暖资金，持续第九年开展华侨农场送温暖，发放送温暖资金30万元。关心特殊贡献职工，争取100万元慰问冬奥气象保障团队，协调全国总工会党组书记、副主席、书记处第一书记陈刚实地慰问，呈报《北京2022年冬奥会和冬残奥会气象保障服务工作及相关工会工作情况报告》，得到陈刚同志肯定性批示。争取30万元慰问珠江委防汛一线职工，协调江广平同志实地慰问。全年共计发放送温暖资金460万元，将党和工会的温暖送到职工身边。

2023年，中国农民丰收节期间，中国农林水利气象工会牵头开展全国工会系统走访慰问农民工活动，全委领导到重庆实地慰问农民工。开展“工会送清凉、防暑保安康”活动，先后赴北京三元食品、金都园林为一线职工送去慰问金和防暑降温用品。开展一线防汛职工和受灾职工送温暖工作，为北京、天津、河北、广东送去慰问金。持续第10年与中国侨联联合开展华侨农场送温暖，慰问华侨农场职工近400人，发放送温暖资金30万元。启动“助力乡村振兴 关爱生态护林员”专项行动，分批分阶段慰问中西部22个省（区、市）困难生态护林员，慰问西北7省（区）150名生态护林员，发放送温暖资金15万元。承办全国政协委员履职“服务为民”活动调研座谈会，为维护远洋渔业船员合法权益、促进远洋渔业健康发展谋良策。

2023年，中国农林水利气象工会推进“暖边绿境”关爱职工专项行动，并推动专项行动写入中国工会十八大报告。完成“心系三江黑土 情暖边地职工”——黑龙江站活动，朝闻天下栏目进行报道，全国总工会党组书记、副主席、书记处第一书记徐留平出席启动仪式，对专项行动予以高度评价，指出“开展‘暖边绿境’关爱职工专项行动十分重要、正当其时”。分别召开边境垦区、林区和远洋渔业系统推进专项行动座谈会。到新疆生产建设兵团第九师开展送医到边疆活动，4000余名兵团职工接受诊疗，获得新华社报道。协调黄河工会、上海水务局工会等分别到伊春森工、新疆生产建设兵团、黑龙江水文系统慰问，累计赠送慰问物资20万元。在船员群体中开展“文化远洋”职工文化阵地建设活动，打造工匠文化阵地、安全文化阵地、精神文化阵地、和谐文化阵地“四个阵地”，首批为100艘远洋渔船配备文体器材，预期5年覆盖全国20%的远洋渔船。推进“三屋建设”（学习小屋、健康小屋、健身小屋），为500个农场、林场、水利和气象台站配备文体器材、日常健康监测设备。为内蒙古和西藏自治区30家高寒地区单位配备400台小型取暖设备。全年累计发放慰问物资价值237万元，1.5万余名职工直接受益。

2023年8月14日上午，中国农林水利气象工会负责同志到北京市大安山林场看望慰问防汛受灾基层一线职工，并赠送慰问金和慰问品。北京市园林绿化局工会介绍，受超强台风“杜苏芮”影响，北京西南部自7月29日迎来特大暴雨，位于房山区的大安山林场和位于门头沟区的京西林场受灾严重，多条山区公路、林区消防道路、林场巡护道路出现山体塌方及路面积水状况，造成道路阻断。林场职工坚守岗位，严阵以待，全力保障防汛安全，全力做好生产生活物资供应，组织职工进行灾后重建。负责同志在了解防汛受灾及职工工作生活、灾后重建情况后强调，园林绿化系统工会要第一时间学习贯彻习近平总书记关于防汛救灾的重要指示精神，彰显工会的责任与担当。一是做好灾后重建工作，立足现在着眼长远搞好谋划，特别是道路、居住点、林场监控等建设，使工作尽快恢复正常；二是总结经验，特别是抗灾中涌现出来的感人事迹和先进典型，激励广大职工树立信心积极工作；三是做好防汛等应急管理工作，在做好林区管护和病虫害防治的同时，也要把防汛等自然灾害作为工作内容一并重视，保障林业企业安全生产，确保职工人身安全；四是发挥工会作用，关心、关爱职工，及时了解灾害对职工的心理影响，开展好心理疏导，投身林场恢复重建工作。

2023 年 9 月 26 日至 27 日，中国农林水利气象工会深入吉林森工集团泉阳泉饮品有限公司、吉林省长白山仙人桥温泉旅游度假区有限公司、吉林森工松江河林业有限公司等地，先后到企业生产车间、劳模疗养基地、边境木材检查站等地，实地调研“暖边绿境”关爱职工专项行动开展情况，向企业颁发“暖边绿境”关爱职工专项行动服务站牌匾，传递工会组织关怀，凝聚职工奋进力量。中国农林水利气象工会高度关心、关爱、关注林草系统职工，组织开展了为期五年的“暖边绿境”关爱职工专项行动。希望吉林森工集团各级工会组织以此次专项行动为契机，时刻把林区职工的安危冷暖放在心上，多解群众燃眉之急，当好“娘家人”、做实暖心事，真正把工会建设成职工之家，让“暖边绿境”关爱职工专项行动成效惠及广大林区职工，不断增强职工的获得感、幸福感和归属感。他强调，当前正值秋季森林防火和林区全年工作冲刺的关键期和攻坚期，各级工会组织要充分发挥作用，坚持围绕中心、服务大局、突出特色、主动作为，不断加强新时代工会组织的政治性、先进性和群众性工作属性，努力在助力企业发展、推动林区转型、增进民生福祉等方面持续加大工作力度，不断丰富和拓展“暖边绿境”关爱职工专项行动的平台载体，切实将工会组织的温暖和关爱传递到基层一线、职工群众中去，汇聚起推动企业高质量发展和兴边富民的强大力量。

2024 年 1 月 15 日至 16 日，中国农林水利气象工会主席、分党组书记李忠运赴天津食品集团对“两节”期间保障农产品市场供应一线职工进行慰问，并就企业工会工作、劳模和工匠人才创新工作室建设开展调研。调研组先后到天津食品集团下属利达粮油公司、商贸公司农鲜菜场宾馆南道店、海河乳品公司等基层单位了解粮油、食品生产和市场保供情况，对坚守一线、全力保障节日生产和市场供应工作的职工进行慰问。调研组在调研慰问时指出，天津食品集团广大职工辛勤付出、默默奉献，守护市民的“米袋子、菜篮子、奶瓶子、肉案子”，希望广大职工在做好安全生产的同时保证农产品安全，为大型城市农产品保供稳价贡献坚实力量。调研组走进海河乳品劳模和工匠人才创新工作室，与创新工作室成员进行座谈。当听到创新工作室及成员2023年取得授权及公开专利34项、新申请成功专利7项、创新成果年度内创造直接经济效益1600万元、拉动企业利润增长10%等一组组数据和2024年创新工作计划时，调研组指出，创新工作室及联盟建设已成为农林水利气象系统重要的品牌工作，成绩来之不易，企业工会要在以往好的工作基础上，大力弘扬劳模精神、劳动精神、工匠精神，充分发挥创新工作室“传帮带”作用，强化职工技能素质提升，推动新时期产业工人队伍建设改革走深走实，在助推企业高质量发展、培育创新人才队伍等方面取得更大的成绩。

二、开展职工互助互济和集体福利

改革开放以来，职工互助互济和集体福利事业有序开展。1987年4月15日，中国农林工会发布《林业局专家呼吁尽快改革福利基金提取比例的情况反映》。1987年5月23日，中国农林工会发布《关于大火成因及捐款简况》。1987年5月25日，中国农林工会发出《关于向灾区捐献的紧急通知》。通知指出，我国大兴安岭地区发生特大森林火灾，三个林业局被毁，近5万名林业职工及家属无家可归。中国农林工会号召本系统各企事业单位工会基层组织，在工会经费内缩紧其他开支，拿出部分（根据实际情况，按每个企事业单位40元左右）作为捐献，送给灾区林业职工以济燃眉。1987 年 5 月 25 日，农林系统工会和职工积极捐款支援大兴安岭林区受灾职工。1987 年 6 月 30 日，湖北省农林水工委发出《关于转发中国农林工会〈紧急通知〉积极捐款支援大兴安岭林区受灾职工》。1987 年 8 月 17 日，湖北省农垦、林业系统各级工会积极捐款支援大兴安岭林区受灾职工。1987 年 10 月 4 日，农林系统节约工会经费开支，支援大兴安岭灾区。同日，中国农林工会发布《节约工会经费开支，支援大兴安岭灾区——农林系统工会捐款 45. 9 万元》。1987 年 9 月 21 日，富蕴林场发生 6. 2 级地震，中国农林工会发电表示慰问。1992 年 12 月 20 日，中国农林工会发布《努力办好退休职工经济实体为老人谋福利为企业做贡献》。1999 年 7 月 22 日，中国农林工会发布《关于皖、鄂、赣垦区水灾严重职工急需社会救济的报告》。1999 年 7 月 30 日，中国农林工会发出《关于向皖、鄂、赣受灾垦区职工捐助救济款的紧急通知》。

2000 年 9 月 1 日，中国农林工会发布《关于召开农垦系统职工扶贫工作座谈会的通知》。2004 年 3 月 15 日，全国总工会办公厅、中国农林水利工会发布《150 万农垦子弟与 10 万农垦教师的期盼——关于十四省区农垦企业办教育暨农垦中小学现状的调查》。2006 年 3 月 7 日，中国农林水利工会发出《关于进行南水北调中线工程移民安置与发展问题调研的通知》。2006 年 4 月 8 日，中国农林水利工会发布《全心全意为职工服务的楷模——对山东黄河工会帮助子女就业工作情况的调查》。2006 年 5 月 31 日，中国农林水利工会发布《学校移交受阻 教师队伍不稳 教学质量难保——关于安徽农垦企业分离办学校进展情况的调查》。2006 年 6 月 15 日，中国农林水利工会发布《兴建水库是摆脱贫困的必由之路——关于山西省和顺县拟建恋思水库对社会主义新农村建设作用的调研报告》。2006 年 10 月 8 日，中国农林水利工会发布《宁夏水文腾飞的奥秘——关于宁夏回族自治区水文局职工生产生活情况的调查》。2006 年 10 月 12 日，全国总工会办公厅发布《特大旱灾之后的反思——关于重庆市水利基础设施建设状况的调查》。2006 年 10 月 20 日，中国农林水利工会发布《破解职工因病致贫难题的有益尝试——关于黄河水利委员会构建职工大病救助机制的调查》。2006 年 11 月 3 日，中国农林水利工会发布《加强制度建设 保障社会公平》。2007 年 11 月 16 日，全国总工会办公厅、中国农林水利工会发布《加大扶贫力度 共建和谐社会——关于对辽宁、吉林、甘肃、新疆垦区贫困农场的调查》。2009 年 3 月 11 日，中国农林水利工会发出《关于开展天保工程一次性安置混岗职工生活情况和社会保障调研的通知》。2009 年 8 月 20 日，长江水利委员会提交《关于再次向中国农林水利工会捐赠长江委职工慈善捐款的报告》。2009 年 8 月 27 日，中国农林水利工会作《关于对中国农林水利工会长江委员会〈关于再次向中国农林水利工会捐赠长江委职工慈善捐款的报告〉的复函》。2010 年 7 月 30 日，中国农林水利工会发出《关于召开全国农垦工会帮扶工作经验交流会的通知》。2010 年 9 月 7 日，中国农林水利工会发出《关于印发全国农垦工会帮扶工作经验交流会议领导讲话的通知》。

党的十八大以来，职工互助互济和集体福利事业全面展开，在实践中取得好成效。

2014 年 10 月 15 日至 17 日，中国农林水利工会与国家林业局在重庆召开了全国国有林场帮扶工作经验交流会议，会议总结了全国国有林场（林区）帮扶工作取得的成就和经验，分析了当前和今后一个时期帮扶工作面临的形势和任务，并结合国有林场（林区）改革，安排部署了下一阶段国有贫困林场帮扶工作。全国总工会副主席、书记处书记、党组成员张世平出席会议，来自 31 个省、自治区、直辖市的林业厅局分管帮扶工作的负责同志、国有林场场长、工会主席以及四大森工集团的领导和工会主席参加了会议。

2016年3月28日，中国农林水利工会发布《中国农林水利工会全国委员会送温暖资金使用管理办法》。2016年8月22日，中国农林水利气象工会发出《关于组织全国农林水利气象系统劳模休养的通知》。2016年9月，全国总工会发布《全国劳模疗休养活动手册》。2016年9月7日，中国农林水利气象工会作《关于邀请潘琦同志为全国农林水利气象系统劳动模范举办健康讲座的函》。

2016年7月18日至20日，中国农林水利气象工会和国家林业局宣传办公室在黑龙江省大兴安岭林业集团西林吉林业局联合召开全国林业系统工会推动林区转型发展职工自营经济经验交流暨现场会，来自全国各省、自治区、直辖市林业工会和国有五大森工集团的工会负责同志参加了会议。大兴安岭林业集团公司工会、内蒙古林业工会、吉林森工集团工会、黑龙江省林业工会、长白山森工集团工会、伊春林管局工会、四川省林业工会在会上作经验交流发言。代表们还实地观摩学习了北极木业有限公司、图强林业局职工自营经济大户等。

2017年4月1日，中国农林水利气象工会发出《关于对全国林业系统工会帮扶工作进行调研的通知》。2017年5月8日，中国农林水利气象工会发出《关于召开全国农垦工会扶贫帮困工作经验交流会议的通知》。2017年6月2日，中国农林水利气象工会整编《全国农垦工会扶贫帮困工作经验交流会议材料汇编》。2017年5月23日，中国农林水利气象工会发出《关于召开全国林业系统工会帮扶工作经验交流会议的通知》。6月22日，中国农林水利气象工会、国家林业局宣传办在四川西昌召开了全国林业系统工会帮扶工作经验交流会议。国家林业局宣传办主任程红主持会议，中国农林水利气象工会主席、分党组书记蔡毅德出席会议并讲话。四川省总工会副巡视员陈黎，四川省林业厅党组成员、机关党委书记李剑，凉山州委常委、州委宣传部部长、州总工会主席曾令举出席会议并致辞。四川、内蒙古、黑龙江省林业工会，吉林、长白山森工集团工会，大兴安岭、伊春林管局工会等七个单位围绕林业困难职工精准帮扶、推动林区转型发展进行了经验交流，并组织参观了凉山州总工会困难职工帮扶中心、雷波林业局棚户区改造和职工自营经济项目、西昌邛海湿地建设情况。各省、自治区、直辖市林业厅（局）和有关森工（林业）集团公司工会负责人，中国农林水利气象工会林业系统委员共计70余人参加了会议。会后，中国农林水利气象工会整编《全国林业系统工会帮扶工作经验交流会议材料汇编》。

2017年6月12日，中国农林水利气象工会、水利部办公厅发布《关于加强全国水利系统帮扶中心（站）建设的指导意见》。2017年8月3日，中国农林水利气象工会发出《关于邀请杨伟宪教授为全国农林水利气象系统劳动模范举办健康讲座的函》。2017年8月7日，中国农林水利气象工会发出《关于组织全国农林水利气象系统劳模休养的通知》。2017年9月1日，中国农林水利气象工会作《关于邀请潘琦同志为全国农林水利气象系统劳动模范举办健康讲座的函》，发布《2017年全国农林水利气象系统劳模休养活动总结》。同日，中国农林水利气象工会向阜外医院、北京医院致感谢信《“服务基层、服务职工”义诊活动》。2018年4月10日，中国农林水利气象工会作《关于落实汪洋同志批示开展高海拔地区艰苦气象台站职工疗养活动的请示》。2018年7月6日，中国农林水利气象工会发出《关于组织全国农林水利气象系统劳模休养的通知》，发布《全国劳模疗休养活动手册》《2018年全国农林水利气象系统劳模休养总结》。同日，中国农林水利气象工会向阜外医院、北京医院致感谢信。2018年11月15日，中国农林水利气象工会作《关于开展联合调研及送温暖工作的函》。2018年11月26日，中国农林水利气象工会发布

《中国农林水利气象工会全国委员会送温暖资金使用管理办法》。2019年2月19日，中国农林水利气象工会发布《全国农林水利气象系统工会劳动模范疗休养基地命名办法（试行）》。2019年2月25日，中国农林水利气象工会发布《关于命名兴城疗养院为全国农林水利气象系统劳动模范疗休养基地的批复》。2019年7月1日，中国农林水利气象工会全国委员会发布《关于命名新疆兵团劳动模范（职工）疗休养基地为全国农林水利气象系统劳动模范疗休养基地的批复》。2019年7月3日，中国农林水利气象工会全国委员会作《关于同意吉林省长白山仙人桥温泉旅游度假区有限公司申请为全国农林水利气象系统劳动模范疗休养基地的批复》。2019年8月1日，中国农林水利气象工会发出《关于组织全国农林水利气象系统劳模休养的通知》。2019年9月9日，中国农林水利气象工会发布《2019年全国农林水利气象系统劳模疗休养活动总结》。2020年8月25日至26日，全国人大常委会副委员长、中华全国总工会主席王东明调研农林水利气象系统工会工作。王东明先后赴首农食品集团三元食品股份有限公司、北京消费扶贫双创中心、华风气象传媒集团、北京市水务局南水北调团城湖管理处、北京花乡花木集团，深入生产一线、劳模创新工作室、职工之家，详细了解企业生产经营、职工生产生活和工会重点工作推进情况，通过视频连线西藏那曲、海南三沙、黑龙江佳木斯、河北魏瑞江创新工作室等气象系统基层单位，向广大职工特别是投身抗疫和防汛救灾一线，推动复工复产和灾后重建的职工、劳模、工匠表示诚挚慰问。2023年7月24日，“助力乡村振兴 关爱生态护林员”专项行动在乌鲁木齐启动，中国农林水利气象工会、国家林草局林业工作站管理总站、宣传中心向新疆维吾尔自治区、新疆生产建设兵团困难生态护林员代表赠送慰问金和“暖边绿境”关爱职工专项行动“健康小屋”服务站物资。此次行动由中国农林水利气象工会和国家林草局林业工作站管理总站、宣传中心共同组织实施，以多种渠道和形式对中西部 22 个省（区、市）的 100 名困难生态护林员进行慰问。

遍布全国的生态护林员扎根基层、巡山护绿，是我国林草资源管护的前哨尖兵和关键一公里，是守牢国家生态安全底线的人民防线，更是守护美丽中国、建设生态文明的主力军。此次行动必将进一步调动全国近 200 万名生态护林员管护林草资源、维护生态安全的积极性，激励他们为建设人与自然和谐共生的现代化作出更大贡献。以活动为契机，各级林业工会和林草主管部门将加强管理指导，充分发挥各级工会组织桥梁纽带作用，引导和撬动相关社会资源，联合一批关注林草事业、公益慈善的爱心企业等公益伙伴，多方形成合力，更好关心、关爱生态护林员，共同推动生态护林员队伍建设。

2024 年 7 月 9 日，中国农林水利气象工会发出《关于组织全国农林水利气象系统劳模休养的通知》。9 月 9 日至 15 日，全国农林水利气象系统劳模疗休养活动在江西省总工会庐山工人休养院成功举办。

三、多措并举做好维稳和统战工作

工会信访工作是党和政府联系职工群众的桥梁、倾听职工群众呼声的窗口、体察职工群众疾苦的重要途径。新中国成立以来，农林水利等行业工人的信访和法律工作开始有序开展。1957 年 7 月 5 日，中国林业工会筹委会发布了《关于哈尔滨区职工罢工、怠工、请愿等情况的报告》，报告中指出：处理来信来访是一项艰巨而细致的工作，对改进工作有很大帮助，领导干部亲自动手处理来信来访职工反映的重大问题，组织有关业务部门认真处理来信来访职工提出的有关业务性的问题。在处理过程中不断地警惕工作中的主观主义和简单的工作方法，做到件件有着落、事事有结果。把需要解决的问题列入各业务部门的行动措施计划之内，以求从根本上解决职工群众所要求解决的各类问题。

改革开放以来，农林水利行业工人的信访和法律工作得到进一步重视。1983 年 3 月 31 日，中国农林工会发出了《杭州茶叶试验场工会关于职工要求解决户口、粮食关系问题的来信及农林工会的复函》。1983 年 6 月 6 日，中国农林工会发出了《丹徒县桑苗圃工会关于职工要求解决户口、粮食关系的来信及农林工会复函》。1983 年 9 月 4 日，中国农林工会发布了《阿克苏农一师三团工会要求解决职工户粮关系的来信及农林工会复函》。1987 年 11 月 6 日，中国农林工会发布了《职工对当前物价问题反映》。

21 世纪以来，农林水利气象行业工人的信访工作得到了前所未有的重视，并在不断解决实际困难中继续前行。2004 年 4 月 13 日，全国总工会办公厅、中国农林水利工会发布了《关于山丹马场军转民后更改职工退休年龄引发不稳定的情况反映》。2004 年 12 月 1 日，在农林水利工会一届四次全委（扩大）会议上，黑龙江农垦工会作了《体现产业特色 坚持与时俱进 努力构建新时期工会依法维权工作新机制》的交流，福建省林业工会作了《与时俱进 切实维权》的发言。2005 年 10 月 9 日，中国农林水利工会发布了《以维权促进和谐社会建设的楷模——对江苏省农垦工会工作情况的调查》。2005 年 12 月 6 日至 7 日，在农林水利工会一届五次全委会上，黑龙江农垦工会作《拓宽思路 突破瓶颈 增强实效 依法构建社会化“大维权”工作新机制》发言，江苏省农垦工会作《以维权促进和谐垦区建设》发言，黑龙江林业工会作《突破重点 立足维权 全力做好新形势下工会组建工作》发言。2006 年 6 月 19 日，中国农林水利工会发布了《社会化维权的又一成功典范——关于九三垦区工会创造性做好社会化维权工作的调查》。2006 年 7 月 8 日，中国农林水利工会发布了《在改革中维护职工合法权益的楷模——对上海市水务局工会近几年来工作情况的调查》。

2012年6月26日至7月1日，以中国农林水利工会主席盛明富为团长的中国农林水利工会代表团一行五人赴日本进行了为期六天的友好访问。在日本期间，代表团先后赴东京、福冈、京都等地参观访问，拜会了日本国家公务员工会联合会，走访了久留米农业设施、九州冲绳农业研究中心，分别与全农林九州地区干部和国公总联近畿地区干部进行了座谈交流。通过访问，进一步增进了中国工会和日本国公联合会之间的传统友谊，加深了相互理解，双方还就下一步交流与合作达成了初步共识，取得了预期的成果。

2012年6月25日至29日，应朝鲜农业勤劳者同盟全国委员会的邀请，以中国农林水利工会副主席王君伟为团长的中国农林水利工会代表团一行五人赴朝鲜对农勤盟进行友好访问。在朝鲜期间，代表团与朝鲜农勤盟委员长李明吉、副委员长吉相峰举行会谈，双方相互介绍了各自情况，并就进一步加强两会关系交换了意见。代表团还先后参观考察了宅庵中朝友谊农场、朝鲜中央种苗场、大同江果树综合农场等十余个反映朝鲜革命传统和经济社会发展状况的地点。通过此次出访，进一步巩固了双方的友谊，为下一步深入开展交流与合作奠定了良好基础。

2014年12月22日至28日，由来自全国农林水利系统的工会工作者共计41人组成的交流团赴中国台湾交流访问，交流团先后与海峡两岸劳工发展交流协会、台北市总工会、嘉义市职业总工会等台湾工会同人进行了亲切座谈交流，专程拜访了桃园水利局、屏东科技大学等台湾农林水单位，并赴台湾（南投）中部林业、阿里山林业及茶农种植茶叶、云林县蔬果合作社等台湾农林水企业实地参访。访问期间，双方都感受到，两岸文化相同、语言相通，建立了良好的交流沟通机制，交流合作十分方便。这些年来，两岸工会组织共同努力，往来越来越密切，不仅有力推动了两岸工会组织的发展，也促进了职工之间的交流。

2018年4月9日，中国农林水利气象工会在全国总工会会见俄罗斯劳动与社会关系学院访问代表团一行，向俄方介绍了中国共产党第十九次全国代表大会精神，中国工会以习近平新时代中国特色社会主义思想为指引，团结动员广大职工为实现中国梦建功立业的新进展，以及全国总工会和中国农林水利气象工会的基本职责、近几年工作等有关情况。俄罗斯代表团团长德米特里·崔可夫介绍了俄罗斯工会的基本情况和为促进本国经济增长、维护工人权益采取的措施，认为中国工会的成功经验值得学习和借鉴，希望进一步加强两会合作，为中俄友好作出贡献。双方还就职工培训、工资集体协商、劳动保护等有关问题进行了沟通和交流。全委机关各部（室）、全国总工会国际部和中国劳动关系学院有关同志参加会谈。6月，陪同古巴代表团赴北京首农食品集团参观，构建了友好的国际工会关系。

2018年8月6日，中国农林水利气象工会作《关于对黑龙江省大兴安岭地区一次性安置人员相关诉求调查情况的汇报》。

2024年1月9日至2月5日，按照全国总工会、中国侨联有关工作部署，中国农林水利气象工会、中国侨联基层建设部联合开展2024年“两节”期间华侨农场送温暖活动。全国总工会书记处书记、党组成员张新武与中国侨联领导同志分别带队，先后赴海南、福建、江西、广西、云南、广东六省区走访慰问华侨农场困难职工和困难归侨侨眷，关心询问慰问对象生产生活等情况，向广大农场职工和归侨侨眷送上新年祝福，把党和政府的关心，全国总工会、中国侨联的温暖及时送到职工心坎上。慰问期间，联合慰问组还围绕华侨农场基层组织建设、职工社会保险等问题在部分地区开展座谈调研。华侨农场送温暖工作是工会统战工作的组成部分。全国总工会和中国侨联联合走访慰问始于2013年，已连续11年安排专项资金对华侨农场困难职工和困难归侨侨眷进行慰问。联合走访慰问工作得到相关省区高度重视，在广大华侨农场困难职工和困难归侨侨眷中产生积极反响。

四、推进“暖边绿境”关爱职工专项行动

2020 年 8 月，全国人大常委会副委员长、中华全国总工会主席王东明在调研农林水利气象系统工会工作时指出：“农林水利气象系统有不少职工工作条件比较辛苦，有许多偏远地区的国有农场、林场、气象台站、水文站点，还有许多远洋渔业的职工，要有特殊的办法给予帮扶。”为落实王东明指示精神，中国农林水利气象工会谋划了为期五年的“暖边绿境”关爱职工专项行动。专项行动写入中国工会十八大报告，并在全国总工会党组向中央书记处的年度工作汇报中被专门提及，专项行动正在成为全国总工会的品牌工作。

2022 年 2 月 17 日，全国总工会副主席、书记处书记江广平主持召开“暖边绿境”关爱职工专项活动座谈会。中国农林水利气象工会主席、分党组书记蔡毅德在会上介绍了“暖边绿境”关爱职工专项活动的重大意义、活动方案和推进情况。全国总工会宣传教育部、权益保障部、劳动和经济工作部、财务部、国际联络部、中国工运研究所等部门负责同志出席会议。江广平对活动方案表示了肯定，他指出，开展“暖边绿境”关爱职工专项活动，是进一步落实全国人大常委会副委员长、中华全国总工会主席王东明调研农林水利气象系统工会工作时指示精神，推动农林水利气象系统产业工人队伍建设改革，贯彻 2021 年全国产业工会工作座谈会精神的重要举措，也准确呼应了边境地区和边境职工希望受到关心、关爱、关注的强烈愿望。中国农林水利气象工会要根据各部门提出的意见和建议，进一步细化工作方案，把各项工作措施落细、落小、落到实处，确保活动开展有的放矢；要主

动对接对口国家部（局）、有关边境地区工会和全国总工会相关部门，争取支持，形成合力，力争将“暖边绿境”做成工会的品牌工作。全国总工会相关部门要大力支持此项活动，多赋予资源手段，保障“暖边绿境”关爱职工专项活动的顺利推进。

2022 年 7 月 26 日至 28 日，中国农林水利气象工会在新疆生产建设兵团第五师双河市举办“暖边绿境”送教到基层专题培训班。来自第五师双河市各团场、企业、机关、事业单位和博尔塔拉蒙古自治州的 80 余名基层工会干部和社会化工会工作者参加此次培训。

2022 年 10 月 18 日，中国农林水利气象工会联合全国总工会国际联络部赴中国水产有限公司开展“暖边绿境”关爱职工专题调研。调研组一行对公司历史发展沿革、企业生产经营、职工尤其是远洋渔业船员的生产生活情况进行了深入调研。同时，对工会围绕促进企业发展，保障职工合法权益等方面进行了全面了解。调研组与企业管理方和工会就当前在国际政治经济形势错综复杂和新冠疫情持续反复的背景下，企业面临的经营压力进行了交流；通过与十几名具有海外工作经历的职工面对面座谈，进一步了解到受疫情影响的海外船员在生活方面存在的困难状况。

2023 年 3 月，中国农林水利气象工会印发《关于开展“暖边绿境”关爱职工专项行动的通知》，通过联席会、全委会、行业会等扎实部署，多次到边境产行业召开专题座谈会。各级工会迅速响应，黑龙江省在全省工会启动专项行动，将在未来五年建设 100 家以上边远地区职工服务站点。云南省总工会印发“暖边固防”行动方案。海南省驻会产业工会成立专项行动领导小组，制定专项工作方案。内蒙古、广西、辽宁、西藏等省（区）驻会产业工会积极开展相关工作。内地与边境跨行业委员工作联动初步实现，黄河工会、上海水务局工会等分别到新疆生产建设兵团、黑龙江水文系统、伊春森工开展慰问。

2023 年 3 月 27 日，“暖边绿境”关爱职工专项行动在北京启动。专项行动为期五年，实施对象主要为紧邻我国陆地国界线的地级行政区内的农林水利气象产行业职工，共约 30 万人，涉及内蒙古、辽宁、吉林、黑龙江、广西、云南、西藏、甘肃、新疆和海南等 10 个省（区），并将在中国远洋渔船上作业的远洋渔业职工纳入其中。这些职工工作环境非常艰苦，却在平凡的岗位上，作出了不平凡的贡献。专项行动旨在贯彻落实党的二十大关于“加强边疆地区建设，推进兴边富民、稳边固边”决策部署，发挥产业工会职能作用和优势，解决职工生产生活中的困难和问题，助力边境地区乡村振兴，建设绿色生态屏障，服务巩固祖国边防。专项行动在边境产行业职工中广泛开展“中国梦·劳动美——凝心铸魂跟党走 团结奋斗新征程”主题宣传教育活动；开展职工生产生活保障服务，加大财、物投入力度，帮助职工完善工作场所的饮水、吸氧、取暖等基础设备，加强野外作业劳动保护，建设户外劳动者休息站点；健全送温暖慰问机制，设立边境产行业职工专项送温暖资金；提供职工健康服务，为职工开展免费体检、医疗、心理咨询；深入开展技术帮扶、“建功‘十四五’、奋进新征程”主题劳动和技能竞赛、五小创新活动等。

2023 年 7 月 18 日，“心系三江黑土 情暖边地职工”——“暖边绿境”关爱职工专项行动黑龙江站活动在北大荒农垦集团建三江分公司启动。活动现场，全国总工会党组书记、副主席、书记处第一书记徐留平向坚守在广袤边境和艰苦地区的一线职工致以亲切问候和诚挚敬意，为“农业强国 复兴有我”工匠之星实训营授旗，并和与会同志共同为边境垦区代表颁授“暖边绿境”关爱职工专项行动服务站标识。徐留平在讲话时指出，关心、关爱职工群众，帮助解决职工生产生活中的困难和问题，这是工会的职责所在，开展“暖边绿境”关爱职工专项行动十分重要、正当其时。各级工会要以开展学习贯彻习近平新时代中国特色社会主义思想主题教育为契机和动力，学习贯彻习近平总书记在全国生态环境保护大会上关于全面推进美丽中国建设、加快推进人与自然和谐共生的现代化的重要讲话精神，切实加强职工思想政治引领，团结动员广大职工建功立业，深入开展技术帮扶和网上职业技能培训，努力造就一大批高技能人才。要以偏远地区的国有农场、林场、气象台站、水文站点职工群体为重点，做深做细做实对职工的维权服务工作，抓住“关键小事”，积极主动解决职工生产生活遇到的新情况、新问题，把“暖边绿境”关爱职工专项行动进一步做出特色、做出品牌、作出贡献，努力为职工提供更多可感可知、可达可得的贴心服务。全国总工会副主席、书记处书记江广平，黑龙江省人大常委会副主任、省总工会主席贾玉梅，农业农村部农垦局主要负责同志等参加活动。中国农林水利气象工会主要负责同志介绍“暖边绿境”关爱职工专项行动黑龙江站活动情况，两家企业代表发言，农垦一线劳模和职工代表宣读倡议书。

2023 年 7 月 20 日，围绕学习宣传贯彻党的二十大精神，中国农林水利气象工会与中国气象局联合开展的“照亮国境线 · 奋进建新功”边境气象职工学习宣传贯彻党的二十大精神主题实践活动启动仪式暨首站活动在我国“东极”——黑龙江省抚远市隆重举办，在边境气象行业开展“照亮国境线 · 奋进建新功”主题实践活动，30 家气象台站 300 余名职工参加，16 万人次观看活动视频。

大力弘扬“三个精神”，选树 10 名“边境绿色生态最美职工”，开展绿水青山画卷守护者摄影展示活动，征集作品 3000 余幅。边境产行业工会组建党的二十大精神宣讲团、劳模宣讲团，组织主题书画摄影比赛、演讲比赛等。开展“文化远洋”活动，为 100 艘远洋渔船配备文体器材。推进“三屋建设”（学习小屋、健康小屋、健身小屋），为 500 个农场、林场、水利和气象台站配备文体器材、日常健康监测设备。为内蒙古和西藏自治区30家高寒地区单位，配备400台小型取暖设备。以上设施配备共投入237万元，1.5万余职工直接受益。

中国农林水利气象工会邀请12位医疗专家赴新疆生产建设兵团开展义诊，4000余名职工接受诊疗。协调内地委员单位到边境开展3场慰问活动，赠送财物约20万元。

中国农林水利气象工会举办“农业强国 复兴有我”工匠之星实训营，40名边境农垦职工在江苏农垦集团参加实训交流。在云南农垦集团举办“科技服务交流”活动，100名边境垦区割胶工参加培训。分别组织30名边境林业职工观摩全国森林消防员职业技能竞赛和参加全国林草系统有害生物防治员培训班。

2024年，全委在边境10个省（区）和海洋渔业系统陆续开展了一系列“暖边绿境”关爱职工专项行动，惠及农林水利气象产行业边境职工数万名。

2024年4月22日至26日，中国农林水利气象工会与中国气象局机关党委（巡视办）在广东珠江三角洲地区联合举办“边疆内地心连心”气象职工学习交流活动。来自内蒙古、黑龙江、吉林、辽宁、广西、云南、西藏、甘肃、新疆等9省（区）边境气象局（站）的50名一线职工代表参加活动。23日上午，边境职工代表与广东省气象局干部职工代表齐聚广东省突发事件预警信息发布中心，召开边境职工代表事迹报告会。广东省气象局党组成员、副局长谭浩波出席并致辞，九名职工代表一一上台，讲述边境气象职工战天斗地、无私奉献的模范事迹，深深感染了在场所有听众。会后，代表们参观了预警信息发布中心、数据信息中心、气象台、生态中心、气候中心等部门，深入了解气象行业当前最新科技进展与实践应用，在开阔眼界的同时，也更加坚定了奋力推动气象高质量发展的信心与决心。代表们先后赴珠海、中山、深圳、东莞、广州等市气象部门，围绕专业化气象服务、气象现代化建设、城市气象服务、气象科技科普等内容开展实践教学。在东莞市气象局，边境、内地职工代表进行了交流座谈。大家畅谈收获与体会，对本次活动给予高度评价，纷纷表示要把学到的工作思路、服务意识和实践经验带回边境气象部门，努力推进气象科技能力现代化和社会服务现代化，为建设气象强国作出新的更大贡献。

2024 年 5 月 7 日至 11 日，中国农林水利气象工会在上海举办 2024“农业强国 复兴有我”工匠之星实训营。本次实训营由中国农林水利气象工会主办，光明食品集团工会承办。来自吉林、黑龙江、北大荒、广西、甘肃、云南和新疆生产建设兵团以及海南省纳入兴边富民行动政策扶持范围地区的 50 名农牧渔业工匠人才、高技能人才参加此次实训。为期五天的实训营以“农业强国 复兴有我”为主题，为了让学员深入了解多元化案例，引导学员提升巩固全面推进农业强国建设理论和实践能力，光明食品集团工会邀请劳模工匠、行业专家围绕助力乡村振兴、如何结合行业特点培育和发展新质生产力等为大家进行理论授课。

2024 年 6 月 17 日至 21 日，中国农林水利气象工会、农业农村部渔业渔政管理局在大连联合举办 2024 年全国渔业职工安全生产技能培训班。培训围绕渔业安全隐患预防、排查和应对，渔船航前安全检查，逃生救生措施和应对，渔业船员权益保护等重点内容，邀请上海海洋大学、大连海洋大学等单位的专家教授进行授课，涵盖专题讲座、实操课程、实地观摩等形式。培训采取线上线下相结合的方式，11 个省市渔业主管部门负责安全生产管理工作的人员和 22 家远洋渔业企业职工共计 86 人参加线下培训；31 个省（区、市）从事渔业安全工作的约 10 万人次线上参训，取得良好效果。参训学员纷纷表示，要以此次培训为契机，进一步加深对渔业安全的认识，不断提升安全生产技能水平，为渔业安全生产保驾护航。

2024 年 7 月 18 日，由中国农林水利气象工会主办，农业农村部农垦局协办，新疆生产建设兵团总工会、新疆生产建设兵团第九师白杨市承办的“我为祖国兴边疆”全国边境农垦系统职工演讲比赛活动，在新疆生产建设兵团第九师 165 团举行。这次比赛旨在引导广大边境地区职工进一步增强边防意识，赓续红色基因、厚植家国情怀。来自边境农垦系统的 24 名选手进行了演讲。参赛选手来自农垦基层一线，围绕演讲主题，结合单位发展历程和劳模的感人故事以及自身的成长经历，阐述了农垦职工坚守边疆，为祖国发展作贡献的感人故事，展示了新时代农垦人昂扬向上的精神风貌。

2024 年 8 月 26 日至 30 日，中国农林水利气象工会赴北大荒农垦集团开展“暖边绿境”关爱职工专项行动——送医到边疆活动。北大荒边境农场地处偏远，气候严寒，广大职工饱受冠心病、高血压、糖尿病、慢性支气管炎等疾病折磨，本次送医活动邀请了中国中医科学院广安门医院的六名专家参加义诊。启动仪式后，中国中医科学院广安门医院党委书记刘震作了题为“中华医道与健康养生”的健康讲座，线上线下观看人数 1 万余人。送医到边疆职工志愿服务活动为期三天，医疗队专家们先后在北大荒集团宝泉岭分公司和建三江分公司开展了义诊活动，共为 400 余名患者提供了义诊服务，切实将健康与温暖送到了边境地区职工的身边。前来问诊的职工群众纷纷感慨，北京的专家不远千里到农场给职工义诊，在家门口就能享受到北京知名医院专家们的医疗服务，体现了工会组织对职工急难愁盼问题的关心关注，让大家倍感温暖，深刻感受到了工会组织的关怀，更加坚定了扎根边疆、维稳戍边的信心和决心。

2024 年，中国农林水利气象工会下发了《关于深入推进“暖边绿境”关爱职工专项行动的通知》和《关于开展 2024 年“暖边绿境”结对共建活动的通知》，通过开展边境省区“内循环”、省区结对“外循环”、多方参与“大循环”三项措施，为边境省区和涉及海洋渔业的相关产业工会、委员单位提供互助服务，搭建沟通平台。在全委的组织协调下，“暖边绿境”关爱职工专项行动云南站、黑龙江站、内蒙古站的活动中，共有 18 家委员单位参与对口项目支持，合计捐款 140 余万元。

第十章
加强产业工会改革和建设

一、改革历程

改革开放以来，各级工会组织和广大职工积极投身改革开放事业，不断拓宽工会工作领域，工会改革工作取得新进展。

1982年5月26日，中国农林工会提出《关于农林工会改革后的任务和机构设置的意见》。1982年7月29日，全国总工会党组发出《机构改革后全总各部门、产业工会领导干部任职名单的通知》。1982年8月5日，全国总工会党组发出《农林等五产业工会成立联合办公室领导小组撤销分党组的通知》。1982年8月16日，全国总工会干部局发布《联合办公五产业工会处级机构和干部任职名单》。1982年8月20日，中国农林工会发出《报送农林工会职责范围、工作学习会议制度和下半年工作安排》。1983年12月29日，中国农林工会作《学习贯彻工会十大精神、努力开创工会工作的新局面》。1987年8月24日，中国农林工会提出了《关于加强海洋捕捞企业工会工作意见》。1989年9月25日，中国农林工会作《关于桃山林业局工会自身改革，增强活力情况的调查》。

1992年11月20日，中国农林工会主席王一凡在中国农垦水产职工技协成立暨工会企事业工作会议上讲话。1993年6月，中国农林工会作《关于部分省（区）农林水产系统工会兴办企事业情况的调查报告》。1993 年 9 月 23 日，中国农林工会副主席韩义敏在全国农林水产系统第一届工会经济实体贸易洽谈会上讲话。1993 年 12 月，中国农林工会发布了《关于全国水产系统部分工会主席联谊会纪要》。1993 年 5 月 30 日，中国农林工会作《关于部分省区农林水系统工会兴办情况的调查报告》。1995 年 5 月 15 日，中国农林工会发出了《关于召开全国渔业水产系统工会工作会议的通知》。1995 年 8 月 1 日，中国农林工会发出了《关于召开全国渔业水产系统工会工作会议的补充通知》。1995 年 10 月 26 日，中国农林工会发出了《关于印发〈全国渔业系统工会工作会议纪要〉的通知》。1996 年 6 月 2 日，中国农林工会作《关于农林产业工会自身改革和建设有关问题的调研情况报告》。1996 年 4 月 15 日，中国农林工会、农业部渔业局发布了《关于召开全国渔业系统职工生活及社会保障工作研讨会的通知》。1996 年 9 月 6 日，中国农林工会、农业部渔业局发布了《关于召开全国渔业企业职工生活及社会保障工作研讨会的补充通知》。1996 年 11 月 12 日，中国农林工会主席韩义敏在全国渔业企业职工生活及社会保障工作研讨会上作《积极协助企业做好职工生活和社会保障工作》讲话。1996 年 4 月 8 日，中国农林工会作《关于陕西三门峡库区农垦转产职工生活困难状况的调查报告》。1996 年 7 月 25 日，中国农林工会作《关于黑龙江垦区建立扶贫资金实施滚动扶贫情况的调查报告》。1998 年 2 月 9 日，中国农林工会发布了《关于开展农林产业工会工作状况调查的通知》。1998 年 4 月 15 日，中国农林工会作《在深化改革中切实加强产业工会工作——关于农林产业工会工作情况的调查报告》。

2001 年 3 月 8 日，中国农林工会发布了《关于召开全国渔业水产系统工会工作会议的通知》。2001 年 4 月 20 日，中国农林工会发布了丁哲元副主席在全国渔业水产系统工会工作会议上的讲话。2001 年 4 月 20 日，中国农林工会发布了《充分发挥工会在企业中应有的作用的通知》。2001 年 5 月 9 日，中国农林工会发布了《关于印发全国渔业水产系统工会工作会议纪要的通知》。2003 年 8 月 28 日，中国农林水利工会发出《关于筹备召开全国林业系统工会工作研讨会议的通知》。2003 年 10 月 28 日，中国农林水利工会发出《关于召开全国林业系统工会工作研讨会议的通知》。2003 年 12 月，中国农林水利工会发布了《全国林业系统工会工作研讨会》。2003 年 12 月 11 日，中国农林水利工会发出《关于转发“全国林业系统工会工作研讨会”上领导讲话的通知》。2004 年 1 月 16 日，四川省水电工会在农林水利工会一届三次全委（扩大）会议上以《坚持党对工会工作领导 加强产业工会自身建设 不断提高工会工作整体水平》为题，作了典型发言。2004 年 2 月 8 日，黑龙江农垦工会在农林水利工会一届三次全委（扩大）会议中以《与时俱进，抓好新形势下工会组织建设》为题，作了典型发言。2004 年 4 月 8 日，中国农林水利工会发布了《水利系统工会工作的一面旗帜——山东省德州市水利工会情况的调查》。2004 年 5 月 8 日，中国农林水利工会发出《关于举办全国农林水利工会系统工会干部培训班的通知》。2004 年 8 月 18 日，中国农林水利工会作《西南行业工会的楷模——对四川省自贡市水利农机行业工会情况的调查》。2005 年 10 月 16 日，中国农林水利工会作《坚持走中国特色社会主义工会发展道路的一面旗帜——对山西省漳泽水库管理局工会工作的调查》。2007 年 2 月 5 日，中国农林水利工会发出《关于在全国农林水利系统开展加强企业工会工作调研工作的通知》。2007 年 5 月 29 日，中国农林水利工会发出《关于加强和改进全国农林水利系统工会工作专题调研的通知》。2007 年 6 月 1 日，中国农林水利工会发出《关于举办全国农林水利系统工会主席培训班的通知》。2007 年 11 月

19日，中国农林水利工会作《关于工会如何在社会主义新农村建设中发挥作用的调研报告》。2009年4月13日，中国农林水利工会发出了《关于举办全国农林水利系统新任工会主席培训通知》。

2010年5月25日，中国农林水利工会发出了《关于举办全国农林水利系统新任工会主席培训班的通知》。2010年6月7日，中国农林水利工会发出《关于举办全国林业、气象、监狱系统工会干部培训班的通知》。2011年5月10日，中国农林水利工会发出《关于举办全国农林水利系统新任工会主席培训班通知》。2011年8月11日，中国农林水利工会发出《关于召开全国气象系统工会工作经验交流会的通知》。2012年3月14日，中国农林水利工会发出《关于对全国监狱系统工会工作进行调研的通知》。2012年6月27日，中国农林水利工会发出《关于召开全国林业系统落实“两个普遍”经验交流会的通知》。2012年7月16日，中国农林水利工会发出《关于举办全国农林水利系统工会主席培训班通知》。2012年9月11日，中国农林水利工会发出《关于召开推进全国气象行业组织建设研讨会的通知》。2012年11月1日，中国农林水利工会发出《关于印发推进全国气象系统工会组织建设研讨会会议纪要的通知》。

党的十八大以来，工会改革工作全面展开。2013年4月19日，中国农林水利工会发出《关于举办全国华侨农场工会干部培训班的通知》。2013年7月15日，中国农林水利工会发出《关于举办全国农林水利系统工会主席培训班的通知》。2013年12月，中国农林水利工会发布了《关于牢牢把握工人运动时代主题 团结动员农林水利职工在支持和推进全面深化改革中发挥主力军作用的意见》。2014年8月12日，中国农林水利工会、全国总工会组织部发出《关于举办全国农林水利系统工会主席培训班的通知》。2015年3月25日，中国农林水利工会发出《关于开展全国水利系统工会基本状况调研工作的通知》。2015年7月8日，中国农林水利工会发出《关于召开全国监狱系统工会工作经验交流会的通知》。2015 年 8 月 25 日，中国农林水利工会发出《关于召开全国林业系统工会推动林区转型发展经验交流会议的通知》。2015 年 9 月 10 日，中国农林水利工会发出《关于举办全国农林水利系统工会主席培训班的通知》。2015 年 9 月 22 日，中国农林水利工会发出《关于召开全国气象部门推进行业工会建设经验交流会议的通知》。

2016 年 5 月 11 日，中国农林水利工会全国委员会发出《关于开展产业工会工作调研的通知》。2016 年 5 月 17 日，中国农林水利工会发出《关于开展部分水利系统产业工会工作状况调研的通知》。2016 年 6 月 1 日，中国农林水利工会整理《水利系统产业工会工作调研材料汇编》。2016 年 6 月 30 日，中国农林水利工会作《中国农林水利工会产业工会工作调研报告》。2016 年 7 月 26 日，中国农林水利气象工会发出《关于召开全国气象部门工会组织建设研讨会议的通知》。2016 年 8 月 15 日，中国农林水利气象工会全国委员会发出《关于召开全国气象部门工会组织建设研讨会议的补充通知》。2016 年 12 月 31 日，中国农林水利气象工会发布了《关于全国水利系统工会工作基本状况的调研报告》。

2018 年 1 月 2 日，中国农林水利气象工会作《关于贯彻落实〈把握机遇乘势而上推动新时代产业工会工作创新发展〉的请示》。2018 年 4 月 19 日，中国农林水利气象工会发出《关于召开全国农林水利气象系统驻会产业工会工作经验交流会的通知》。2018 年 5 月 22 日，中国农林水利气象工会发布《关于兵团改革中工会情况的调研报告》。2018 年 8 月 29 日，中国农林水利气象工会发出《关于举办全国林业、监狱系统工会干部培训班的通知》。2018 年 11 月 6 日，中国农林水利气象工会发出《关于举办全国农林水利气象系统工会干部培训班的通知》。

2019 年 2 月 25 日，中国农林水利气象工会发出《关于上报全国农林水利气象系统“绿色生态工匠”事迹材料的通知》。2019年2月18日，中国农林水利气象工会发出《关于开展气象行业服务生态文明建设调研的通知》。2019年3月25日，中国农林水利气象工会发出《关于召开全国气象行业工会服务生态文明建设工作研讨会的通知》。2019年4月17日，中国农林水利气象工会发布了《全国气象行业工会服务生态文明建设工作研讨会交流材料》。2019年4月18日，中国农林水利气象工会发布《全国气象行业工会服务生态文明建设工作研讨会会议指南》。2019年5月13日，中国农林水利气象工会发出《关于举办全国农林水利气象系统工会干部培训班的通知》。2019年7月23日，中国农林水利气象工会发布了《中国农林水利气象工会全国委员会关于广泛开展宣传“绿色生态工匠”活动推进劳模和工匠人才创新工作室创建工作的意见》。2019年9月9日，中国农林水利气象工会发布了《关于协助做好“绿色生态工匠”新闻采访工作有关情况的报告》。2020年9月28日，中国农林水利气象工会发出了《关于召开全国农垦渔业畜牧系统工会推动职工创新工作研讨会的通知》。2020年10月10日，中国农林水利气象工会发出了《关于举办全国农林水利气象系统工会干部培训班的通知》。

2021年，中国农林水利气象工会发出了《关于开展产业工人队伍建设改革试点工作的通知》。2021年，中国农林水利气象工会发出了《关于发掘选树第二届绿色生态工匠、绿色生态最美职工宣传对象的通知》。2021年，中国农林水利气象工会发出了《关于公布第二届“绿色生态工匠”和“绿色生态最美职工”推荐宣传对象的通知》。2022年，中国农林水利气象工会发出了《关于召开中国农林水利气象工会第五届全国委员会第一次全体会议的通知》。

2023年，中国农林水利气象工会发出了《关于开展“暖边绿境”关爱职工专项行动的通知》。11 月 20 日至 22 日，中国农林水利气象工会组成调研组，赴内蒙古自治区开展“暖边绿境”关爱职工专项行动调研。调研组一行先后到黄河小白河片区、包头市高新区气象站、黄河包头水文站、巴彦淖尔农垦乌兰布和农场、内蒙古河套灌区等单位开展调研。调研过程中，调研组向干部职工宣传宣讲习近平总书记在同全国总工会新一届领导班子成员集体谈话时的重要讲话精神以及中国工会十八大精神，详细了解专项行动的开展落实情况，以及职工生产生活中仍存在的困难和问题。据调研了解，“暖边绿境”关爱职工专项行动开展以来，产业特色突出，职工反响热烈，切实为边境地区单位、职工解决了急难愁盼问题，取得积极成效。调研组提出，希望内蒙古农林水利气象系统各级工会要把认真学习贯彻习近平总书记重要讲话精神作为当前和今后一个时期的重大政治任务，与学习中国工会十八大精神结合起来，与落实《国务院关于推动内蒙古高质量发展奋力书写中国式现代化新篇章的意见》结合起来，深入开展“暖边绿境”关爱职工专项行动，用心用情关心关爱边境地区农林水利气象系统职工，推动专项行动不断走深走实。2023 年，中国农林水利气象工会发出了《关于发掘选树第三届绿色生态工匠、绿色生态最美职工、边境绿色生态最美职工宣传对象的通知》。2023 年，中国农林水利气象工会发出了《关于公布第三届“绿色生态工匠”“绿色生态最美职工”“边境绿色生态最美职工”推荐宣传对象的通知》。12 月 28 日，2023 年“最美生态护林员”推荐及宣传活动海报正式发布。“最美生态护林员”称号是对坚守在林草管护一线生态护林员的充分肯定和鼓励，发掘宣传“最美生态护林员”典型，是讲好基层林草故事，争取更广泛社会认同和民众支持的一项重要举措。2023 年“最美生态护林员”推荐及宣传活动由国家林业和草原局、全国总工会联合主办，国家林业和草原局林业工作站管理总站、宣传中心，中国农林水利气象工会全国委员会承办。2023 年 11 月 28 日，全国林草系统产业工人队伍建设改革推进会在广东省中山市召开。会议深入贯彻落实习近平生态文明思想和习近平总书记关于工人阶级和工会工作的重要论述特别是关于产业工人队伍建设改革的重要指示精神，学习贯彻习近平总书记同全国总工会新一届领导班子成员集体谈话时的重要讲话精神和中国工会十八大精神，进一步统一思想、凝聚共识、交流工作经验，持续深化林草系统产业工人队伍建设改革。中国农林水利气象工会主席、分党组书记李忠运出席会议并讲话。广东省林业局党组书记、局长陈俊光，广东省中山市副市长周作德致辞。李忠运同志充分肯定了林草系统各级工会在党委领导下，积极开展产业工人队伍建设改革工作取得的进展。对全国林草系统各级工会深入贯彻落实习近平总书记关于工人阶级和工会工作的重要论述，特别是关于产业工人队伍建设改革的重要指示精神，学习贯彻习近平总书记同全国总工会新一届领导班子成员集体谈话时的重要讲话精神和中国工会十八大精神提出明确要求。要深入学习领会中国工会十八大精神，切实把握产业工人队伍建设改革的正确方向和目标任务，要科学谋划思路举措，聚焦强化思想政治引领、推动建功立业、提升职工队伍素质、提高产业职工地位、推进产业职工队伍壮大等方面深化产改，并按照“五化”要求，在产业工会工作中重点打造劳动和技能竞赛、工匠人才培养、职工创新创造、职工权益维护等品牌活动体系，进一步推动改革走深走实。

二、自身建设

中国共产党在开展工人运动的同时，非常注重加强自身建设和制度建设。如 1936 年的陕甘省雇农工会简章及斗争纲领、1938 年的农业工人工会组织简章。又如 1938 年 2 月 18 日，刘少奇的

《工会工作大纲》，1939 年 5 月，刘少奇的《中国职工运动简史》，都体现了党对工会管理和制度建设的深入思考与探索。

新中国成立后，工会自身建设和制度建设得到快速发展。1958 年 6 月 14 日，中国水利电力工会全国委员会发出《关于改变财务管理领导关系的通知》。1961 年 8 月，农林基层工会组织恢复，工作得到加强。1962 年 7 月 15 日，国营农场工会组织得到恢复。1965 年 2 月 25 日，发布《关于改革国营农场经营管理制度的规定》。1966 年 2 月，全国总工会和中国农林工会对改革国营农场工会组织问题提出处理意见。

改革开放以来，工会自身建设和制度建设进一步加强并全面展开。1984 年 8 月 13 日至 18 日，中国农林工会在吉林省临江林业局召开了 12 省（区）林业工会工作座谈会。参加会议的人员有黑龙江、吉林、内蒙古、新疆、甘肃、陕西、云南、湖北、福建、广东、四川、安徽 12 省（区）的林业工会主席、组织部部长和基层工会主席，共 70 人。1984 年 10 月，中国农林工会就林业工会工作座谈会情况向全国总工会书记处汇报。1984 年 12 月 30 日，召开全国水利改革座谈会。1985 年 5 月 8 日，国务院办公厅批转水利电力部《关于改革水利工程管理体制和开展综合经营问题的报告》。1989 年 12 月，林业部、中国农林工会发布了《关于建立工作联系制度的几项规定》。1990 年 2 月，中国农林工会发布了《有关公文承办、管理、传阅等制度的规定》。1990 年 6 月 25 日，中国农林工会作《关于加强全国产业工会建设的若干问题的意见》的报告。1990 年 7 月，中国农林工会对林业、水产单位职工队伍及工会状况进行调研。

2001 年 8 月 28 日至 29 日，中国农林水利工会第一届全国委员会第一次全体会议召开。2001 年 8 月 31 日，中国农林水利工会成立。2006 年 12 月 28 日至 30 日，中国农林水利工会第二届全国委员会第一次全体会议召开。2009 年 5 月 5 日，中国农林水利工会发布《关于召开中国农林水利工会信息工作暨办公室主任会议的通知》。2009 年 5 月 13 日，中国农林水利工会发布《中国农林水利工会关于进一步加强信息工作的意见》。2009 年 5 月 25 日，中国农林水利工会发布《倪健民在中国农林水利工会信息工作会议上的讲话》。2009 年 5 月 25 日，中国农林水利工会发布了盛明富在信息工作暨办公室主任会议上的讲话：《围绕中心突出特色把握规律在产业工会工作全局中切实加强和改善信息工作》。2011 年 12 月 1 日至 4 日，中国农林水利工会第三届全国委员会第一次全体会议召开。

2012 年 12 月，中国农林水利工会三届二次全委会发布工作报告：《深入学习贯彻党的十八大精神 努力开创产业工会工作新局面》。2016 年 7 月，中国农林水利工会更名为中国农林水利气象工会。2017 年 2 月 13 日至 15 日，中国农林水利气象工会第四届全国委员会第一次全体会议召开。2019 年，中国农林水利气象工会着力强化制度建设，制定了《中国农林水利气象工会分党组理论学习中心组学习制度》《中国农林水利气象工会党支部学习制度》，修订了《中国农林水利气象工会分党组工作规则》《中国农林水利气象工会机关学习制度》。以加强党的政治建设为统领，全委将 2019 年定为制度建设年，修订和新订制度 23 项，涉及机关内部管理制度、全委工作制度等方面，坚持用制度管权管事管人，提高工会干部的制度意识和制度水平。2021 年，制定了《中国农林水利气象工会关于华侨农场送温暖资金使用管理办法（试行）》等制度，定期慰问产行业职工，形成了良好的合作机制。2022 年，根据全国总工会第九次全国职工队伍状况调查部署，完成产业工会专题《全国农林水利气象系统职工队伍状况及工会工作调研报告》。2023 年，在全国总工会党组的重视支持下，中国农林水利气象工会高标准谋划“暖边绿境”关爱职工专项行动，先后出台了《关于开展“暖边绿境”关爱职工专项行动的通知》

《关于深入推进“暖边绿境”关爱职工专项行动的通知》等工作制度，进一步关心关爱边境地区农林水利气象系统职工，助力打造边境绿色生态屏障。

三、全面加强党的建设

党的十八大以来，在全国总工会党组、书记处和全国总工会机关党委的领导下，中国农林水利气象工会党支部深入学习贯彻习近平新时代中国特色社会主义思想和党的十八大、十九大和二十大精神，认真贯彻落实习近平总书记关于党的建设的重要思想特别是关于机关党建的重要讲话和重要指示精神，深刻领悟“两个确立”的决定性意义，增强“四个意识”、坚定“四个自信”、做到“两个维护”，走好第一方阵，围绕“服务中心、建设队伍”两大任务，准确把握机关党建面临的新形势新任务，不断增强政治功能和组织功能，扎实开展党建工作，充分发挥基层党组织战斗堡垒和党员干部先锋模范作用，为促进产行业改革发展、维护产行业职工群众利益、推动党风廉政建设和反腐败斗争取得新成效提供了重要保障和促进作用。

2015 年，中国农林水利工会按照全国总工会机关党委要求，扎实开展“三严三实”专题教育。5 月 21 日，中国农林水利工会召开全体党员会议学习交流李玉赋同志在机关“三严三实”专题教育会上的党课精神，中国农林水利工会主席、分党组书记盛明富对开展“三严三实”专题教育进行部署。6 月 3 日，中国农林水利工会党支部召开全体党员会议，启动“三严三实”专题教育，盛明富讲授加强党的作风建设的重要性和紧迫性专题党课。根据中央和全国总工会要求，制定《中国农林水利工会开展“三严三实”专题教育实施方案》，组织机关干部现场聆听李建国同志、李玉赋同志的专题党课，并开展一系列学习交流活动。6 月

11 日，盛明富在黄河工会山东黄河河务局宣讲“认真学习贯彻习近平总书记重要讲话精神 以‘三严三实’精神推进产业工会工作”，共计 800 余人聆听了宣讲。8 月 20 日，中国农林水利工会党支部召开全体党员会议，举办“三严三实”专题教育第二次党课，副主席、分党组成员孙涛专题讲授“工会干部要做守纪律、讲规矩的模范”。把学习党的十八大及十八届三中、四中、五中全会精神和习近平总书记系列重要讲话精神作为重要政治任务，通过研讨会、培训会等形式进行专项学习，切实把工会干部的思想和行动统一到中央精神上来；召开全体会议集体学习中央党的群团工作会议精神，以实际举措贯彻落实党的群团工作会议精神，切实改进自身作风，着力去除四化，增强“三性”，做强基层；深入学习《中国共产党党组工作条例（试行）》和《中共中华全国总工会党组工作规则》，学习贯彻《中国共产党廉洁自律准则》和《中国共产党纪律处分条例》，着力铸牢廉政思想防线。

2016 年，中国农林水利气象工会扎实开展“两学一做”学习教育实践活动。坚持把思想政治学习放在重要位置，开展“两学一做”学习教育，通过党支部活动、部门座谈会、民主生活会等形式学习研讨中央重大部署和行业重点难点问题，提高机关干部的理论水平。认真学习贯彻党的十八大及十八届三中、四中、五中、六中全会精神和习近平总书记系列重要讲话精神，认真落实习近平总书记在安徽召开的知识分子、劳动模范、青年代表座谈会上的重要讲话精神，习近平总书记“5·23”考察伊春国有林区时就生态建设、林区转型发展以及职工生产生活保障等作出的重要指示精神，以及中央政治局委员，全国人大常委会副委员长、中华全国总工会主席李建国在庆祝“五一”国际劳动节暨全国五一劳动奖表彰大会上作出的重要指示，通过三届六次常委（扩大）会议和三届五次全委会议，对全系统各级工会组织提出明确要求。

2017年，中国农林水利气象工会落实“学、做、改”，抓好“两学一做”学习教育常态化制度化建设。牵头制定《中国农林水利气象工会关于推进“两学一做”学习教育常态化制度化的实施方案》，把推进“两学一做”学习教育常态化制度化建设与推进工会改革创新和新时期产业工人队伍建设结合起来，融入日常、抓在经常。在真“学”上下功夫，依托全委互联网+工作平台，充分运用全委微信公众号、微信工作群等新媒体的优势，打造“指尖上的课堂”；在实“做”上下功夫，做合格共产党员、合格领导干部：支部党员领导干部深入基层、深入职工，广泛开展调查研究，积极反映产行业转型升级过程中对职工权益带来的影响和职工生产生活困难问题，全年共完成调研报告15篇；在立“改”上下功夫，按照从严治党要求解决突出问题：领导班子成员通过征求意见、谈心谈话、批评与自我批评、整改落实等环节，帮助引导党员干部自觉认识问题、自我改进提高。通过“学、做、改”，有效把握了目标任务和基本要求，使“两学一做”学习教育常态化制度化落到了实处、取得了实效。

2018年，中国农林水利气象工会以党的政治建设为统领，坚持“一岗双责”，增强了支部的吸引力凝聚力战斗力。一是注重理论学习，坚持用习近平新时代中国特色社会主义思想武装思想，切实铸牢党员干部理想信念宗旨根基。开展“不忘初心、牢记使命”活动，带领大家重温入党志愿书，回顾入党初心，讲述入党故事，并对照入党志愿书进行了深刻剖析。组织参观“伟大的变革——庆祝改革开放40周年大型展览”，让大家切身感受改革开放40年来人民群众生产生活的巨大变迁。组织学习《中国共产党支部工作条例（试行）》，开展学习交流讨论，不断提高思想政治素质。

2019年是新中国成立70周年，中国农林水利气象工会热烈庆祝新中国成立70周年，认真传达学习习近平总书记国庆系列重要讲话精神，推荐劳动模范马军武、张鹏、侯雅芹参加国庆 70 周年观礼活动和招待会。举办全国农垦工会系统“中国梦·劳动美——与新时代齐奋进，做最美农垦人”职工演讲比赛、全国国有林场职工主题演讲大赛、全国监狱系统工会“与祖国同行”文艺作品通讯赛等一系列具有产业特色的宣传活动，激发职工群众爱国热情，汇聚奋斗力量，为庆祝新中国成立 70 周年营造良好氛围。牢牢把握庆祝新中国成立 70 周年的重要契机，全面回顾 70 年产行业工人队伍建设，撰写《建设美丽中国 唱响时代强音——新中国成立 70 年来水利产业职工队伍建设光辉历程》《栉风沐雨七十年 砥砺前行写春秋——新中国农垦产业职工队伍建设 70 年》《绿色生态建设的主力军——新中国林业产业工人 70 年的建设改革历程》三篇文章，并在《中国工运》发表，充分展示了农林水利气象系统职工的风采，歌颂新中国成立 70 年来农垦、林业和水利系统产业工人承担国家使命、支援国家建设取得的辉煌成就。

2019 年，中国农林水利气象工会紧密围绕党建工作，切实加强自身建设。一是着力强化理论武装。把学习习近平新时代中国特色社会主义思想特别是习近平总书记关于工人阶级和工会工作的重要论述作为首要的政治任务，以学习贯彻中国工会十七大精神为主线，不断深化对习近平生态文明思想、习近平总书记关于工人阶级和工会工作的重要论述的学习宣传贯彻，“四个意识”不断增强，“四个自信”进一步坚定，“两个维护”更加坚决，始终在思想上政治上行动上同以习近平同志为核心的党中央保持高度一致。党的十九届四中全会召开后，积极参加全国总工会党组理论中心组、全国总工会机关干部“学习贯彻党的十九届四中全会精神”专题培训班等全国总工会组织的学习培训，及时召开分党组会议、主席办公会议、机关干部会议，坚持领导带头，以上率下，迅速兴起学习宣传贯彻的热潮。二是着力改进工作作风。扎实开展“不忘初心、牢记使命”主题教育。按照全国总工会党组统一部署坚持高站位认识、高起点谋划、高标准推进主题教育，把学习教育、调查研究、检视问题、整改落实贯通起来、贯彻始终。坚持问题导向，以“敞开大门听意见、带着问题搞调研”为工作原则，通过召开四届六次常委会、请老干部授课、开展党日活动、下基层调研等方式，广泛深入地征求常委、委员、老同志以及职工群众对分党组的意见和建议，切实把学和做结合起来、把查和改贯通起来，紧紧依靠职工群众检验主题教育效果，推动主题教育常态化、长效化、制度化。

2020 年，在全国总工会党组、书记处的坚强领导下，中国农林水利气象工会坚持以习近平新时代中国特色社会主义思想为指导，认真学习贯彻党的十九大及十九届二中、三中、四中、五中全会精神，牢固树立和践行绿色发展理念，带领广大职工建功立业，切实维护职工合法权益，特别是面对新冠疫情，积极组织广大职工投身抗击疫情和复工复产一线，为抗击新冠疫情取得重大战略成果作出了应有的贡献。提高工会党建水平，巩固深化“不忘初心、牢记使命”主题教育成果，积极开展“忠诚党的事业、竭诚服务职工”模范政治机关创建工作，联合北京京城增材科技有限公司党支部，组织开展了“科技强国”主题党日活动，推动党建和业务工作深入融合、相互促进。

2021 年，中国农林水利气象工会坚持把深入学习贯彻习近平新时代中国特色社会主义思想作为首要政治任务，深入学习习近平总书记在党史学习教育动员大会上和在庆祝中国共产党成立 100 周年大会上的重要讲话精神，学习党的十九届六中全会精神，以分党组理论学习中心组的形式专题组织集中学习 20 余次，指导并参加各党小组学习 40 余次，不断增强“四个意识”、坚定“四个自信”、做到“两个维护”，自觉在思想上政治上行动上同以习近平同志为核心的党中央保持高度一致。扎实开展党史学习教育，把学党史、悟思想、办实事、开新局贯穿全程，党支部书记、副书记分别给支部全体党员讲党课，与中国财贸轻纺烟草工会、山东省农林水工会、首农食品集团和北京市园林绿化局下属有关单位联合开展主题党日活动，到中国历史第一档案馆、山东沂蒙、北京西山烈士陵园接受思想洗礼和心灵熏陶，指导青年小组开展“党史青年说”“学党史颂名篇”等学习活动。抓好“我为群众办实事”实践活动，赴全国总工会扶贫点山西省和顺县科举村，指导村民种植并赠送试种种子。

2022 年，中国农林水利气象工会坚决树立党的一切工作到支部的鲜明导向，以党的建设为引领，不断增强干部队伍的战斗力、凝聚力。切实加强支部组织建设，根据领导班子的变动情况，对党支部进行改选，选出新一届支部委员会委员，选出书记、副书记，调整并明确支部委员分工。抓好党员干部的思想教育，李忠运、刘飞、孙涛为全体党员讲党课，开展庆七一“过政治生日 忆入党初心”主题党日活动，联合中国财贸轻纺烟草工会党支部、北京市水务局工会党支部开展主题党日活动。推动“学查改”专项工作，围绕落实中央经济工作会议精神，召开“学查改”专项工作专题组织生活会，指导青年理论学习小组开展“按经济规律办事，青年干部怎么办”学习研讨活动。党风廉政建设永远在路上，持之以恒纠“四风”树新风，对干部常提醒、常警示，敲好警钟，全年未发生任何违法违纪情况。同时，要求干部以严守政治纪律的高度对待新冠疫情防控政策，全年未发生违反新冠疫情防控纪律的情况。在全国总工会党组的坚强领导、机关党委的正确指导、支委会和全体党员的共同努力下，2022 年，中国农林水利气象工会党支部喜获“全总机关党支部标准化规范化建设示范单位”称号。

2023 年，中国农林水利气象工会党总支部坚持以习近平新时代中国特色社会主义思想为指导，深入学习贯彻党的二十大精神和中国工会十八大精神，以政治建设为统领，抓学习、强武装，开展好主题教育，把思想和行动统一到习近平新时代中国特色社会主义思想上来，列出 9 个方面问题清单，制定 22 条整改措施；抓基础、促提升，坚持立足部门职责，扎实推进产业工会重点工作走深走实，与对口部委联合开展 19 项劳动和技能竞赛，创建长江经济带劳模和工匠人才创新工作室联盟等 4 个联盟，打造“暖边绿境”工作品牌，全年累计发放慰问物资价值 237 万元；抓制度、重落实，坚持以健全规章制度为重点，进一步推进党支部建设，班子成员累计讲授 4 次党课，召开党员大会 5 次，支部委员会议 12 次，党小组会议 48 次，开展主题党日活动 14 次；抓规矩、明方向，坚持“一岗双责”，加强支部队伍建设，赴陕西开展“传承红色基因 汲取奋进力量”主题党日活动，组织青年理论学习小组开展“书香润初心 悦读砺使命”读书分享活动；抓监督、正风气，坚持以作风建设和纪律建设为保障，全体党员干部没有发现违反党风廉政建设规定的行为。

2024 年 1 月 11 日，中国农林水利气象工会党支部在京干部集体前往中国气象局开展主题党日活动，观看“歌唱新时代伟业　展现气象新文化”全国气象部门职工文艺交流展演。此次展演是中国气象局直属机关党委（巡视办）与中国农林水利气象工会联合开展的全国气象部门干部职工“颂歌献给党 建功新时代”活动的延续。1 月 19 日，中国农林水利气象工会全体党员开展主题党日活动，集体参观“永远跟党走——党领导的中国工人运动奋斗历程”主题展览。2024 年 8 月，根据《全国总工会机关党委关于命名第二批全总机关“四强”党支部评定 2023 年度全总机关“四好”党员的决定》，中国农林水利气象工会党支部被全国总工会机关党委命名为全国总工会机关“四强”党支部，2024 年 7 月，经报中央和国家机关工委批准，又被命名为中央和国家机关“四强”党支部；中国农林水利气象工会主席、党支部书记李忠运被评定为全国总工会机关“四好”党员和 2023 年度中央和国家机关“四好”党员。

中国农林水利气象工会大力加强党的建设，不断提升工会系统党建质量，着力在讲政治、讲先进、讲纯洁上下功夫。

一是突出加强党的政治建设。坚持以党的政治建设统领党的建设各项工作，深化政治机关建设和模范机关创建，打造忠诚干净担当的高素质专业化工会干部队伍。落实党建带工建机制，抓党建促业务、抓机关带系统，促进党建和工会工作深度融合。把党的自我革命贯穿各项工作全过程各方面，构建统一协调、严管所辖、严负其责的管党治党责任格局，强化领导班子主体责任、党组书记第一责任、领导班子成员一岗双责。严明政治纪律和政治规矩，持续开展党组内部巡视，推动问题整治整改，巩固拓展主题教育成果。

二是锻造先进基层党组织。加强工会系统党的组织体系建设，深入开展全国总工会机关“四强”党支部创建活动。健全完善党建工作考核评价体系和机制，开展党建述职评议考核。开展争当政治素质好、岗位履责好、作风品行好、群众评价好“四好”党员活动，健全党员干部素质提升机制，引导党员增强党员意识、发挥先锋模范作用。

三是做好工会系统党风廉政建设和反腐败工作。坚持以严的基调强化正风肃纪反腐，坚持一体推进不敢腐、不能腐、不想腐，严格执行中央八项规定及其实施细则精神，深化党的纪律建设，常态化开展纪律教育、警示教育和廉洁教育，强化廉洁文化建设，增强党员干部遵规守纪的自觉。坚持一体紧盯“关键少数”、重点领域和薄弱环节，健全廉政风险防控长效机制，有效防范廉洁风险。从严从实抓好党员干部队伍建设，加强全方位从严管理和经常性监督，着力管好关键人、管到关键处、管住关键事、管在关键时。

结　语

农林水利气象事业与百姓生活息息相关，农林水利气象产业工人是工人阶级中发挥支撑作用的主体力量，是创造社会财富的中坚力量，是创新驱动发展的骨干力量，是实施制造强国战略的有生力量。回顾百年，中国农林水利气象工会在党的领导下，走过波澜壮阔的历程，建立卓越的功勋，继续在新时代新征程上努力奋进。

开启全面建设社会主义现代化国家新征程，中国农林水利气象工会要认真学习贯彻习近平总书记关于工人阶级和工会工作的重要论述，必须联系并落实到具体工作实际，也就是要结合产业发展、产业职工和农林水利气象工会的工作实际，在工会工作全局中切实发挥重要作用。

一是深入推进习近平总书记关于工人阶级和工会工作的重要论述在中国农林水利气象工会落地生根。

牢牢把握自觉接受党的领导这一根本政治原则，着力做好凝心聚力工作。工会工作要始终坚持把增强政治意识摆在首位。开展网上平台党建知识问答，组织干部职工与党的二十大代表、行业中人大代表、劳动模范座谈，引导广大产业工会干部和职工群众坚定理想信念、铸牢思想根基、汇聚奋斗共识，把思想和行动统一到党中央的决策部署上来，坚定不移听党话、矢志不渝跟党走。

开展多种形式建功立业活动，促进行业发展。广泛深入持久开展行业劳动和技能竞赛。积极应对行业发展要求，组织开展多种形式劳动竞赛、职业技能竞赛和技术比武，不断扩大竞赛领域和覆盖面，提高职工参与率，为提升职工技能素质、增强企业竞争力、促进行业经济健康发展作出贡献。

大力弘扬劳模精神、劳动精神、工匠精神，营造劳动光荣的社会风尚和精益求精的敬业风气。广泛宣传体现时代特点、具有开拓创新和奉献精神的一线职工典型，努力营造劳动光荣、创造伟大的社会氛围，与相关单位联合开展农林、水利、气象行业工匠推荐学习活动、“中国梦·劳动美”全国劳模服务品牌演示交流活动等。举办劳模事迹巡回报告会、行业劳模创新工作室经验交流会，推荐优秀集体和个人在中央各大媒体集中宣传，在行业内掀起宣传工匠、学习工匠、争当工匠的热潮。

积极推进具有产业特色的维权服务活动。努力拓展源头参与渠道。巩固和完善与相关政府（行业协会）会议制度，深化联系与合作，共同研究涉及行业发展和职工权益的全局性、政策性问题。深入开展调查研究，围绕行业发展热点和职工权益维护难点，形成一批有影响、有价值的调研成果。积极做好行业困难职工帮扶工作，特别关注困难劳动模范的帮扶。

二是奋力推进新时代中国农林水利气象工会工作创新发展。

把握中央和全国总工会关于全面加强工会系统党的建设新要求，牢牢把握产业工会正确政治方向。把全面提升产业工会党的建设水平作为加强党对工会工作领导、保证工会组织始终坚持正确发展方向的根本保障。着眼农林水利气象行业中企业多和职工利益诉求多元的特点，开展“党建带工建、工建服务党建、党工共建”活动，突出党的领导，强化工会桥梁纽带作用，把党的意志和主张传递到广大职工中，做好职工的思想政治引领，切实增强党执政的阶级基础和群众基础。

把握工人运动的时代主题，在推进行业高质量发展中贡献力量。促进产业发展，是产业工会服务全党全国工作大局的重要载体。农林水利气象职工素质具有显著的产业特点，工会可以根据本行业特点，大力培养选树技能人才，积极推广先进技术和先进操作方法，开展多种形式的技能竞赛、技术培训、技术创新活动，培养技术骨干，营造技术创新氛围，推动建立健全技术工人培养、评价、使用、激励和成长机制，培养造就高素质职工队伍。

关注农林水利气象行业职工就业新特点，不断提升产业工会维权服务水平。随着我国经济结构的调整，农林水利气象行业劳动关系也发生着新调整。这就需要继续加强具有产业特色的维权服务机制，完善发展与有关行业协会、政府有关部门联席会议制度，推动工会工作纳入党和政府重要议事日程。不断深化调查研究，继续将行业工资集体协商作为维权机制建设的重要手段，加强工种指导价位、劳动定额、计件单价等行业劳动标准体系建设。

坚持以改革创新精神不断推进产业工会工作创新发展。坚持增强政治性、先进性、群众性这一工会改革的根本要求。健全组织体系，推动产业工会的科学合理设置；切实加强城市产业工会建设；努力推进行业工会联合会建设；理顺与地方工会关系，避免职责交叉、工作重复；完善产业联席会议制度、协调劳动关系机制、工作议事制度、联系基层和产业职工制度、工作汇报制度等产业工会工作制度。创新工作方式，强化问题意识，加强源头参与，创新服务手段，构建网上平台，促进互联网和工会工作融合发展，不断增强工会组织的引领力组织力服务力。